JN100875

デジタル時代のエコシステム経営

共創・共栄する仕組みづくりの論理

松崎 和久［著］
Matsuzaki Kazuhisa

同文舘出版

はじめに

世界中で猛威を振るう新型コロナウイルス感染症（COVID-19），ロシアによるウクライナの侵攻など，世界の経済やビジネスは，先の見えない混沌とした時代に突入している。その一方で，IoTやビッグデータ，AI等のデジタル技術の飛躍的な進歩は，既存のビジネスや企業経営のやり方に大きなインパクトを与え，既成の概念や従来の方法を新たなものに塗り変え，不可能を可能にしている。しかしながら，世界の経済やビジネスに強い影響を及ぼしているのは，何もデジタル技術だけではない。製品アーキテクチャのシフト，イノベーションの転換，市場やモノづくりの国際化，電子商取引の普及・拡大，そして消費者・生活者の変化など，今日，あらゆる分野で変革や変質が進んでいることを見逃してはならない。このような不確実性と確実性が相入り混じる中，戦略論の領域で注目を集める１つの概念がエコシステムである。

エコシステムは，もともと戦略論から生まれた概念ではなく，生物学の分野である，生態系（エコシステム）の考え方がビジネスや企業経営の世界へ持ち込まれ，その後，普及して今日に至る経緯がある。その主なテーマは，「ビジネス・エコシステム」「プラットフォーム・エコシステム」「イノベーション・エコシステム」であり，近年では，これらを横断的に包括する「デジタル・エコシステム」が研究者の間だけでなく，経営者の間でも高い注目を集めている。生物学からビジネスや戦略論その他へ派生したエコシステムに着目し，その発展や応用について明らかにするのが本書の主たる目的であり，狙いである。

本書の特徴は，次のような５点があげられる。第１は，エコシステムに関する過去から現在までの主要な文献研究のレビューを通じて，エコシステムの基礎から応用まで触れていることである。第２は，自然界における生態系を明らかにすることで，ビジネスサイドのエコシステムと比較し，検証できるように努めたことである。第３は，いくつかの節でその内容に関連する知識を随所でコラムとして盛り込んでいる点である。これにより，エコシステムに関する直接的な知識だけでなく，エコシステムと間接的につながった知識についても，併せて理解できるように配慮している。第４は，エコシステムの代表的ないくつかの事例を取り上げることで，その実態や詳細を深められるよう努めている点である。第５は，エコシステムのデジタル化として，デジタライゼーションやデジタル・トランスフォーメーション（DX）の進展にも触れている点である。

それでは，本書の構成について触れてみよう。本書は，３部に大別され，具体的には，終章を含む全10章によって構成されている。第１章の「エコシステムの高まり」では，今日，“ビッグ・テック”と呼ばれるエコシステム企業の世界を圧倒する競争力とエコシステム研究の変遷について触れながら，主要なエコシステム研究の成り立ちからその行方まで，全体の系譜を明らかにする。第２章の「エコシステム概念の他分野への応用」では，生物学から生まれた生態系の概念が社会科学の世界へ転用されている実態を掘り下げる。具体的には，社会科学の中でも，経済学，経営学そして産業論の各分野への応用と展開を取り上げる。第３章の「エコシステムが台頭する理由」では，生物学の概念である生態系とビジネスや企業が作り出すエコシステムとの類似性，シェアリングエコノミーの台頭，デジタル技術の進歩に伴うデジタル・エコノミーの広がり，IoTデバイスの拡大，オープン化の波などについて検討する。第４章の「エコシステムとは何か」では，ビジネスや企業を対象とするエコシステムの定義，概念そして構造等を明らかにする。第５章の「エコシステムの構成要素」では，エコシステムの主要なプレイヤーを明らかにしたうえで，オーケストレーターの定義と役割，エコシステム特有の構成要素ともいえるコンプリメンターの定義と役割を取り上げて議論する。加えて，コンプリメンターの本質である補完性も併せて浮き彫りにする。第６章の「エコシステムによる戦い方」では，エコシステムで戦う目的や意図，その開発の枠組み，エコシステム間競争と戦略や優位性を取り上げながら，エコシステム内における相互依存関係や相互作用，そして企業間協働について議論する。第７章の「ビジネス・エコシステム」では，キーストーン戦略，ダイナミック・ケイパビリティ，ライフサイクル，その類型化について触れながら，ビジネス・エコシステムの事例を紹介する。第８章の「プラットフォーム・エコシステム」では，プラットフォームの定義やプラットフォーマーの役割について触れながら，プラットフォーム・ビジネスで生じる力学や作用について説明する。併せて，プラットフォーム・ビジネスの代表的なケースについても解説する。第９章の「イノベーション・エコシステム」では，Adnerによる一連の研究成果を拠り所としながら，その構造やメカニズムを浮き彫りにする。そして，終章の「エコシステムを考える」では，従来の企業間取引とエコシステムとの本質的な違いについて，自動車業界を取り上げて考察する。そして，これまでの「系列・サプライヤーシステム」とエコシステムは，どんな点に相違が見られるのか検討する。また，近年，注目を集めているデジタル・エコシステムとは何かについて言及する。さらに，エコシステム構築のポイントとエコシステム研究で残された課題についても併せて取り上げる。

今回の出版にあたり，同文舘出版株式会社，編集局・専門書編集部，取締役・部長であられる青柳裕之氏と課長代理の高清水純氏には，大変お世話になった。記して感謝申し上げる。

令和４年７月６日

松崎和久

デジタル時代のエコシステム経営 ● 目次

第3部 デジタル競争時代にエコシステムで勝つための論理

デジタル時代のエコシステム経営

―共創・共栄する仕組みづくりの論理―

第 1 部

エコシステムの背景

第１章から第３章では，ビッグ・テック企業の台頭やエコシステム研究の進展そして生物学の概念である生態系（エコシステム）の基本的な理解から出発し，経済学や経営学など他分野への応用とその理由について紐解く。

第1章

エコシステムの高まり

1　世界を席巻するビッグ・テック

今日，ビッグ・テック（Big Tech）[1]と呼ばれる企業が世界のビジネスシーンで支配的な地位を築いている。**図表1－1**は，世界時価総額ランキングを1989年と2022年で比較したものである。

図表1－1　世界時価総額ランキング：1989年（左図）と2022年（右図）の比較

順位	企業名	時価総額（億ドル）	業種
1	日本電信電話	1638.6	IT・通信
2	日本興業銀行	715.9	金融
3	住友銀行	695.9	金融
4	富士銀行	670.8	金融
5	第一勧銀銀行	660.9	金融
6	アイビーエム	646.5	IT・通信
7	三菱銀行	592.7	金融
8	エクソン	549.2	エネルギー
9	東京電力	544.6	エネルギー
10	ロイヤル・ダッチ・シェル	543.6	エネルギー

順位	企業名	時価総額（億ドル）	業種
1	アップル	28,281.9	IT・通信
2	マイクロソフト	23,584.4	IT・通信
3	サウジアラムコ	18,868.9	エネルギー
4	アルファベット	18,214.5	IT・通信
5	アマゾン	16,352.9	サービス
6	テスラ	10,310.6	一般消費財
7	メタ・プラットフォームズ	9,266.8	IT・通信
8	バークシャー・ハザウェイ	7,146.8	金融
9	エヌビディア	6,817.1	IT・通信
10	台湾積体電路製造（TSMC）	5,945.8	IT・通信

出所：https://www.forstartups.com/news/sekaizikasougakurankingu2022

フォースタートアップス株式会社の調査によると，2022年の世界の時価総額ランキングトップ10は，網掛けしたGAMMA[2]と呼ばれているアップル，マイクロソフト，アルファベット（グーグルの親会社），アマゾンそしてメタ・プラットフォームズ（旧フェイスブック）というIT・通信系米国企業が上位を独占した。とりわけ，第1位に輝いたアップルの時価総額は，2兆8,281億ドル（約320兆円）と3兆ドルの大台に迫ろうとしている。また，第2位のマイクロソフトの時価総額も2兆5,128億ドルまで達しており，もはや単一企業の時価総額が一国のGDPを超える事態が生まれようとしている。実際に，アップルの時価総額は，英国のGDPの2兆7,600億ドルを上回り世界に衝撃を与えた[3]。また，同調査によると，時価総額トップ50のうち，米国企業の割合は全体の68％にあたる34社を占め，米国企業の独占状態が改めて浮き彫りとなった。一方，時価総額トップ10の中で，日本企業は1社も見当たらない。驚くべきことに世界最大の自動車メーカーであるトヨタ自動車が銘柄から外れた（トヨタ自動車の時価総額は，2,807億ドルと全体の31位に甘んじている）。

これに対し，1989年当時の世界時価総額ランキングを見ると，トップ10のうち，7社を日本企業が独占し，そのうち，日本の銀行（金融）が5社を占めた。また，時価総額トップ50のうち，日本企業は，全体の64％に相当する32社を占め，当時の日本企業の競争力の高さがよく分かる。

いずれにしても，この30年間で世界企業の勢力地図は，大きく入れ代わった。それは，日本企業の競争力が大幅に減退する一方で，アメリカの特にIT・通信系のビック・テック企業が驚異的な成長を遂げて他を圧倒し，高い存在感を示しているのが現状である。

これら世界のビッグ・テックに共通する特徴とはいったい何か。それは，どの企業もデジタルなエコシステムから多くの収益や価値を生み出している点である。つまり，ビッグ・テックは，デジタル技術を駆使しながら，自社と他社のネットワークによって構成されたエコシステムおよび売り手と買い手を仲介するプラットフォームを形成し，自社の力だけでは生み出せないバリュー・プロポジション（価値提案）を達成し，高い利益を実現している[4]。たとえば，グーグル（アルファベット）は，広告主と検索ユーザーをつなぐサーチエンジンを提供し，アマゾンは，買い手と売り手をつなぐマーケットプレイスを運営し，フェイスブック（現メタ・プラットフォームズ）は，オンライン・コミュニティ間をつなぐソーシャル・ネットワーキング・サービス（SNS）を展開し，アップルは，ソフトウエア開発者とユーザーをコネクトするアプリ配信サービスを提供し，マイクロソフトは，ソフトウエア開発者とユーザーをコネクトするオペレーションソフトを提供している。

今後とも，デジタル化，モジュール化そしてオープン化の流れは，ますます加速することが予想される。このため，デジタルなエコシステム企業およびプラットフォーム企業の勢いは，これまで以上に拡大する可能性が高い。日本企業は，その本質や価値創造の仕組みを学習し，外国勢に追いつき追い越すことが求められる[5]。

Column

アップルのアプリ配信サービス

アップルの偉大な元CEOであるスティーブ・ジョブズ（Steve Jobs）は，2007年，iPhoneの発売にあたり，アプリが外部の開発者の手に渡るのを嫌い，あくまでも自前で開発し提供することにこだわった。そうしないとiPhoneが汚染されてしまい，統制できないと考えたからである。その後，ジョブズは方針を転換し，外部でアプリを開発することを受け入れた。こうした経緯を持つアップルのアプリ配信サービスは，**図表１－２**の通りである。

図表１－２　アップルのアプリ配信サービス

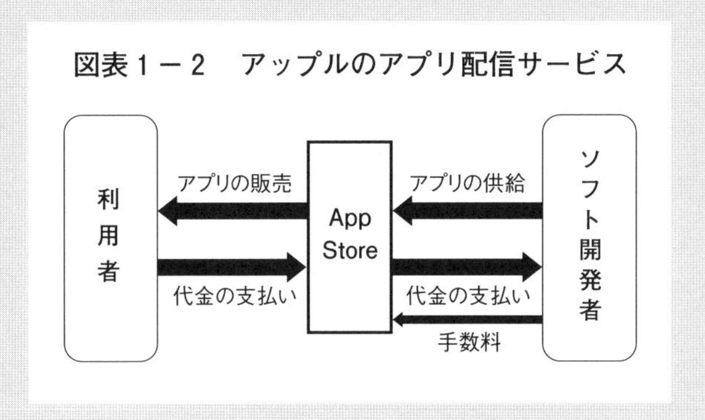

この仕組みは，約2,800万社もの「ソフト開発者」が約200万のアプリを「App Store」へ供給する。「App Store」は，約15億台以上のアップル製品を所有する「利用者」へアプリを販売する。「利用者」は「App Store」へ代金を支払い，「App Store」は「ソフト開発者」へ代金を支払う。最後に，「ソフト開発者」はアップル（App Store）へ15%とも30%ともいわれる手数料を支払う仕組みである[6]。

Analysis Group（2021）が発表した「アップルのApp Store エコシステムのグローバル・パースペクティブ（A Global Perspective on the Apple App Store Ecosystem)」レポートによると，2020年，アップルのApp Storeエコシステムの売上高は，6,430億ドル（約70兆円）にも達している[7]。この背景には，新型コロナウイルスの影響，インターネット通販の高まりがあげられる。また，アップルは，「App Store」を通じて世界中の利用者へアクセスする小規模事業者に該当する一部の「ソフト開発者」の繁栄に貢献していると主張している。そして，App Storeエコシステムの売上高の内訳は，「物理的な商品・サービス」が5,110億ドルと全体の約８割を占め，次いで「デジタルの商品・サービス」が約13%を占める860億ドル，「アプリ内広告」が約７%を占める460億ドルとなっている。

2　エコシステムという用語と研究の拡大

近年，ビジネス研究の世界では，エコシステムの概念に注目が集まっている。そこで，エコシステム研究の高まりの様子について触れてみよう。Tsujimoto., Kajikawa, Tomita and Matsumoto（2018）は，1995年から2014年まで行われたエコシステム研究の件数を年代別に明らかにしながら，次のようにコメントしている。2004年と2013年で論文数が大きく増加しており，この傾向は，2004年以降，技術とイノベーションのマネジメントの分野で，エコシステムの概念が使われるようになったことを示している。とりわけ，2010年以降，論文の件数が顕著な増加を示している。2004年以降に論文数やエコシステム概念の使用が盛んになったのは，おそらく，同年にIansiti and Levienによる「エコロジーとしての戦略（Strategy as Ecology)」および「キーストーン優位（The Keystone Advantage)」が相次いで発表され，ビジネス・エコシステムに関する本格的な研究がスタートした影響が大きいと考えられる。また，2010年以降，論文数の伸長に寄与したのは，Adnerらによる一連のイノベーション・エコシステムに関する研究が活発化した理由があげられる。

Kapoor（2018）は，Factiva[8]を利用して企業や業界のニュースで「エコシステム」という言葉を使用している記事数を年代別に明らかにしている。それによると，ビジネスシーンでは，過去10年間で「エコシステム」という言葉の使用が飛躍的に増加している。2009年頃まで緩やかな伸びを見せた「エコシステム」という言葉は，2010年を境に急激に使用されるようになった。具体的には，2010年に20,000件を突破したのものつかの間，2014年には40,000件，2016年には60,000件を超え，2017年には80,000件を上回るスピードで言葉の使用が急上昇している。

隅山（2019）は，1990年から2018年までの間，日本経済新聞（朝刊・夕刊）を対象に「エコシステム」という言葉を用いる記事を検索した結果，1990年代は10件，2000年代は22件に過ぎなかったものが，2010年代に入ると259件まで増え，全体の３分の２が2016年以降に集中していた事実を明らかにしている。そして，内容別に見ると，当初は，本来の意味である「生態系」や「省エネルギー・リサイクル」に関する記事に限られていた。ところが，2005年以降になると「イノベーション」や「プラットフォーマー」に関する記事が拡大し，ビジネスの主要なテーマに躍り出たことを明らかにしている。

最後に，Bogers., Sims and West（2019）は，エコシステムが企業のイノベーション戦略とビジネスモデルの成功にもはや不可欠だと認識する一方で，1992年以降，300以上の記事がトップジャーナルに掲載され，そのほとんどが過去５年間のものであることを突き止めている。

これらの先行研究が示す通り，ビジネスシーンにおいてエコシステムという言葉の使用やエコシステムに関する論文件数は，共に右肩上がりで拡大の一途を遂げてきたことは明らかである。ところが，2019年12月に中国・武漢で発生し，現在でも世界的な流行が続いている新型コロナウイルス感染症（COVID-19）の影響に加え，2022年に起こったロシアによるウクライナ侵攻の影響から，エコシステムという言葉の使用や研究の取り組みは，近年，どういった推移を辿っているのだろうか。１つの試みとして，国立情報学研究所CiNii Researchを

図表１－３　エコシステム研究（論文・本）の推移

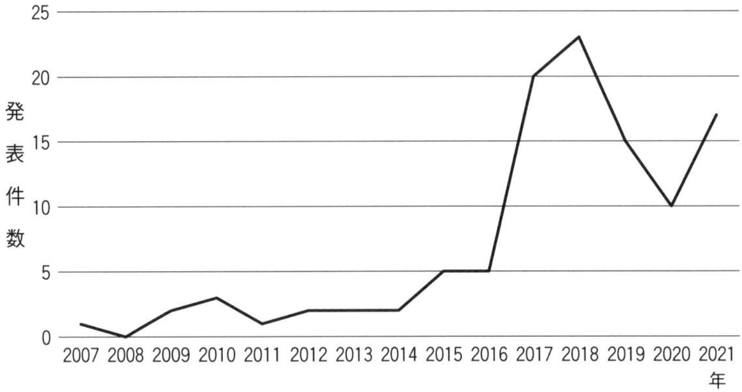

発表件数
25
20
15
10
5
0
2007 2008 2009 2010 2011 2012 2013 2014 2015 2016 2017 2018 2019 2020 2021
年

資料：国立情報学研究所 CiNii Research による検索件数をもとに集計し作成
注記：“ビジネス・エコシステム”“プラットフォーム・エコシステム”“イノベーション・エコシステム”“デジタル・エコシステム”を個々に検索し，それぞれヒットした件数を年ごとに集計しその合計値を導き出した。また，検索内容は「論文」と「本」に限定した。なお，アクセス日は 2022 年４月 24 日である。

利用し，各年に発表されたエコシステム研究の件数を拾い出して集計したグラフが**図表１－３**である。

このデータからは，2018年まで急激に拡大したのもつかの間，その後，2020年まで大幅に落ち込み，2021年には，再び増加傾向に転じてきている様子が読み取れる。これは，デジタル化，モジュール化，オープン化に突入した現在，企業の戦略策定やビジネスモデルの構築にあたり，エコシステムという言葉や概念は，非常に有効な用語であり，効果的なパワーを秘めている証左でもある。おそらく，エコシステムは，2020年代のビジネス研究における重要な研究テーマの１つであり，今後ともその解明とさらなる精緻化が進展するに違いない。

3　エコシステム研究の系譜

近年，「エコシステム」の概念は，経営学やビジネスの領域で高い注目を集めている。その証拠に，多くの識者から様々なエコシステムのタイプの分類がなされている。たとえば，Valkokari (2015) は，エコシステムを「ビジネス・エコシステム」「イノベーション・エコシステム」そして「ナレッジ・エコシステム」の３つのタイプに分けている。Jacobides., Cennamo and Gawer（2018 ; 2020）は，「ビジネス・エコシステム」「イノベーション・エコシステム」そして「プラットフォーム・エコシステム」という３つのグループに分類している。Thomas and Autio（2020）は，エコシステムを「ビジネス・エコシステム」「モジュラー・エコシステム」「プラットフォーム・エコシステム」「アントレプレナー・エコシステム」そして「ナレッジ・エコシステム」の５つのタイプに類型化している[9]。このようにエコシステム研究では，論者ごとにいくつかのメイン・ストリームに分類がなされているが，ここでは，エコシステム研究を４つの大きな流れとして分類する一方で，各ストリームの研究起源から今日に至るまでの主要な論点の変遷について順を追って議論してみたい。

まず，エコシステム研究は，テーマごとに出発点がそれぞれ異なる。最も早く取り上げられたのは，企業間ネットワークを形成して新しい事業の仕組みを創造する「ビジネス・エコシステム（Business Ecosystem）」であり，おおよそ1990年代前半から議論が始まった。その先駆けとなった研究は，ハーバード・ビジネス・レビューの「捕食者と獲物：競争の新しい生態学（Predators and Prey：A New Ecology of Competition）」と題する論文である。この中で執筆者であるMoore（1993）は，ビジネス・エコシステムという概念とその重要性について指摘した。これが戦略論の領域に「エコシステム」の概念が初めて持ち込まれた始まりだとされている。

2000年代前半になると，当該分野における画期的な研究が世に出された。それは，Gawer and Cusumano（2002）による『プラットフォーム・リーダーシップ（Platform Leadership）』である。この中で，彼らはプラットフォームと補完製品の相互作用のシステムと定義される産業エコシステム（Industry Ecosystem）という概念について詳しく触れた。これが「プラットフォーム・エコシステム（Platform Ecosystem）」研究のスタートであると広く認識されている[10]。

2000年代中頃になると，今度は「イノベーション・エコシステム（Innovation Ecosystem）」研究がスタートを切った[11]。そのパイオニア的研究は，ハーバード・ビジネス・レビューに発表されたAdner（2006）による「イノベーション・エコシステムのためイノベーション戦略を適合させること（Match your

Innovation Strategy to your Innovation Ecosystem)」と題する論文である。Adnerは，その中で「イノベーション・エコシステム」は，企業が個々に提供する製品を顧客対応ソリューションとしてまとめ上げ，組み合わせることを通じた協調的な取り組みであると説明している。

そして，直近の2010年代後半になると，「デジタル・エコシステム（Digital Ecosystem)」という概念に注目が集まるようになった。この背景には，AI（人工知能），ビッグデータ，クラウド，スマホアプリ，IoT（Internet of Things：モノのインターネット），ロボティクス，3Dプリンター，スマートフォン＆タブレット，PCなどデジタル技術の高度化が飛躍的に進んだ影響があげられる。また，デジタル・エコシステムは「ビジネス・エコシステム」「プラットフォーム・エコシステム」そして「イノベーション・エコシステム」に取って代わる新しいタイプのエコシステムと捉えるよりも，**図表1－4**で示す通り，各タイプのエコシステムがデジタルの力によって強化され，ネットワーク効果を生み出すためのエコシステムへと進化した形として理解する方が正しい。

とはいえ，デジタル・エコシステムに関する検討は，まだ始まったばかりであり，他のエコシステム研究のストリームに比べると，研究の蓄積が圧倒的に少ないのが現状だ。

図表1－4　エコシステム研究の主要な系譜

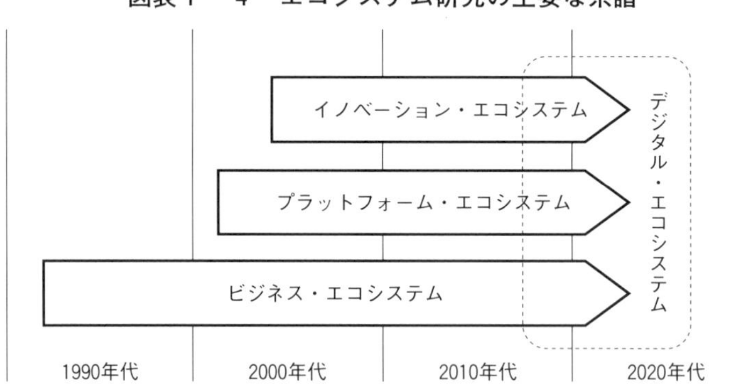

モジュール化

モジュール（Module）の意味を辞書（日本国語大辞典）で引くと，次のように明記されている。①建築のあらゆる部分を一定の大きさの倍数関係で統一するとき，その基準となる単位の大きさ。②歯車の歯の大きさを示す基準寸法の１つ。歯車の基準の直径（ピッチ円直径）をミリメートルで表し，歯数で割った値。③電気回路素子などをブロックとしてまとめたもの。より大きい装置の構成単位になる，と記載されている。

しかし，経済学や経営学におけるモジュールの意味とは，半自律的なサブシステム（青木, 2002），また，構造的に一体でまとめて持ち運ぶことができる製品の一部分（藤本, 2002），そして，その内部では構造的要素が強く結びつき，他のユニットの要素と比較的弱く結びつく１つの単位であると定義されている（Baldwin and Clark, 2000）。このため，モジュール化（Modularity）とは，独立して設計できるが全体としては一緒に機能する，より小さなサブシステムから複雑な製品やプロセスを構築することだといえる（Baldwin and Clark, 1997）[12]。つまり，モジュール化とは，１つの複雑なシステムやプロセスを一定の「デザイン・ルール（Design Rules）」に基づき，独立に設計され得る半自律的なサブシステムに分解すること，そして，サブシステムを統合して複雑なシステムやプロセスを構成することである（青木, 2002）。もっと平たくいうと，汎用部品を組み合わせて完成品を作ることであり，そのため，部品間のインターフェイスを単純化，標準化して部品同士をオープンに組み合わせるやり方ともいえるだろう[13]。

ところで，製品に関する基本的な「設計思想」や「設計構想」は，「製品アーキテクチャ（Product Architecture）」と呼ばれている（藤本, 2002）。Ulrich（1995）は，製品アーキテクチャのタイプとして，機能要素から物理的コンポーネントへのマッピングや相互作用する物理的コンポーネント間のインターフェイスの仕様が１対１の関係である「モジュラー・アーキテクチャ（Modular Architecture）」と，多対多の対応のような複雑な関係を有している「インテグラル・アーキテクチャ（Integral Architecture）」の２つに分類している[14]。そして，これら２種類の製品アーキテクチャの特徴は，**図表１－５**によって説明が可能である。

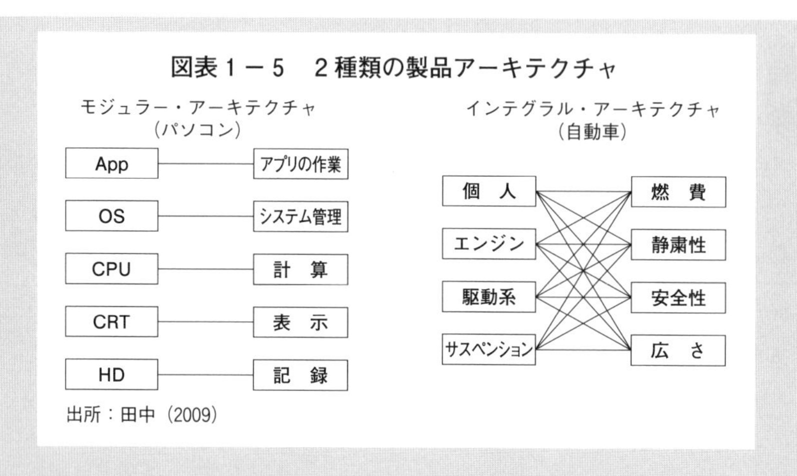

左側の「モジュラー・アーキテクチャ」は，パソコンの仕組みである。これは，部品と機能を結ぶ線（インターフェイス）が1対1で結ばれたシンプルな構造を有している。これに対し，右側の「インテグラル・アーキテクチャ」は，自動車（内燃機関）の仕組みである。これは，部品と機能を結ぶインターフェイスが多対多で結ばれた複雑な構造となっている。

システムの複雑性を緩和できる「モジュラー・アーキテクチャ」の特徴は，個々の部品が自己完結的であるため，あらかじめ別々に設計しておいた部品を寄せ集めて組み立てたとしても，全体として完成するという特徴を有している。たとえば，パソコン（PC）の作り方をあげると，PCを構成する複数の部品のうち，CPUは「中央演算装置」としてプロセシング（処理）という機能を果たす一方で，CRTは「画像表示装置」として，PCのディスプレイ機能を担っている。

これに対し，システム全体の複雑性を高めてしまう「インテグラル・アーキテクチャ」の特徴とは，ある製品のため特別に最適設計された部品が他の部品との間に相互依存の関係を有しているため，相互調整を図らないとトータルシステムとして高い性能を発揮できないことである。たとえば，約3万点もの部品で作られるガソリン自動車のモノづくりを取り上げると，燃費，静粛性，安全性などの機能は，エンジン，駆動系，サスペンションのような自動車を構成する様々な部品を相互にすり合わせることで初めて獲得されるものである。このようにパソコンと自動車は，同じ製品には違いないが，製品アーキテクチャで見ると，まったく異なるものとなる。

さて，複雑性の緩和を可能にする「モジュール化」の進展が日本企業の競争力にどんな影響を及ぼすことになったのか。それは，日本の伝統的なモノづくりの強みが弱みへと転化し，数多くの製品分野で競争逆転を招く結果につながったことである。周知の通り，日本企業のモノづくりの強さとは，1980年代のジャパン・アズ・ナンバー１の時代に世界を席巻した「すり合わせ」と呼ばれる「アナログ的なモノづくり」であった。その代表的な製品とは，当時，ソニーが開発し世界的な大ヒットを記録した「ウォークマン」があげられる。外でも移動中でも音楽が聴ける新しい生活文化を生み出したといわれる「ウォークマン」の内部構造は，駆動系を構成するモーター，歯車，ローラーそしてベルトなどの機械部品を複雑にすり合わせ，コンパクトに仕上げるものであった[15]。そして，このような「アナログ的なモノづくり」では，何よりも自前の工場と経験豊かな職人技が必要なため，そのことがハードウエアの開発において，ソニーが他を寄せつけない競争力の源泉でもあった。

ところが，2000年代以降，これまでの複雑な機械部品から駆動系がたった１個の半導体だけに置き換えられる「デジタル的なモノづくり」の時代へと舵が切られた。すると，内部構造がシンプルになった影響により，すり合わせの妙や自前の工場そして熟練作業者たちの存在は，一転して不要となってしまった。また，１個の半導体で製品が開発できるようになったため，製造拠点を無理して高コスト体質な日本国内に立地するよりも，人件費やエネルギーコストの安い新興国へ製造拠点を移したり，あるいは現地のEMS（Electric Manufacturing Service：電子機器の受託製造サービス）へ外部委託する方が高い利益や生産性の向上が期待できるため，モノづくりのグローバル化が拡大し，国内の産業基盤に大きな影響を及ぼした。

第2章

エコシステム概念の他分野への応用

1　エコシステムの起源

エコシステム（Ecosystem）は，もともと生物学（Biology）の1分野である生態学（Ecology）から生まれた概念である。エコシステムは，“生態系”と訳され，1930年，イギリスの植物学者であるクラファム（A.R. Clapham）が生み出した造語とされている。そして，この概念を正しく定義して世に広めたのは，1935年，イギリスの植物生態学者であるタンスレー（A.G. Tansley）であるといわれている。

タンスレーがこの概念を広めるキッカケとなったのは，その当時，アメリカの生物学者のクレメンス（F. Clements）との間で繰り広げられた論争からであった。クレメンスは，植物の群集（植生）が時間と共に移り変わっていく様を表す遷移（Succession）という現象を，ヒトが生まれてから子供，青年，大人，老人というステップを歩む人生と同じく，決まった成長の道筋を辿りながら遷移の最終段階である極相（Climax）に到達するという単極相（Mono-climax）説を強く主張した。同時にまた，同じ場所で生息する植物の群集を，本来はヒトの集まりや共同体を指す「コミュニティ（Community）」という擬人的な言葉で表現した。

これに対し，タンスレーは，このクレメンスのアプローチに異を唱えた。タンスレーは，たとえ同じ気候地域でも，地形，土壌そして攪乱等の諸条件が影響を及ぼすことで，様々な極相が生まれる「多極相（Poly-climax）説」の立場をとった。そのうえで，クレメンスが擬人的に用いた「コミュニティ」という言葉に取って代わり，生態系（Ecosystem）という言葉を新たに作り出し，それは，生物群集と光，温度，湿度，雨量，水分などの非生物的環境要因を含む統合システムであると定義した。

その後，アメリカの生態学者であるオダム（E.P. Odum）は，クラファムが生み出し，タンスレーが概念化した生態系（エコシステム）の基礎を構築した。オダムは「ある地域の生物すべてが物理的環境と相互関係を持ち，エネルギーの流れがシステム内にはっきりした栄養段階，生物の多様性，生物と非生物部分間の物質循環を作り出しているようなまとまりは，生態学的なシステム，すなわち，生態系と呼ぶ」と定義し，生物と非生物的環境は，相互に作用し切り離せない関係にあると主張した。

このような自然界のエコシステムで重要な概念として「ニッチ」と「キーストーン種」があげられる。「ニッチ」は，「生態的地位（Ecological Niche)」と呼ばれ，生態系内の種間競争に打ち勝って得た地位と定義される。つまり，生態系内で生物種が占める位置を表すものであり，もっと平たくいえば，ある生物種が生活する空間や環境であると言い換えられる。生物がそれぞれ生きていくために必要な資源や条件は異なるが，もし生活環境が重複する場合，資源や条件を巡って激しい種間競争が起こる。そして，厳しい種間競争に勝ち抜いて「ニッチ」を獲得できた生物種だけが安定的に生存できる。つまり，「ニッチ」を巡る競争では，「ニッチ」が重複する種間ほど資源や条件を巡る競争が激化するため，共生は難しくなる。

一方，生態系の安定または維持のため，ヒトデのような重要な影響を与える種は，「キーストーン種（Keystone Species)」と呼ばれている。「キーストーン」とは，その名の通り「要石」と訳される。これは，石で作られたアーチの頂点にある楔形の石を指し，構造全体が崩れないように締めつける役割を果たす。「キーストーン種」は，生物種として，たとえわずかでも生物間相互作用ネットワークにおける扇の要の役割を演じるため，欠かせない存在である（鷲谷編，2018)。

2　経済学領域への応用

(1)　生態経済学

今から90年前，植物学者のクラファムが世界で初めて生み出し，植物生態学者のタンスレーが正しく定義づけた「エコシステム（Ecosystem）」の知見や法則は，近年，経済学や経営学そして産業論など，いくつかの社会科学領域にも導入や応用化が進み，新しい学派の形成に寄与したり，問題解決の糸口となっている。最初に，経済学領域として，「生態経済学」と「複雑系経済学」について触れてみよう。

アメリカのアップライト・バイオノミックスの社長であるRothschild（1990）は，生物学と経済学をミックスした学問である「生態経済学（Bionomics）」を提唱している。「生態経済学」とは，経済を進化または変化する生態系と捉える「生態系としての経済（Economy as Ecosystem）」を扱うものである。それによると，生態系と経済は，その基本的構造がよく似ている。あらゆる生物は，自身の遺伝情報によって規定されるだけでなく，競争相手や捕食者との関係によって規定されるが，経済（組織体）もまた，自社が生み出す技術だけでなく，原材料の供給者，競争相手，顧客との関係によって規定されるからである。**図表2－1**は，Rothschildが示した生態系の「食物連鎖」と経済における「付加価値連鎖」をそれぞれ示した図である。

まず，生態系の「食物連鎖」は，太陽光がエネルギーとなって資源（植物やプランクトンなど）を繁殖させ，それを生物（草食動物等）が食べ，次に捕食者（肉食動物）が生物を食べた後，バクテリアが捕食者の死骸を分解し，それが再び植物の養分となる。これに対し，経済（組織体）の「付加価値連鎖」は，労働力がエネルギーとなって供給者が原材料や加工部品を生み出し，それが組立生産を担う企業へ流れ，そこでできた完成品を顧客が購入し消費した後，古くなった製品は，リサイクルを通じて，再び次の新しい原料や部品として再利用される。

このように生態系と経済（組織体）は，基本的な構造が酷似しているが，そ

図表 2－1 生態系の「食物連鎖」(上) と経済の「付加価値連鎖」(下) の比較

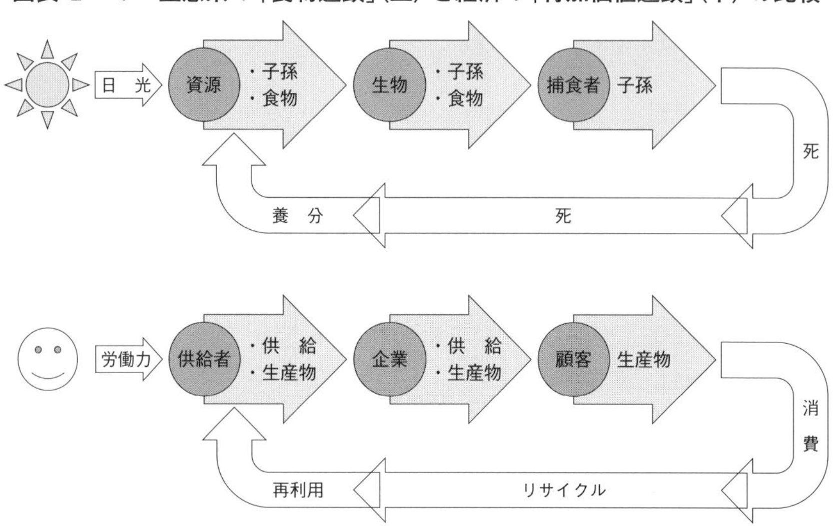

資料：Rothschild（1990）をもとに作成

の一方で，次のような相違点も見られる。

第1は，生態系の「食物連鎖」の場合，種内の個体数は，資源によって決定される「資源制約型ネットワーク」であるのに対し，経済（組織体）の付加価値連鎖の場合，経済の規模は，顧客の需要によって決定される「消費者制約型ネットワーク」なことである。つまり，生態系の豊かさは，上位にある生物や捕食者ではなく，資源の大きさ如何によって決定されるのに対し，経済の豊かさは，川下に存在する顧客（消費者）による需要の高さによって決まるという違いがある。

第2は，生態系における生物は，永遠に生き続けることができない。このため，子供を作り子孫を残す必要がある。これに対し，経済（組織体）は，顧客価値の実現と満足を続けられる限り寿命はなく，また，子孫を残すため子供を作る必要性もない。

第3は，生物は，数多くの捕食者から身を守るため，カモフラージュの技を磨き上げ，何とかして生き残りを図るが，企業という組織体は，完成した製品を広告宣伝や営業等の販促活動を通じて消費者理解を高め，購買行動に結びつけて生き残りをかけるという違いがある。

(2) 複雑系経済学

これまでの近代科学は，現象や対象をできるだけ小さな単位に分解して原因を調べる「要素還元法」を基本としてきた。たとえば，生物を知るため細胞を調べ，細胞を知るため分子を調べ，分子を知るため原子を調べるようなやり方がこれに該当する。ところが，いくら要素に細かく分けそれを積み上げたとしても，全体を説明することはできない。そこで，複雑なものは複雑のまま考察し，要素を総合する科学が登場した。これが「複雑系」である。

「複雑系（Complex Systems）」とは，システム全体の文脈によって，構成要素のふるまいやルールがダイナミックに変化するシステムである（井庭・福原，1998）。つまり，構成要素の局所的（Local）な相互作用がシステム全体の文脈を変化させ，システム全体の文脈が構成要素のふるまいやルールを決定するものであり，これは，創発（Emergence）と呼ばれている。

「複雑系」とは，部分が全体のふるまいを決定する「還元主義（Reductionism）」に対し，全体が部分のふるまいを決定する「全体主義（Holism）」であるという特徴がある。この点について，分子生物学者の福岡（2009）は，生命という全体について，単に部分の総和ではなく，それ以上のものだと指摘している。なぜなら，生命は分解していくと，２万数千種類もの部品から成り立っているが，これらの部品をいくら合成したところで生命は立ち上がらないからである。しかしながら，生命とは，確かにこれらの部品の組み合わせから成り立っている。これは，生命という全体が部分の総和以上の存在であることを如実に示している。このように生きているシステムとは，従来の要素に分解して調べ，全体を解き明かすというやり方が通用しない。だからこそ，システムを構成する要素のふるまいのルールが全体の文脈によって動的に変化する「複雑系」の概念に注目が寄せられたのである。

複雑系の研究は，1984年，アメリカ合衆国ニューメキシコ州サンタフェに設立された非営利組織であるサンタフェ研究所（Santa Fe Institute：SFI）が出発点だといわれている。サンタフェ研究所は，物理学，生物学，コンピュータ・サイエンス，医学，認知科学，地球科学，経済学などを横断する民間の研究機関であり，既成の学問の枠を超えて多様な分野に取り組み，その結果，“複雑系の科学”とも呼ばれている。

さて，複雑系の科学から複雑系の経済学について焦点を移すと，Waldrop (1992) は，従来の新古典派経済学（主流派経済学）と複雑系経済学のそれぞれの違いを，次のように整理して説明している（**図表2－2**）。

図表2－2　新古典派経済学と複雑系経済学の比較

旧・経済学 （新古典派）	新・経済学 （複雑系）
収穫逓減	収穫逓増
19世紀の物理学 （均衡，安定，決定論的ダイナミクス）	生物学に基本を置く （構造，パターン，自己組織化，生命サイクル）
人間は同一	個人に焦点。人間は分離し異なる
要素は量と価格	要素はパターンと可能性
すべてが均衡状態にあるから， 真のダイナミクスは存在しない	経済は前進し，構造は絶えず合体し， 崩壊し，変化している
対象を構造的に単純なものとみなす	対象を本質的に複雑なものとみなす
ソフト物理学としての経済学	高度に複雑な科学としての経済学

出所：Waldrop（1992）

ここでは，代表的な項目だけを取り上げると，新古典派経済学は，生産量が増大すると平均費用が増加するため，利益率が低下していく「収穫逓減 (Diminishing Returns)」の法則が該当するのに対し，複雑系経済学は，生産量が増大すると平均費用が減少するため，利益率が高まる「収穫逓増（Increasing Returns)」の法則が当てはまる。また，新古典派経済学は，均衡，安全，決定論的ダイナミクスを意味する19世紀の物理学に基本を置くのに比べ，複雑系経済学は，構造，パターン，自己組織化，生命サイクルなど生物学に基本を置いている。そして，新古典派経済学は，人間は同一と考えるのに対し，複雑系経済学は，個人に焦点を当て，人間は分離し異なると考えるという違いがあげられる。

3　経営学領域への応用

(1)　個体群生態学

組織論の世界でも，すでに生態系の概念やモデルの適応が試みられており，これは，「個体群生態学（Population Ecology）」と呼ばれている[16]。これまでの組織論の考えでは，環境変化に対して自らの組織構造を適合できる企業が生き残るコンティンジェンシー理論（Contingency Theory）が支配的であった。

これに対し，Hannan and Freeman（1977）は，環境変化に対する企業の適合能力には限界があるため，その能力が不足する企業は，自ずと淘汰（Selection）されると考えた。つまり，所与の環境に適合できる企業は生き残り，できなかった企業は自然淘汰を避けられないのは，組織には，現在のままの状態を維持し続けたい性質や力が働くためであり，このような慣性圧力を「構造的慣性（Structural Inertia）」と命名した（Hannan and Freeman, 1984）。そして，環境の変化率に比べ組織の変化率が低い（つまり，組織の環境対応力が低い）場合，「構造的慣性」が強いと表現できる一方で，「構造的慣性」が強い組織ほど，環境に対する適合行動が制限されるため，自然淘汰に追い込まれやすいこと，会社の寿命が長い組織ほど「構造的慣性」は強くなり，いわゆる「加齢による不利益」を被りやすいことを明らかにした。

それでは，「構造的慣性」を打破し，環境変化に適合するため，新しい取り組みを試みる組織である場合，このような淘汰の波に巻き込まれず済むのだろうか。個体群生態学の考え方では，従来のルーチンを守る組織に比べ，環境変化のため新しい取り組みにチャレンジする組織の方が，実際には失敗して淘汰される可能性が高いとしている。そして，環境変化に適合するため，あれこれと試行錯誤する新しいタイプの組織が古いタイプの組織に比べて失敗する確率が高いことを「新しさの不利益（Liability of Newness）」と呼んでいる（Stinchcombe, 1965）。「新しさの不利益」とは，新しい組織は古い組織より失敗する割合が高いとする仮説であり，これは組織年齢が高い組織ほど，失敗する比率が低いことを示すものである。

最後に，なぜ組織には「構造的慣性」が生まれるのか。個体群生態学によると，「構造的慣性」が働く要因として，4つの点をあげている。第1は，巨額な設備や資産を組織が保有することで生まれる，変化に対する埋没コスト（Sunk Cost）という制約である。第2は，意思決定者が利用できる情報に関する制約である。第3は，組織内のパワー関係を意味する政治的制約である。最後は，歴史や伝統を守ろうとする「規範的制約」である。併せて，桑田・田尾（1998）もまた，組織の外的制約条件として，次のような2点をあげている。1つは，参入障壁や撤退障壁と呼ばれる法制面・財務面における制約である。もう1つは，外部環境からの「正当性（Legitimacy）」の要求という制約である。

(2) 共創戦略

エコシステムの戦略論への応用については，その他の章で具体的に触れるため，ここでは，戦略論の世界でエコシステムの概念の導入や援用が進んでいるその主な理由と発想の転換の必要性について論じてみたい。まず，その背景にあるのは，エコシステムの基盤であるデジタル技術の飛躍的進歩やオープン化，モジュール化の進展等である。また，多くの個別企業（または企業グループ）が組織内で保有する資源や能力には自ずと限界があるにもかかわらず，近年，それを上回るほどのパワーやユニークなスキル・ノウハウが必要とされる機会が急速に拡大している点もあげられる。

こうした結果，個別企業による独り勝ち可能な時代が終焉を迎え，これに取って代わり，共通の目標や目的を達成するため，顧客を含む複数のパートナー企業群が共勝ちを目指して戦うエコシステムの時代が到来を迎えようとしている。今日の複雑化・高度化したビジネス環境下では，市場や技術そして顧客や競争のどこを切り取っても，一社独占・支配構造の実現は，短期的には可能であっても，中長期的に達成・持続することは難しく，むしろ不可能となってきた。そこで，企業は，顧客，サプライヤー，ライバル，その他プレイヤーらと積極的に手を組んでエコシステムを形成し，戦うようになったのである。

これからの戦略論は，長らく続いた「競争優位（Competitive Advantage）」から「共創優位（Co-Creation Advantage）」あるいは「エコシステム優位

(Ecosystem Advantage)」へ大きく舵を切る必要がある。それは，個別企業の優位性を追求するのではなく，相互依存性の高い複数主体間の相互作用を通じて戦い，勝利を収める新時代の本格的な幕開けを意味するものである。

4　産業論分野への応用

(1)　地域再生

エコシステムの概念は，地域再生の分野にも応用が進んでいる。たとえば，地域競争力を強化する，あるいは地域に点在する資源や能力をテコにイノベーションを創発するといった目的から，地元企業，大学や研究機関，金融機関そして自治体が互いに協力し，エコシステムを形成する「リージョナル・イノベーション・エコシステム（Regional Innovation Ecosystems)」があげられる。

この「リージョナル・イノベーション・エコシステム」については，現在，内閣府が主導する地域・都市レベルのエコシステム政策として「世界に伍するスタートアップ・エコシステム拠点形成戦略」が実施されている。これは，都市や大学を巻き込み，起業家教育やアクセラレータ機能（スタートアップのビジネス拡大を目的とする支援組織）を抜本的に強化すること等を通じて，起業家がこれまでの制約を超越し（Beyond Limits)，日本の潜在能力を開放する（Unlock Our Potential)，スタートアップ・エコシステムの拠点都市を形成する取り組みである[17]。

(2)　産業競争力

エコシステム概念が一国の産業競争力向上のための政策や提言として初めて使用されるようになったのは，2000年代前半のアメリカまで遡ることができる。当時，アメリカの競争力評議会（Council on Competitiveness：CoC）は，2004年12月に国家イノベーション・イニシアチブ（National Innovation Initiative：NII）を開催した。このイニシアチブ（政策提言活動）は，アメリカ全土から産官学のリーダー400名が参加し，15ヶ月間をかけて「イノベート・アメリカ：挑戦と変革の世界で繁栄すること（Innovate America：Thriving in a World of Challenges and Change）」と題された最終報告書を作成した。また，同報告書は，委員長に選出されたIBMのCEOであったサミュエル・パルミサーノ（Samuel Palmisano）の名前を取って，通称「パルミサーノ・レポート」とも呼ばれている。

このレポートで特に重要なメッセージは，イノベーションこそが経済成長の原動力であると主張している点である。ところが，新しいイノベーションは，伝統的な「線形（Linear）モデル」から生み出すことは難しい。そのため，これからは，散在する諸要素間を点と点で結び合わせた相互作用を意味する「非線形（Non-Lenear）モデル」，つまり「イノベーションの生態系（エコシステム）」の構築が何より求められると結論づけたのである。**図表2－3**は，アメリカの競争力評議会，パルミサーノ・レポートで取り上げられた「イノベーション・エコシステム」である。

図表2－3　イノベーション・エコシステム

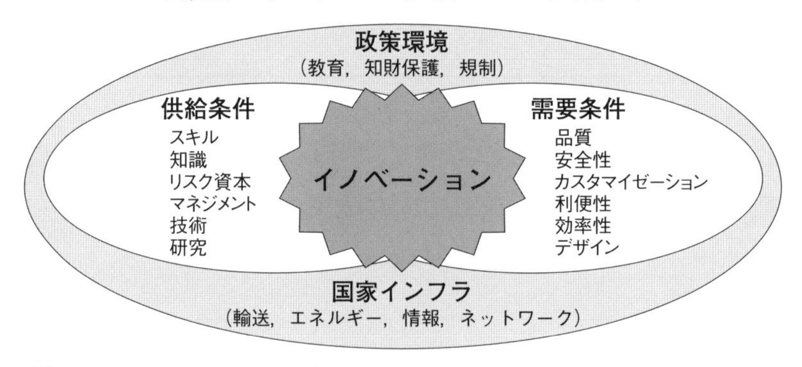

出所：National Innovation Initiative Summit and Report

その趣旨は，イノベーションが21世紀におけるアメリカの成功を決定する唯一の最も重要な要素だが，それは，一方向的で機械的なプロセスからではなく，多面的で連続的な相互作用の中から生み出されるというものである。つまり，イノベーション・エコシステムを作り出すことが必要であり，そのフレームワークは，カギとなる4つの諸要因から構成されている。第1は，「供給条件」

であり，その主な要素として，スキル，知識，リスク資本，マネジメント，技術，研究をあげている。第2は，「需要条件」であり，主な内容として，品質，安全性，カスタマイゼーション（改善），利便性，効率性，デザインをあげている。第3は，国の「政策環境」であり，たとえば，教育，知的財産権保護，規制を指している。第4は，「国家インフラ」であり，これは，輸送，エネルギー，情報，ネットワーク網を表している。

同レポートによると，過去のイノベーション政策では，イノベーションへの投入要素である供給サイドに力点が置かれてきたが，これからは，需要サイドにもっと目を向けて重視する必要がある。それと同時に，国家の総合的なインフラと諸問題を解決すべき各種の政策を充実することがイノベーションの発生頻度を加速させると共に，その質を決定すると結論づけている。

2007年，わが国でもアメリカのイノベーション・エコシステムと類似する科学技術イノベーションを生起するための提言がなされた。独立行政法人科学技術振興機構　研究開発戦略センターは，「科学技術イノベーションの実現に向けた提言―ナショナル・イノベーション・エコシステムの俯瞰と政策課題―」と題した報告書を発表した。それによると，ナショナル・イノベーション・エコシステム（National Innovation Ecosystem：NIES）は，次のように説明されている。「国のイノベーションが実現する様子を生態系（エコシステム）になぞらえて表現したものである。生態系では，種が周囲の環境に適合し，また多様な種と出会う中で，より優勢な種に発展していく。これと同様に，科学技術イノベーションは，大学，研究開発型独立行政法人，民間企業，政府関係機関，消費者等のプレイヤーが，その国の制度や社会的環境の中で自律的に活動し，かつ相互に作用することを通じて達成される。このようなイノベーションが誘発されるシステム全体を，“NIES”と表現する。」

第3章

エコシステムが台頭する理由

1　生物学とビジネスとの類似性

この章では，ビジネスの世界においてエコシステムに関心や注目が集まり，次第に導入されるようになったその主な理由について触れてみよう。真っ先にあげられるのは，そもそも自然界の生物システムとビジネス界の企業ネットワークには，強い類似性が見られることである（Iansiti and Levien, 2004a; 2004b）。それゆえ，ビジネス分野の研究者たちは，企業やビジネスを生物学的な種と同じように捉え，生物学を通じて生まれた数多くの知見を引き出そうと試みるのである。

他方，生物の戦略とビジネスの戦略の類似性については，ビジネス思想家からだけでなく，生物学の研究者からもコメントが寄せられている。雑草生態学者の稲垣（2020）は，両者が類似する理由として，人間も生物の一種であり，経済もビジネスも人間が作り出したものである。その人間の営みが生物の営みと似通っているとしても，ごく自然なことだろうとコメントしている。

このように生物学とビジネスは，数多くの類似性や高い共通性を有している。企業の生存条件を生物学との観点から研究するReeves., Levin and Ueda（2016）は，3万社以上の調査から，企業の寿命が短命化している実態を浮き彫りにしながら，その理由として，外部環境の変化に適応できないことを突き止めた。そして，自然界の生物が環境変化にうまく適応しているように，企業にとっても，ビジネスの複雑な環境変化によく適応できる「複雑適応システム[18]」がカギを握るものと主張した[19]。

「複雑適応システム（Complex Adaptive System：CAS)」とは，まず，システムを構成する要素であるそれぞれのエージェント間で局所的な相互作用（Local Interaction）が起こり，創発（Emergence）と呼ばれる系の構造が変革される。すると，フィードバック（Feedback）と淘汰（Selection）がエージェントに対して影響を及ぼし，さらに系全体が改まるという考え方である。すなわち，自然界もビジネス界も共に「複雑適応システム」を強化できるか否かにより，絶滅するか生き残れるか決定される共通点を持っている。

それでは，強固な「複雑適応システム」を作り上げ，企業が生き残るには，どのようなルール・原則が必要なのか。Reeves., Levin and Ueda（2016）は,「構造」の原則が３点,「マネジメント」の原則が３点，併せて計６つの原則を取り上げている。最初に「構造」の原則３点は，以下のものがあげられる。第１は，異質性（Heterogeneity）の維持である。具体的には，人材，アイデアそして努力という各次元の多様性を図ることで環境の変化に適応できる。第２は，モジュール化（Modularity）の持続である。自然界と同様に，モジュール化によるシステムの割合が高い場合，１つのコンポーネントから次へとショックの広がりを防止でき，システムをより強固なものにできる。第３は，冗長性（Redundancy）の保持である。つまり，重複する役割を演じるコンポーネントが多数ある場合，１つが失敗しても，もう１つが同じ機能を満たすことができる。

次に，マネジメントの原則３点には，次のようなものがある。第１は，予測はできないが不確実性は減らせる（Reduce Uncertainty）ことである。つまり，未来の状態を正確には予測できないが，シグナルを集め，変化のパターンを探知し，起こり得る結果を想像することで，望ましくないことを最小化する対策を講じることが可能である。第２は，フィードバックループ（Feedback Loop）と適応メカニズム（Adaptive Mechanism）の創造である。これは，淘汰がシステムの健康や適切性を誘発し，状態を改善することを確保するものである。第３は，信頼（Trust）と相互主義（Reciprocity）の育成である。これは，個人と集団の利益相反を意味する集団的行動問題（Collective Action Problems）というジレンマに打ち勝つには，信頼と相互主義の強化が結びついた組織のメカニズムが必要だということである。

Reeves., Levin, Fink and Levina（2020）もまた，生物学や物理学で扱われ

る複雑性の知見が企業やビジネスにおいても重要な概念だと指摘している。それによると「複雑性（Complexity）」とは，相互に多様なつながりを持った多数の異なる要素と定義され，企業は，この複雑性を適切にマネジメントしなければならない。なぜなら，複雑性は，次のような長所を有するからである。第1に，多くの異なる要素があると，システムの「レジリエンス（Resilience）」，すなわち「回復力」が増加する点である。反対に，少ない技術，製品そしてプロセスに依存する企業および同じバックグラウンドや視点を持つ人々で構成された企業は，予想不可能な機会や脅威へ対応する様々な手段を持ち得ない。第2に，複雑性の特徴である冗長性（Redundancy）や重複（Duplication）は，緩衝能力や代替案を増やすことにもつながる点である。第3に，複雑性は模倣困難性（Imitability）を提供する点である。というのも，複数企業間の相互関係性は複製しにくいため，ライバルの模倣コストを高めるからである。

これまでの議論を踏まえ，自然界の生態系とビジネス界のエコシステムの主な特徴を整理してみよう。**図表3－1**は，生物エコシステムと企業のデジタル・エコシステムの特徴をそれぞれ比較したものである。

図表3－1　生物エコシステムとデジタル・エコシステムの特徴比較

	生物エコシステム	デジタル・エコシステム
外部環境	自然の生息地	人間社会，デジタル環境
エコシステムのメンバー	生物，非生物	企業，組織，顧客
システムメンバー間の関係性	栄養素とエネルギーの交換，共生	情報と資源の交換，協力，協働
垂直的階層関係	なし	なし
エコシステムのための内部メカニズム	自然な選択	協力，協働
制限効果	自然条件，資源	社会規範，法律，資源
メンバーの役割と相互作用	明確に定義されている	明確に定義されている
変化の割合	低い	高い

まず，生物エコシステムの外部環境は自然の生息地だが，デジタル・エコシステムは，人間社会やデジタル環境となる。次に，生物エコシステムのメンバーは生物，非生物だが，デジタル・エコシステムは企業，組織および顧客となる。生物エコシステムのシステムメンバー間の関係性は栄養素とエネルギーの

交換，共生だが，デジタル・エコシステムは情報と資源の交換，協力そして協働となる。垂直的階層関係については，生物エコシステムもデジタル・エコシステムも共になく，水平的な非階層関係となる。生物エコシステムのための内部メカニズムは自然な選択だが，デジタル・エコシステムは協力，協働が当てはまる。生物エコシステムの制限効果は自然条件や資源だが，デジタル・エコシステムは社会規範，法律および資源となる。生物エコシステムのメンバーの役割と相互作用は，生物エコシステムもデジテル・エコシステムとも明確に定義されている。最後に，生物エコシステムの変化の割合は低いが，デジタル・エコシステムは高いという違いがある。

2 新しい経済の到来

デジタル技術の進歩や価値観の変化を通じて，近年，伝統的な経済から新しい経済への移行が進んでいる。それは「共有する経済」「循環する経済」そして「つながる経済」へのシフトである。こうした新しい経済の到来は，顧客や企業との共創および協創を促進し，エコシステム経営の重要性を際立たせる原動力ともなっている。この過程について順に説明する。

第1は，「所有経済」から「共有経済」への移行である。振り返ってみると，高度経済成長時代の日本は，深刻なモノ不足（供給不足）と旺盛な消費需要を背景に「所有経済（Owned Economy）」が全盛期を迎え，これが長らく続いてきた。ところが，現在の日本は，モノ余り（供給過多）と需要の不足に加え，作り過ぎや売れ残りから生じる大量の破棄が深刻な社会問題となっている。こうした現状を打破するため，昨今では，「コラボレーション消費」または3R（Reduce：減量，Reuse：再使用，Recycle：再生利用）と呼ばれる「共有経済（Sharing Economy）」への転換の動きが加速している。「共有経済」は，「所有経済」のアンチテーゼとして，おおよそ10年前から注目が集まってきた概念である。その意味は，遊休資産などを保有する提供者とそれを活用したい利用者を仲介するサービスによって成り立つ経済のことである。このため，「所有経済」は，マッチングの場を設ける仲介者をベースに提供者と利用者を結びつける「プラットフォーム経済（Platform Economy）」と言い換えられる場合も少なくない。

第２は，「直線経済」から「循環経済」へのシフトである。これまでの経済は，資源を使って製品を生み出し，それを消費して廃棄する「直線経済（Linear Economy）」であった。これに対し，これからの経済は，資源の無駄，役割を終えた製品，遊休資産等を回収し，永続的に再生・再利用する「循環経済」への移行が声高に叫ばれている。「循環経済（Circular Economy）」は，ムダ（Waste）を富（Wealth）に変える持続可能な経済と定義される。たとえば，日本で今深刻化している空き家の再生や再利用は，循環モデルの典型な事例である。また，ファッションレンタル・アプリの「メチャカリ」が月額定額制で新品の服を借り放題できるサービスを提供し，「戻ってきた商品」を自社ECサイトなどで中古品として販売するやり方も，循環型モデルの１つである。

第３は，「切れた経済」から「つながる経済」への転換である。國領（2013）は，これまでの経済について，生産者と消費者（顧客）が明確に分かれ，大量生産品を匿名の大衆に売る「切れた経済（Broken Economy）」であったと指摘する。そして「切れた経済」では，１社で付加価値のすべてを奪い取る囲い込み経営や戦略が採用され，このため，競合他社のみならず，サプライヤー企業ですらパートナーではなく，競争相手と見なされた。一方，これからの経済では，付加価値を１社で独占するため，激しくしのぎを削るような競争は死（Death of Competition）を迎える（Moore, 1996）。そして，これに取って代わるように，企業と顧客，顧客同士そして企業同士が相互につながり，共創または協創を実現し，持続的な共存共栄の関係を構築する「つながる経済（Connected Economy）」へ変化することを國領は強く主張している。

3　デジタル化とデジタル・エコノミー

(1)　デジタライゼーションからDXへ

生物学の概念である「エコシステム」が近年，ビジネスや企業経営の領域まで拡張されてきた理由の１つにデジタル化があげられる。ここでは，まずデジタルとは何かについて触れてみよう。

デジタルの対義語であるアナログ（Analog）は連続的に変化するが，デジタル（Digital）は，段階的に変化するという違いがある。このため，アナログは，情報の複製には不向きであるのに対し，デジタルは，複製向きだとも言われている。次に，デジタル化は「デジタイゼーション」と「デジタライゼーション」に区別される。デジタイゼーション（Digitization）とは，アナログなものを「0」と「1」の数字で処理するデジタルに変換することである。たとえば，秒針で時を示す時計，レコード，水銀柱の長さで温度を測る体温計，フィルム式カメラ，ダイヤル式の黒電話は代表的なアナログ製品であり，デジタル時計，音楽CD，電子体温計，デジタルカメラ，スマートフォン等は，お馴染みのデジタル製品である。すなわち，デジタイゼーションとは，物理的な情報をデジタル形式に変換することである[20]。

一方，デジタライゼーション（Digitalization）とは，たとえば，クラウド・コンピューティング，機械学習，人口知能，ソーシャル・メディア，ビックデータ・アナリティクス，モバイルデータ・アナリティクスのような数々のデジタル技術を駆使して既存のビジネスモデルを塗り替え，これまでにないまったく新しいビジネスモデルを創造することであり，このようなデジタライゼーションは，最近，デジタル・トランスフォーメーションという言葉や概念で置き換えられるケースが多くなってきている。

デジタル・トランスフォーメーション（Digital Transformation：DX）は，Stolterman and Fors（2004）が執筆した論文「情報技術と良い生活（Information Technology and the Good Life）」の中で初めて提唱された言葉である[21]。その中でDXとは，「Changes that the digital technology causes or influences in all aspects of human life（デジタル技術が人間の生活のすべての側面において引き起こすあるいは影響を及ぼす変化）」と定義されている[22]。また，IDC Japanは，DXを「企業が外部エコシステム（顧客，市場）の破壊的な変化に対応しつつ，内部エコシステム（組織，文化，従業員）の変革を牽引しながら，第3のプラットフォームを利用して，新しい製品やサービス，新しいビジネスモデルを通して，ネットとリアルの両面での顧客エクスペリエンスの変革を図ることで価値を創出し，競争上の優位性を確立すること」と定義している[23]。

図表3－2は，音楽業界におけるDXを示したものである。音楽を楽しむための記録媒体（メディア）は，アナログ信号によるレコードからデジタル信号

で処理するCDに置き換わった。そして，最近では，インターネットを介して配信された音楽データをスマートフォン端末で受信し，再生する定額制のストリーミングサービスが拡大している[24]。また，従来の音楽の売り方や稼ぎ方は，レコード会社が主体となってシングルやアルバムを販売するやり方であった。しかし，今では，レコード会社とアーティストが協力し，SNSを通じてアーティストがファンと交流する仕組み作りやライブ，グッズ販売，サブスクリプションによる分配金で儲けるなど，DXによる儲け方へと変化している。

図表3－2　音楽業界におけるDX

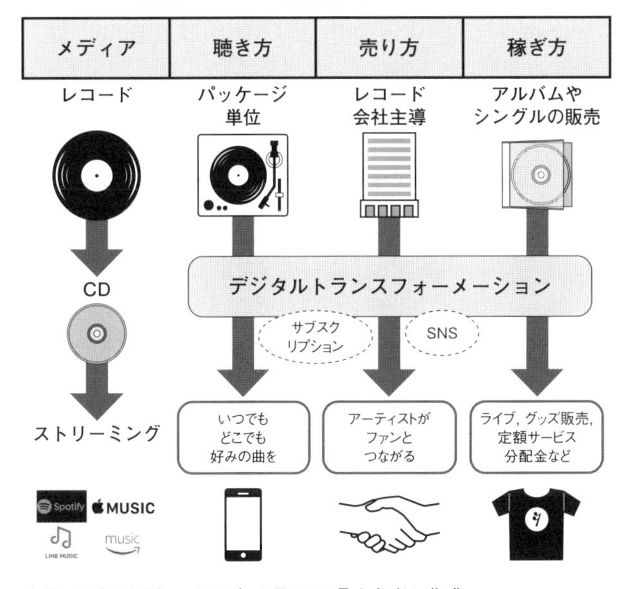

出所：日経ビジネス2020年3月30日号を参考に作成

こうした「デジタライゼーション」および「デジタル・トランスフォーメーション」の浸透と波及が，ビジネス・エコシステムの形成に強い影響を及ぼしている。たとえば，自社や特定のベンダー等の独自仕様で構成されたシステムを標準規格などで置き換えたり，あるいは仕様や接続方法を外部に公開する「オープン化の進展」は，ビジネス・エコシステムへの変化を促す原動力である。また，情報通信技術（Information and Communication Technology：ICT）の発展は，既存の業種や業界を超えて多様なプレイヤーが連携または参加することを促進するため，やはり，ビジネス・エコシステムに強い影響を及ぼしている。さらに，ICTの進展を通じて，データ，モノそして処理などに関する新たな価値形態の交換が起こる結果，新しい財・サービスが生み出されることも，ビジネス・エコシステムに影響を与える要因だと考えられる[25]。

⑵　デジタル・エコノミー

次に，デジタル・エコノミーについて触れてみよう。「デジタル・エコノミー（Digital Economy）」とは，ICTをベースとする財・サービスによって生み出される経済と定義される。つまり，デジタル化された財・サービス，情報，金銭などがインターネットを介して，個人・企業間で流通する経済である[26]。

「デジタル・エコノミー」の概念は，1990年代，世界中の情報端末を接続し，ネットワークでつなげるインターネットの普及に伴い，徐々に使用されるようになった。その当時，「B to B」「B to C」との間で財・サービスを対象とする電子商取引（EC）がスタートし，携帯電話の登場で双方向のコミュニケーションが活発化した。その後，様々な多機能を備えた接続可能なモバイル「スマートフォン」が登場し，爆発的に普及する一方，IoT，ビッグデータ，AI等を意味するICTもまた飛躍的な進歩を遂げた。その結果，「X-Tech（クロステック）」「シェアリングエコノミー（共有経済）」「ギグエコノミー（日雇い経済）」「D2C（Direct to Consumer）」「C to C」など，新しいビジネスモデルやソリューションが次々に出現するようになり，今日に至っている。

「デジタル・エコノミー」で押さえておきたいポイントは，主に3つあげられる。第1は，「デジタル・データ」であり，あらゆる情報がデジタル・データとなり，社会・経済の活動で利活用される。第2は，「限界費用（Marginal Cost）」であり，デジタル・データでは，複製や伝達の際に発生する追加的な費用（＝限界費用）がほぼゼロとなる。第3は，「取引費用（Transaction Cost）」であり，複数主体間のやり取りに関連する様々なコスト（＝取引費用）が発生するが，ICTによって取引費用は引き下げられる[27]。そして，「デジタル・データ」「限界費用」「取引費用」という3つのポイントから，「デジタル・エコノミー」の主な特徴は，次のような３点に要約される。第１は，データが価値創造の源泉となる。つまり，ビッグデータとAIが未知の発見を可能にし，新しい価値を生み出す力となる。第２は，時間・場所・規模の制約を超えた活動が可能となる。これにより，市場の「拡大化」に加え，ニッチ市場という「細粒化」が起こる。そして，第３は，様々な主体間の関係再構築が必然となる。すなわち，個人と企業，個人と個人，企業と企業の関係で新たな組み替えが起こる。

デジタル経済は，世界各国で進展しているが，それでは，世界と比べ，日本のデジタル化は，現在どのような位置にあるのだろうか。Chakravorti., Bhalla, and Chaturvedi（2020）は，供給状況（インターネット接続のしやすさなどインフラの充実等），需要状況（デジタルに対する消費者の意欲や能力等），制度的環境（政府のデジタル化を推進する投資等），イノベーションと変革（デジタル人材や産学連携，デジタル製品・サービスの充実度等）という４つの視点から，世界各国のデジタル化を，①過去，デジタル化で発展を達成し，今でも上昇している「傑出（Stand Out）」，②今後，急速にデジタル化する可能性の高い「勃興（Break Out）」，③過去，デジタル化が進展したものの，今では勢いが失われつつある「停滞（Stall Out）」，④過去も現在も停滞し，課題が山積している「要注意（Watch Out）」の４つの領域に分類している（**図表３－３**）。

それによると，「傑出経済」に分類される主なデジタル先進国としては，シンガポール，アメリカ，韓国，台湾，ドイツがあげられる。「勃興経済」に該当する主なデジタル急進国には，中国，ロシア，インドが該当する。「停滞経済」に分けられる主なデジタル成熟国には，日本，イギリス，カナダ，フランスそして北欧諸国があげられる。最後に「要注意経済」に分類される主なデジタル後進国国としては，イタリア，ブラジル，フィリピンが分類される。

このように今日の日本は，過去においてデジタル化の進展が見られたものの，現在ではその勢いが失われ，停滞を余儀なくされている領域に区別される。2021年，日本政府がデジタル庁（Digital Agency）を創設し，国家としてデジタル化を加速する方針を打ち出した通り，国をあげてデジタル化を促進する取り組みやルール作りは，まさに急務な課題である。

図表３－３　デジタル化の状況と力

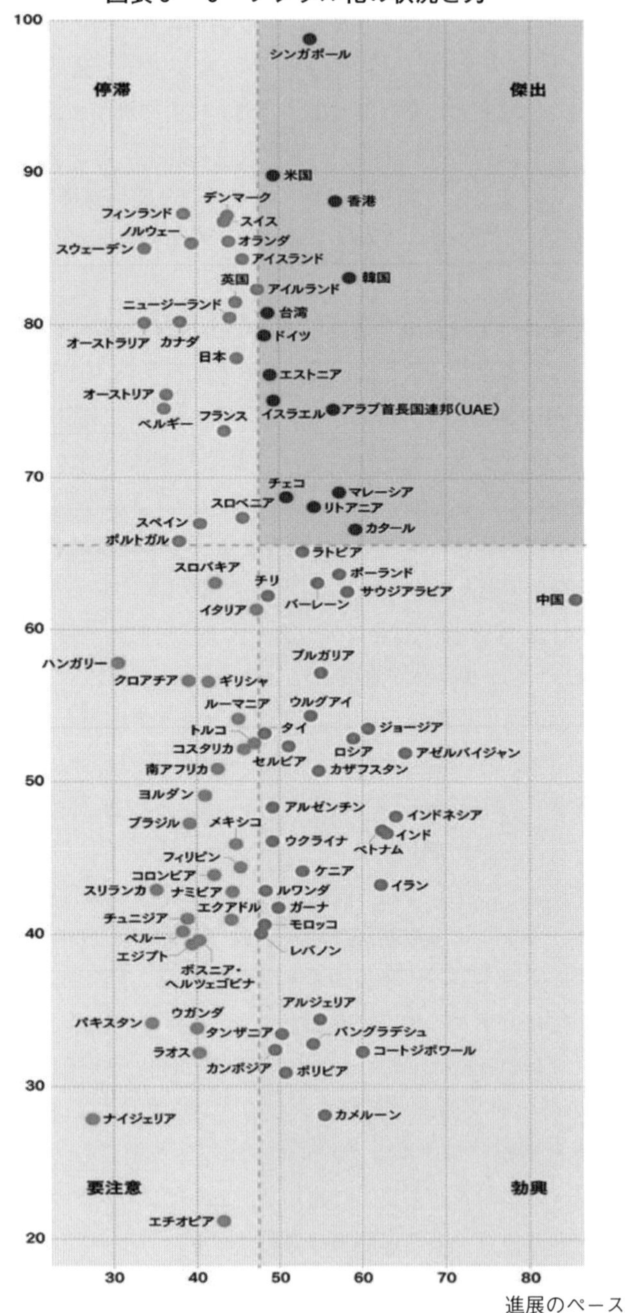

出所：Chakravorti., Bhalla, and Chaturvedi（2020）

デジタル・エコノミーの市場領域と基盤技術

Sturgeon（2021）は，デジタル・エコノミーの市場領域と横断的な基盤技術について，**図表3－4**のように説明している。

図表3－4　デジタル・エコノミーの市場領域と横断的な基盤技術

デジタル・エコノミーの市場領域	
産業用向けアプリケーション （アドバンスト・マニュファクチャリング，インダストリー4.0）	**消費者向けアプリケーション** （コンシューマープラットフォーム，製品とサービス）
①高機能化と低コスト化が進む先進の生産設備であり，具体的には，3Dプリンター（3DP），知能ロボットやコボット（Cobots）そしてドローンである。 ②豊富なセンサーで接続されたマシンとインフラストラクチャ（Industrial Internet of Things : IIoT），大規模データを収集のため使用する高度で自律的な制御システム，企業や分析のためのソフトウェアである。 ③高度なシミュレーション（デジタルツインなど）であり，たとえば，拡張現実（AR）や仮想現実（VR）である。 ④新素材や新プロセス，小型高精度モーターとアクチュエーター，ナノ操作である。 ⑤製品設計，製造，ロジスティクスおよび顧客関係管理という4つの技術領域を横断的に統合する。	①スマートフォンなどのモバイル機器 ②ソーシャル・ネットワーキング ③コネクテッド&インテリジェント家電（Internet of Things : IoT） ④自動車におけるコネクティビティと自律走行機能 ⑤自動化・AIを活用した接客，配車サービス，配達サービス，Eコマース ⑥その他

横断的な，デジタル経済の基盤技術
1. ユビキタスなデータ収集とネットワーク接続性 ・消費者（IoT）や産業（IIoT）は，ユビキタスセンサーやビデオモニタリング，クリックストリーム，位置情報，“スマート”な製品，機械などからデータの流れが生成される。 ・組織内および地域横断的な垂直・水平ネットワーク接続性（つながる組織，工場，サプライチェーン，人）
2. クラウドコンピューティング ・オンデマンドおよびモバイルでアクセス可能な集中型ストレージとソフトウエア-アズ-ア-サービス（Software-as-a-Service: SaaS） ・分散型（エッジ型）データ収集・アプリケーション処理 ・ソフトウェアやシステムの継続的かつ自動的な更新
3. ビッグデータ解析 ・多変量解析技術に基づくデータマイニング ・より強靭で安全な結果,新しい洞察，高い耐障害性をもたらす巨大なサンプルサイズ
4. 人工知能（AI） ・ニューラルネットワークから機械学習，自律性，予測，再現性，自己保守と規制

出所：Sturgeon（2021）

まず，デジタル・エコノミーの市場領域は，「産業用向け」と「消費者向け」という2つのアプリケーションに分類される。「産業用向けアプリケーション（Industrial Applications）」は，「アドバンスト・マニュファクチャリング」や「インダストリー4.0」のことであり，その主な内容として，①3Dプリンター（3DP），知能ロボットや協働ロボット（Cobots），そしてドローンのような高機能化と低コスト化が進む先進の生産設備，②豊富なセンサーで接続されたマシンとインフラストラクチャ（Industrial Internet of Things：IIoT），大規模データを収集のため使用する高度で自律的な制御システム，企業や分析のためのソフトウエア，③拡張現実（AR）や仮想現実（VR）のような高度なシミュレーション（デジタル複製を指すデジタルツインなど），④新素材や新プロセス，小型高精度モーターとアクチュエータ（駆動装置），ナノ操作，⑤製品設計，製造，ロジスティクス，顧客関係管理という4つの技術領域を横断的に統合する点をあげている。

一方，「消費者向けアプリケーション（Consumer Applications）」は，「コンシューマープラットフォーム」や「製品やサービス」を指し，その主な内容として，①スマートフォンなどのモバイル機器，②ソーシャル・ネットワーキング，③コネクテッド＆インテリジェント家電（Internet of Things：IoT），④自動車におけるコネクティビティと自律走行機能，⑤自動化・AIを活用した接客，配車サービス，配達サービス，eコマース，⑥その他をあげている。

そして，デジタル・エコノミーの市場領域を横断する基盤技術として，下記のような4つの項目をあげている。第1は，ユビキタスなデータ収集とネットワーク接続性である。その主な内容の1つは，消費者（IoT）や産業（IIoT）は，ユビキタスセンサーやビデオモニタリング，クリックストリーム，位置情報，“スマート”な製品，機械などからデータの流れが生成される。もう1つは，組織内および地域横断的な垂直・水平ネットワーク接続性（つながる組織，工場，サプライチェーン，人）である。第2は，クラウド・コンピューティングである。その主な中味の1つは，オンデマンドおよびモバイルでアクセス可能な集中型ストレージとソフトウエア・アズ・ア・サービス（Software-as-a-Service：SaaS）である。2つ目は，分散型（エッジ型）データ収集・アプリケーション処理である。3つ目は，ソフトウエアやシステムの継続的かつ自動的な更新である。第3は，ビッグデータ解析である。1つは，多変量解析技術に基づくデータマイニングであり，もう1つは，より強靭で安全な結果,新しい洞察，高い耐障害性をもたらす巨大なサンプルサイズである。第4は，AIである。これは，ニューラルネットワークから機械学習，自律性，予測，再現性そして自己保守と規制である。

Column

デジタル・ディスラプション

デジタル・トランスフォーメーションと類似する概念として,「デジタル・ディスラプション（Digital Disruption)」がある。これは“デジタルによる破壊”と訳され，その意味は,「デジタルを武器に戦う破壊企業（Digital Disruptors)」が既存企業を打ち破ることである。

Weill and Woerner（2018）は，デジタルを武器に戦うディスラプターを3つのタイプに分けている。①「新規参入者（New Entrants)」は，既存の業界に参入し，刺激的な新しいバリュー・プロポジションを提供するタイプであり，たとえば，異なるビジネスモデルと優れたデジタル能力を備えたウーバー（Uber）やエアビーアンドビー（Airbnb）などのスタートアップ企業，アマゾンやウィーチャット（WeChat）のようなデジタル・スタートアップ企業があげられる。②「伝統的な競争相手の新しいビジネスモデル（New Business Models for Traditional competitors)」は，既存のライバル企業が顧客にアピールする魅力的なビジネスモデルを採用するタイプであり，たとえば，ノードストローム（Nordstrom）が従来のデパートから魅力的なオムニチャネルビジネスへ移行した事例があげられる。③「業界を超えること（Crossing Industry Boundaries)」は，ある業界（または顧客ドメイン）で成功している企業がデジタル戦術を駆使して新しい業界やドメインへ参入するタイプである。

Bughin and Zeebroeck（2017）は，デジタル化が既存企業の利益に与える影響として，2つの競争パターンを取り上げている。1つは，デジタル破壊企業が新規参入して既存企業と競争するパターンである。デジタル・ディスラプターの新しいビジネスモデルが従来のビジネスモデルを展開する既存企業を打ち破った代表的なケースとして，たとえば，アマゾン等のインターネット通販（ネット店舗）が既存の小売企業によるリアル店舗型ビジネスモデルを駆逐した事例，宿泊のシェアリング・サービスを展開するエアビーアンドビーが既存のビジネスモデルであるホテルや旅館等の破壊者となった事例，ウーバーがライドシェアリング・サービスを展開することで，伝統的なタクシー業界に風穴を開ける存在となった事例，CD，DVDなど音楽パッケージがスポティファイ（Spotify）のようなサブスクリプション（定額音楽配信サービス）へ取って代わられた事例などがあげられる。２つ目は，既存企業がデジタル化に対応し，相互に激しい競争を繰り広げるパターンである。つまり，先発と後発のデジタル企業のビジネスモデル同士が戦い合い，相手を駆逐して破壊するケースである。たとえば，ソーシャル・ネットワーキング・サービス（SNS）では，過去，国内最大手だったミクシィ（mixi）に対し，アメリカ最大手のフェイスブック（Facebook）が日本語版のサービスを武器に日本市場へ参入し，瞬く間にミクシィの牙城を駆逐してしまった事例があげられる。

それでは，こうしたデジタル破壊企業に対する既存企業の対抗策は存在しないのか。Loucks., Macaulay, Noronha and Wade（2016）は，デジタル・ディスラプターの脅威に対抗する防衛と攻撃の戦略をそれぞれ２つずつ指摘している。まず，防衛戦略の１つは「収穫（Harvest）」である。これは，破壊的な脅威をブロックし，脅威にさらされた事業セグメントのパフォーマンスを最適化することを目的とした戦略である。そしてもう１つは，「退却（Retreat）」である。これは，脅威にさらされた事業セグメントからの戦略的撤退を目的とした戦略である。

一方，攻撃戦略の１つは「破壊（Disrupt）」である。これは，顧客のための新しい「コスト価値」「経験価値」「プラットフォーム価値」の創造を通じて，既存の市場を破壊することや新しい市場を創出することを目的とした戦略である。もう１つは，「占領（Occupy）」である。これは，破壊に関連する競争上の利益を維持することやデジタル・ディスラプションによって生まれた市場で利益を享受できるチャンスを指す「価値の空白地帯（Value Vacancy）」をできるだけ長引かせることを目的とした戦略である[28]。

4　規制の緩和・撤廃

エコシステムが台頭する理由の１つとして，規制の緩和・撤廃があげられる。

不適切な規制による保護は，エコシステム・イノベーションの障害となっていることがある。法律やルールそして商慣習等が新たに見直され，業界や企業そして事業のアクティビティを拘束する規制（Regulation）が緩和または撤廃されると，相互作用や相互依存の関係を有するエコシステムの構築が立ち上げやすくなり，顧客に対する統合された製品・サービスの提供や新しいビジネスモデルの創造が促される。実際に，これまでも規制の緩和や撤廃から，異業種企業間の新たな協業関係やプラットフォーム・ビジネスが出現し，ユニークな製品・サービス等の提供が可能になった事例は，後を絶たない。

5　IoTデバイスの拡大

小型・軽量で持ち運びに適したモバイル端末を含むIoTデバイス（スマートフォンやパソコン，タブレットなど）の拡大は，今日の顧客に対する新しい価値やサービスを提供する大きな窓であるだけでなく，エコシステムを形成する重要な起爆剤でもある。総務省が発表した令和３年版「情報通信白書」によると，世界のIoTデバイス数は，2020年が253億台だったものが，2021年が277.9億台，2022年が309.2億台，2023年が340.9億台と急激に拡大することが予測されている。また，IoTデバイスに占める割合が特に大きいのは，スマート工場，スマートシティとして使用される「産業用途（工場，インフラ，物流）」やスマート家電，IoT化された電子機器を指す「コンシューマー」のカテゴリーとなっている。

ここでIoTデバイスがプラットフォームとなり，ユーザーとメーカーを結びつける事例として，今日のゲーム企業を取り上げてみよう。日本は，これまでゲーム大国として世界を牽引してきた。たとえば，任天堂は，家庭向けの専用機と専用機向けパッケージソフトをセットでユーザーに提供するビジネスモデルで大きな成功を達成してきた。ところが，近年，日本の支配的地位に暗雲が立ちこめ始めている。というのも，現在，特にアジア地域では，ゲームユーザーが所有するPCやスマートフォンにソフトメーカーが開発したゲームソフトを無料でダウンロードし，その後，課金する「フリー・トゥ・プレイ」と呼ばれるやり方が人気を集めているからである。その結果，世界では，人気ゲームの月間の利用者数が１億人を超えるユーザー数（億ゲー）を記録するまで巨大化している。このため，日本のゲーム企業は，ハードとソフトを一体的に開発して提供する従来のやり方だけでなく，PCやスマートフォンにアプリをダウンロードして，オンライン上でプレイを楽しむ海外のやり方にも目を向ける必要がある。

6 自前主義の限界とオープン化のうねり

企業組織においてエコシステムが台頭する理由として，自前主義の限界とオープン化のうねりがあげられる。とりわけ，経営資源（特に人材）やイノベーションについては，近年，自前主義からの脱却が声高に叫ばれるようになった。というのも，自前主義への強いこだわりを持つ企業やその成功体験を持つ企業ほど，競争力の衰退に瀕しているからである。

たとえば，日本企業は，長い間，大卒者の新規一括採用とOJTのような社内育成制度を通じてコア人材を育成し，長期雇用や年功序列によってコア人材を組織内に囲い込むやり方を採用してきた。コア人材は，見えない資源や資産を創造する重要な担い手であり，この優れた人材の確保こそが日本企業の成長や発展を支える原動力と見なされてきたからである。

ところが，バブルの崩壊を境に日本経済は低成長時代へと突入した。内需が伸び悩む一方で，新興国の台頭とグローバル化の進展，少子高齢化による若年労働力人口の減少に伴い，これまで日本企業を成功に導いた一連の人材戦略は，抜本的な転換を余儀なくされた。とりわけ，非正規労働力や外国人労働力の利活用が盛んに議論されるようになる一方，多額の費用をかけてコア人材を育成する従来のやり方を継続するのはもはや厳しくなった。その理由の1つは，上記で触れた費用の問題である。もう1つは，同じ企業文化を共有し，組織に内在するルールや力学に沿って生きる同質的なコア人材からは，革新的なアイデアや創造的な意見が期待できない問題が浮上したからである。そして，こうした課題を克服する1つの打開策として，中途採用者の有効利用や外部人材とのコラボレーションなどの施策が加速している。

次に，イノベーションの自前主義もまた，抜本的な転換を余儀なくされている。社内という閉鎖的な環境を通じて革新を生起する方法は，「クローズド・

イノベーション」と呼ばれ，長い間，日本企業が得意としてきたやり方であった。たとえば，シャープやパナソニックなどの大手家電メーカーは「内部構造がわからない」「他社がまねできない」「他社にまねさせない」を合言葉に一貫生産体制を構築し，その結果，モノづくりの差別化やノウハウの流失防止を実現し，一時は大きな成功を手にすることができた。ところが，こうしたブラックボックス戦略（Black box Strategy）は，高コスト体質を招くだけでなく，グローバル化や新興国企業の台頭をキッカケとする価格競争の激化やコモディティ化に適応することができなかった。結果として，シャープは外国企業の傘下に入る事態に陥り，パナソニックは大幅な業績悪化を招いてしまった。

これに対し，スマートフォン等で世界的に大成功を収めたアメリカのアップルは自社工場を持たず，付加価値の大きい製品開発機能と販売・マーケティング機能に資源や能力を集中・特化する一方で，付加価値の低い量産機能の部分は，海外のEMSへ生産委託するやり方を採用した。このやり方でアップルは，世界各国や地域の優位性を束ねるローコスト・オペレーションを実現し，持続的な競争優位を手にすることができた。

ここで，イノベーションのオープン化について詳しく触れてみよう。Chesbrough（2003）は，伝統的な「クローズド・イノベーション（Closed Innovation：CI）」と最近の「オープン・イノベーション（Open Innovation：OI）」のロジックの違いについて，次のように説明している。

第1に，CIは，最も優秀な人材を雇うべきであるのに対し，OIは，社内に優秀な人材は必ずしも必要なく，社外の優秀な人材と共同して働けばよい。第2に，CIは，研究開発から利益まですべて独力で行うのに対し，OIは，必ずしもすべてを独力で行わなくてもよく，外部の研究開発によって価値を創造できる。第3に，CIは，イノベーションを出した企業が成功を収めるのに対し，OIは，優れたビジネスモデルを構築した企業が成功する。第4に，CIは，ベストなアイデアを創造したものが勝つのに比べ，OIは，社内と社外のアイデアを有効に活用したものが勝つことである。

オープン・イノベーションの代表的な概念には「買収開発」と「連携開発」の2つのタイプがあげられる。その特徴は，どちらも社内の研究開発部門で取り組むR&Dとは異なり，社外にある企業や事業，資源や組織能力を巧みに利用する開かれた取り組みである。

「買収開発（Acquisition & Develop：A&D）」は，ネットワーク・システム，ソリューションの販売とこれらに関連するサービスを手掛ける米シスコ・システムズ（Cisco Systems）によって生み出された概念である。同社は，今日まで主にベンチャー等のスタートアップ企業を中心に，計100件以上のA&Dを繰り返し実行してきた。変化が激しいICTビジネスの世界では，何よりもスピード感が強く要求される。このため，社内をテコにするR&Dのようなやり方ではなく，企業買収を通じて外部の企業や資源へスムーズにアクセスを図るオープンなやり方を採用したのである。シスコ・システムズは，もともと独自技術が乏しかった。それゆえ，社員数が100名以下の小さなスタートアップ企業を次々に買収して短期間のうちに競争地位と業績向上という２つの優位性を獲得し，今日の地位を築き上げたといわれている。

一方，「連携開発（Connect & Develop：C&D）」は，消費財メーカーのP&Gによって生み出された概念である。これは，社外の革新的なアイデアの採用，外部イノベーション担当マネジャーの設置を通じて，外部の資源や能力を身につけるものである。たとえば，世界最大のP&Gでは，社内の科学者は8,600人程度だが，社外に点在する科学者は，連携開発を通じて，なんと150万人も存在するといわれている。

このように，今日のイノベーションの源泉は，組織の内部から外部へダイナミックにシフトしている。企業が単独で競争優位やビジネスモデルを構築し，優れたソリューションを提供するやり方は，もはや通用しなくなった。これからは，パートナー企業との提携や協働など，オープン化を通じてエコシステム・パートナーを巧みに組織化し，ネットワーク全体で戦う能力が要求されている。

Column

オープン＆クローズド戦略

近年，トヨタ自動車（トヨタ）によるオープンライセンス・ポリシー（特許開放政策）の実行には，非常に目を見張るものがある。トヨタは，2015年，燃料電池自動車（FCV）の関連特許計5,680件（内訳は，燃料電池スタック1,970件，高圧水素スタック290件，燃料電池システム制御3,350件，水素ステーション関連70件）を無償で外部に公開した。また，2019年には，世界的な自動車革命ともいわれている電気自動車（EV）にも応用可能なハイブリッド自動車（HV）の関連特許計23,740件（主な内訳は，モーター関連約2,020件，システム制御約7,550件，エンジン・トランスアクスル関連約1,320件，充電機器約2,200件，燃料電池関連約8,060件）の無償開放に踏み切った。

なぜ，トヨタは長い歳月と苦労の末に生み出した希少な技術情報を，惜しげもなく公開するのか。その狙いは，第1に，FCVやHVのライセンスを無償開放して他社を巻き込み，仲間を作ることで市場拡大を目指すためである。第2に，自社の燃料電池システムなどを外販して高い収益を得るためである。第3に，国内外の他社が持つコア技術や希少データへのアクセスが容易となるためである。

トヨタによるこうした技術戦略は，「オープン＆クローズド戦略（Open & Closed Strategy）」と呼ばれ，「オープン戦略」と「クローズド戦略」を両立し，市場拡大と競争優位を達成する手法と定義される。これを詳しく説明すると，自社が保有する知財（知的財産権），技術，情報の中で，極めて重要な「コア領域」とそうでない「非コア領域」に区別する。そして，「非コア領域」に分類された特許，技術，情報については，他社に売却（Divest）して利益を稼ぎ，あるいは他社に無償で提供して仲間を作り，市場の拡大を狙う「オープン戦略」を展開する。それと同時に，「コア領域」と位置づけた知財，技術，情報については，占有化，秘匿化の徹底を図ることでライバルたちを排除し，あるいは高額な値段をつけて他社へ供与して利益を稼ぎ出す「クローズド戦略」を並行して実行するものである。このオープン＆クローズド戦略の成否のカギは，第1に，コアと非コアの見極めである。第2に，相反する戦略を推進する能力である。そして，第3に，「オープン戦略」を通じて仲間とエコシステムを形成して共創または協創を実現する実行力があげられる。

オープン＆クローズド戦略の代表的な成功事例としてあげられるアメリカのインテル（Intel）は，PC周辺機器の製造技術を外部へ開示する一方で，CPU（中央演算装置）は秘匿化して独占している。アップルもまた，スマートフォンやアイフォンなど端末の製造工程をEMS世界最大手である台湾の鴻海精密工業（Hon Hai Precision Industry）へ無償で公開しながら，付加価値の高い基本ソフト（OS），デザイン，タッチパネル等の技術等は知財によって独占し成功している[29]。

7 「エゴ」から「エコ」への転換

近年，自我中心の「エゴ」から脱却し，全体性を意味する「エコ」への転換が強く望まれている。「エゴ」の語源を辞書で調べると，ラテン語の“ego”まで遡ることができ，その意味は，自分本位の考え方や態度と明記されている。また，「自我」「自尊心」「利己主義」「うぬぼれ」など，自己の利益を優先して他者の損害を軽視する考え方を「エゴイズム（Egoism）」，「利己主義的な人物」は「エゴイスト（Egoist）」と呼ばれている。そして，「私」「私のもの」「私のため」「私が一番」「私のやり方」「私のアイデア」など，自己中心の発想や構造そして仕組みは「エゴシステム（Ego-system）」と呼ばれている。

ところが，「エゴシステム」は，もはや限界に達しており，転換する必要性があると主張する論者は少なくない。たとえば，“Theory U”を提唱したScharmer and Kaufer（2013）は，次のように論じている。「システムのあらゆる組織機構の意思決定者は，自分たちの見解だけを見つけること（エゴ意識）から離れ，他のプレイヤーの視点で当のシステムを経験するためのつながる旅に出なければならない。少数ではなく全体の幸福に価値を置くシステムにするために，出現する未来を共に感じとり，共に発想し，共に創造することを目標にしなければならない（邦訳p.33から抜粋）。」

一方，「エコ（Eco）」の語源は，ギリシャ語の“oikos（家）”まで遡ることができ，その意味は，「家政」「経済」「環境」「生態」等を指す言葉とされている。この点から「エコシステム（Eco-system）」とは，「家の仕組み」と訳され，具体的には家を構成する私たち（自他）の幸福を目的とした概念だといえる。そして，新しい未来の自己や組織そして経済や社会を切り開くためには，自我中心の「エゴ」から決別し，全体性という「エコ」への転換が強く望まれている。つまり，何事も自分や個人の幸福の最大化を追求する「エゴシステム」ではなく，私たちの家全体の幸せを実現する「エコシステム」へ志向や意識を転換することである[30]。

たとえば，企業経営を取り上げると，エゴからエコへの転換は，次のように説明ができる。第１は，集中的な「垂直構造」から分散化された「水平構造」

への移行である。第2は，すべての発明は「内部（Inside）」より生まれることから，「外部（Outside）」を通じていつでもどこでも発明される方向に変化する。第3は，「クローズ・イノベーション」から「オープン・イノベーション」への移行である。第4は，「ハイパーコンペティション（超競争）」の終焉と，新たな「ハイパーコラボーション（超協働）」への突入である。第5は，「一枚岩のような組織体」から「ネットワーク化された柔軟な組織体」への変質である。第6は，「独占所有」から「相互利用」への転換である。

8「単一産業」から「エコシステム」へ

自動車メーカーが燃費効率の良いクルマを開発し，家電メーカーが高性能なPCやスマートフォンを生産するなど，伝統的な製品・サービスは，そのほとんどが「単一産業（Industry）」から生まれた。ところが，今日の画期的な製品・サービスの多くは，単一産業の枠を超え，異なる業種や企業とのコラボレーションから生み出されるようになってきた。背景として，「単一産業」を構成する企業群が洗練されたイノベーションや革新的なビジネスを生み出すために必要なすべてのピースを自前で持てなくなってきたことがあげられる。たとえば，世界最大の自動車メーカーであるトヨタや，工作機械のCNC（コンピューター数値制御）で世界首位を誇るFA（Factory Automation）の巨人ファナックといえども，最先端の人工知能の技術は，ゼロから自前で研究開発するのではなく，東大発のAIベンチャー企業「プリファード・ネットワークス（Preferred Networks：PFN）」と業務提携や資本出資を通じた共同開発に取り組んでいる。

このように「単一産業」を構成するいかなる企業も，競争を繰り広げるために必要な希少な資源やユニークな知識・ノウハウのすべてをもはや自前で保有することができなくなった。そのため，産業横断的なエコシステムの形成がダイナミックに顕在化してきているのである（**図表3－5**）。

新しい製品・サービスそしてユニークなビジネスモデルは，もはや特定の単一産業内だけで生み出すことは難しい。特定産業の枠を超えて複数の産業を横断して形成されるエコシステムの中で，多種多様な人材，洗練された技術，ユニークな知識・ノウハウを結集し，ベストミックスする仕組みが求められている。

図表3－5　伝統的な単一産業からエコシステムへ

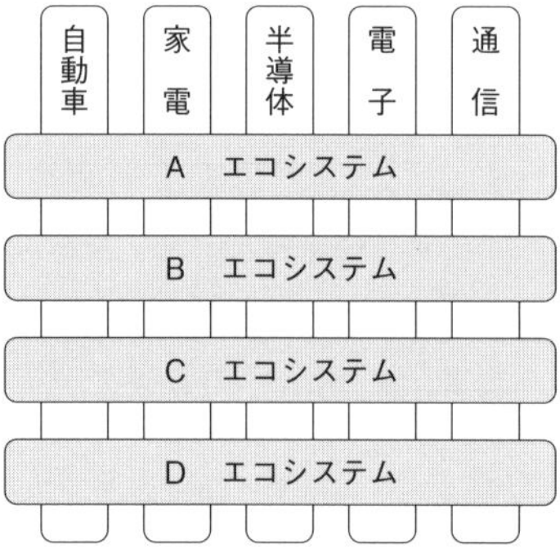

	自動車	家電	半導体	電子	通信
A　エコシステム					
B　エコシステム					
C　エコシステム					
D　エコシステム					

Column

オープン・アーキテクチャ戦略

オープン・アーキテクチャ（Open Architecture）は，1990年代後半に國領二郎によって提唱された概念である。すでに20年以上の歳月が流れているにもかかわらず，その本質は，現代のネットワーク産業にも通用する示唆に富んだ概念である。下記では，國領（1999）による一連の見解を取り上げてみよう。

オープン・アーキテクチャ戦略とは，「企業が自社の持つ情報を積極的に社外に公開していくことで顧客の利便性を上げ，最終的に自社の利益を上げようとする新しい企業戦略」を指し，「本来複雑な機能を持つ製品やビジネスプロセスをある設計思想（アーキテクチャ）に基づいて独立性の高い単位（モジュール）に分解し，モジュール間を社会的に共有されたオープンなインターフェイスでつなぐことによって汎用性を持たせ，多様な主体が発信する情報を結合させて価値の増大を図る企業戦略」と定義される。

オープン・アーキテクチャ戦略が拡大する要因には，主に3つあげられる。第1は，機械系システムの能力向上と人間の認知限界というアンバランスであり，いわゆる情報過多である。第2は，ネットワークの普及による情報の非対称性の構造変化である。つまり，顧客にとっては，情報をますます入手しやすくなるが，企業にとっては情報の入手が困難になることである。第3は，情報の非物財的な特性の表面化である。すなわち，情報は複製する費用が限りなくゼロに近いことである。

また，オープン・アーキテクチャ戦略のビジネスモデルは，「水平展開型」とも呼ばれている。それまでのPC企業の「競争戦略」は，過去，PCを生産していた時代のIBMが典型的だが，CPU，OS，アプリケーションソフト，周辺機器など一式を自社またはその系列企業から供給するタテ型の「垂直囲い込み型」モデルであった。ところが，その後，①「モジュール化」の拡大，②自社製品と他社製品を組み合わせるため，どうしても必要な「インターフェイス（ルール）のオープン化（標準化）」，③製品・サービスの利用者が増えると利便性が高まる「ネットワークの外部性（効果）」を通じて，「垂直囲い込み型」から「水平展開型」へビジネスモデルのダイナミックな転換が進んだ。このようにオープン・アーキテクチャ戦略とは，多様な主体の情報を結合し，価値の増大を図る戦略であり，デジタル時代の企業戦略を語るうえでなくてはならない概念として位置づけられる。

ところで，企業の中でエコシステムを構築する重要性に初めて気づいたのは，半導体チップ製造大手のインテルで長年CEOの座を占めたグローブ（A.S. Grove）だといわれている。グローブは，1979年社長に就任，1987年からは社長兼CEO，1997年から2005年まで取締役会長を務めたが，この間，コンピュータ産業の構造は，劇的に変化した。

1980年代のコンピュータ産業は，垂直統合型の産業構造を採用していた。その代表的な企業として，その当時，業界のガリバーであったIBMは，メインフレームのアーキテクチャ，ハードウエア，OSそしてアプリケーションの各設計・開発・製造のみならず，顧客に対する販売・サービスまで，すべてを手掛けていた。1990年代に入ると，破壊的イノベーションとして，PC（パーソナル・コンピュータ）が登場した。そして，インターネットが普及し始め，これまで主流を占めた垂直統合型モデルを破壊する一方で，新たに水平型の産業構造へのシフトが進んだ。水平型モデルは，階層（レイヤー）別に主要企業が存在する構造を意味し，この階層競争で勝利した主要企業の製品は，デファクト・スタンダードとしてレイヤーを支配し，圧倒的な利益を獲得するようになった。たとえば，CPUはインテル製，ルーターはシスコ・システムズ製，OSはマイクロソフト製，データベース管理ソフトはオラクル製，インターネット検索ソフトはグーグル製等である。そして，このような水平型モデルでは，オープン・インターフェイスを通じて，相互に接続可能となった部品同士を自由に組み合わせ，あるいはカスタマイズすることが可能となった。

こうした動きを読み取ったグローブは，インターフェイスにおいて主要な役割を果たすことができれば，インテルが形成するエコシステムを繁栄させられると考えた。そこで，インテルは，その後，エコシステムを構成する各プレイヤーに対する交渉力を強化するため，「インテル・インサイド」という有名な広告プロモーションを実施し，その地位を盤石なものにした（Gawer and Cusumano, 2002）。**図表3－6**は，Grove（1996）が示した垂直型から水平型へ移行したコンピュータ産業のトレースである。

図表3－6　垂直型から水平型へ移行したコンピュータ産業

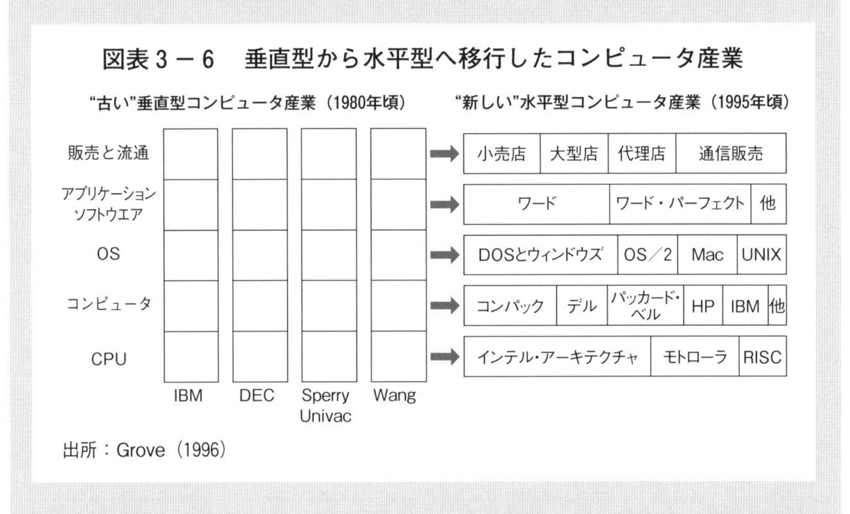

出所：Grove（1996）

左側の古い垂直型のコンピュータ産業では，すべてのセグメントを横断して垂直的に統合された企業同士がライバルと激しい競争を繰り広げた。これに対し，その後のコンピュータ産業は，右側のような水平型に移行した。これは，レイヤーごとにライバルと競争を繰り広げるものであり，その結果，インテルは，この水平型競争で競合他社に打ち勝ち，CPUにおいて業界標準を手にすることができた。

第 2 部

エコシステムのメカニズム

第４章から第６章では，エコシステムそのものに着目し，その主要な構成要素の説明やエコシステム競争の形，そして，エコシステムに内在する力学を明らかにする。

第4章

エコシステムとは何か

1　エコシステムの概念

エコシステムの概念や本質については，様々な視点や角度から議論がなされているが，ここでは，近年の代表的な論者の見解を取り上げてみよう。まず，Adner（2017）は，エコシステムを「焦点となるバリュー・プロポジションを実現するため，相互作用を必要とする多者間パートナーの集まりの協力構造」と定義しながら，3つのカギとなる側面があると主張している。第1は，「バリュー・プロポジション（Value Proposition）」である。つまり，エコシステムのゴールに価値創造を置くことで，単一の企業や技術の視点に陥りやすい罠が避けられる。第2は，バリュー・プロポジションを創造するため，相互作用する特定のパートナーの識別である。第3は，複数のアクター（参加者）の協働を調整する構造である（Adner, 2021）。

Adner（2017）はまた，エコシステムのタイプについて，戦略構築の方向性や出発点が正反対である2つに分類している。アクターに焦点を当てた「所属としてのエコシステム（Ecosystem-as-Affiliation）」は，アクターから始まり，それらの間の連結を考慮し，エコシステムが生成できる可能なバリュー・プロポジション（価値提案）とその強化で終わる視点である。一方，活動に焦点を当てる「構造としてのエコシステム（Ecosystem-as-Structure）」は，バリュー・プロポジションに始まり，その実現に必要な諸活動を検討し，連携が必要なアクターで終わる視点である。

Jacobides., Cennamo and Gawer（2018）は，エコシステムの性格を「完全

に階層的コントロールされていない様々な程度の多者間，非一般的な補完関係にあるアクターの集まり」と定義している。そして，エコシステムには，異なる業界に属している補完的なイノベーション，製品，サービスの提供者が存在し，重要な相互依存関係を形成している。このため，古典的な企業とサプライヤーとの関係，Porter（1985）が提唱した「価値連鎖（Value Chain）」，企業の戦略的ネットワークのいずれにも適合するものではないと言及している。

Furr and Shipilov（2018）は，不確実性と変革が求められる企業にとって，たとえ不都合なパートナー企業とも新しい方法によって協働しなければならないと述べながら，戦略的アライアンスやパートナーシップを通じて企業が新たな価値を創造し，イノベーションを推進する仕組みとして「集中型エコシステム（Centralized Ecosystem）」と「適応型エコシステム（Adaptive Ecosystem）」という2つの原型が存在すると指摘している。それによると「集中型エコシステム」は，“ブローカー”または仲介的な企業が複数のパートナーと連結しているが，それらを分離し，それ自体を強制的に働かせる。また，パートナーは，企業の既存のビジネスモデルを補完する馴染みのある存在である。つまり，「集中型エコシステム」とは，パートナー同士を分離し，自社を通して仕事をさせる一方で，パートナー同士をつなぐハブとして機能する企業である。たとえば，アマゾンによる電子書籍のエコシステムでは，パートナーまたは仲介役であるキンドル（Kindle）のタブレットメーカーや書籍出版社と協働しているが，パートナー同士は互いに分離している。

一方，「適応型エコシステム」は，“オーケストレーター（指揮者）”としての企業が多様なパートナーとつながり，お互いが直接的に協力し合うことを奨励する。また，オーケストレーター企業は，異なるビジネスモデルの馴染みのないパートナーを求めている。たとえば，マスターカードは，公共交通機関や消費財メーカーと共同し，通勤や通学に関する新たな消費者ニーズに対応した新しい商品開発に取り組んでいる。

Jacobides（2019a）は，エコシステムをデザインし，それに参加する場合，これまでの「伝統的な戦略フレームワーク」は少しも役には立たないと論じつつ，「エコシステムに焦点を当てたフレームワーク」として，次のような5つの問いに回答する必要があると主張している。

第１の問いは，「自社が他社の価値創造を助けることができるのか」，つまり，エコシステム競争に勝利するには，自社が革新を手にするのと同様に，他社の革新を支援することが肝要である。第２の問いは，「自社がどんな役割を演じるべきか」，すなわち，エコシステムを創造した企業は，主要な設計者としてその中心となるべきだが，コンプリメンター（補完者）としての役割を共有したり，コンプリメンターになる役割を演じる方がよい場合もある。第３の問いは，「エコシステムに参加するための条件を何とすべきか」である。条件の選択肢には，２つカギがある。１つは，アクセス（Access）であり，プロセスの初期段階でエコシステム・ビルダーは，「オープン・エコシステム」「管理エコシステム」そして「クローズド・エコシステム」の中から，システムを決定する必要がある。もう１つは，アタッチメント（Attachment）であり，自社がコンプリメンターとしたい企業に対し，どの程度，排他的にコミットするのか検討する必要がある。第４の問いは，「自社の組織が適応できるのか」である。エコシステムのメンバーは，迅速に適応できなければならない。というのも，協調するコンプリメンターの願望や能力と共に，最終的な顧客のニーズが劇的にシフトするからである。第５の問いは，「いくつのエコシステムを管理すべきか」である。成功しているオーケストレーター企業は，相乗効果のあるエコシステムを管理すると同時に，ビジネスの異なる部分をカバーし，エコシステムのさらなる拡大のため異なる経路を切り開いている。

Li., Chen, Yi, Mao and Liao（2019）は，伝統的な企業間ネットワーク（ハブ&スポーク構造）を指す「ネットワーク企業（Networked Firms）」とプラットフォームに基づいたネットワーク（Platform-Based Networks）を意味する「エコシステム（Ecosystems）」を取り上げ，それぞれの特徴の違いを浮き彫りにしている。まず，ネットワーク企業の前提として，企業は関係性のネットワークに組み込まれている。また，調整された生産はより低い費用をもたらす。一方，エコシステムの前提には，価値創造において，複数の相互特化的パートナー（Co-Specialized Partners）が不可欠である。また，協調的な市場はより高いリターンを生み出す。次に，ネットワーク企業の挑戦とは，地理的に分散されたバリューチェーン活動を最小限のコストで調整することである。一方，エコシステムの挑戦とは，プラットフォーム・エコシステム全体としての最大の価値を創造することである。そして，ネットワーク企業の構造は，ハブ&スポークであり，ハブ企業はブローカーとして機能する。一方，エコシステムの構造は，多面的（Multilateral）であり，エコシステムのリーダーは，オーケストレーターとして機能する。ネットワーク企業のパートナーは，同じバリューチェーンの異なるステージにいる上流と下流のパートナーである。一方，エコシステムのパートナーは，自律的なアクターとして，補完的な資産を持ち，多様な業界から集まっている。最後に，ネットワーク企業の目的・目標は，ネットワーク上に存在するリソースにアクセスすること，またはハブ企業の価値を獲得することである。一方，エコシステムの目的・目標は，相互依存のパートナーを揃えること，また，エコシステム全体の価値を共創することである。

2　エコシステムとその他モデルとの比較

さて，これまで述べた単純な定義や説明だけでは，エコシステムの本質はよくわからないかもしれない。そこで，類似するその他モデルと比較・検証することで，エコシステムの真の特徴を理解することができる。実際，これまでも「アウトソーシング」「サプライチェーン」そして「バリューチェーン」など，エコシステムと類似・関連するモデルや概念との比較研究が多数なされている。ここでは，代表的な比較研究を取り上げ，それぞれの違いを明らかにしてみよう。

Kapoor（2018）は，「戦略的アライアンス」「戦略的ネットワーク」そして「ビジネス・エコシステム」の戦略文献から，それぞれの特徴や違いを要約している。それによると，「戦略的アライアンス（Strategic Alliances）」は，製品，技術，サービスの交換，共有，共同開発を伴う企業間の自主的な取り決めと定義される（Gulati, 1998）。そして，企業間の接続は，アライアンス（提携）によって行われ，分析の単位は，企業またはアライアンスに焦点があてられる。理論的考察のポイントは，アライアンス・ガバナンス（形式的／関係的），アライアンス能力，パートナーの諸資源があげられる。

次に，「戦略的ネットワーク（Strategic Networks）」は，組織間の結びつきで構成されている。それは，永続的で，そこに参入する企業にとって戦略的意義がある。そして，戦略的提携，合弁事業，長期的な買い手とサプライヤーとのパートナーシップ，および数多くの類似するつながりを含むと定義される(Gulati., Nohria and Zaheer, 2000)。企業間の接続は，アライアンス（提携）によって行われ，分析の単位は，企業またはネットワーク（通常はアライアンス）に焦点があてられる。理論的考察のポイントは，つながりの構造，情報へのアクセス，ステータス 仲介（情報，資源），埋め込みがあげられる。

一方，「ビジネス・エコシステム（Business Ecosystems）」は，プラットフォームベースの技術アーキテクチャの有無にかかわらず，設計された焦点となる製品やサービスのユーザー・バリュー・プロポジションに貢献するアクターのセットと定義される。企業間の接続は，活動・技術間の相互依存で行われ，分析の単位は，イノベーション，単一企業，エコシステムに焦点があてられる。理論的考察のポイントは，相互依存の構造（技術，入出力），補完，ボトルネック（障害），プラットフォームがあげられる。

Fuller., Jacobides and Reeves（2019）は，「エコシステム」の組織構造を「垂直的に統合された企業」「サプライチェーン」そして「オープンな競争市場」と比較し，これを検証している（**図表４－１**）[31]。

図表４－１　組織構造の範囲

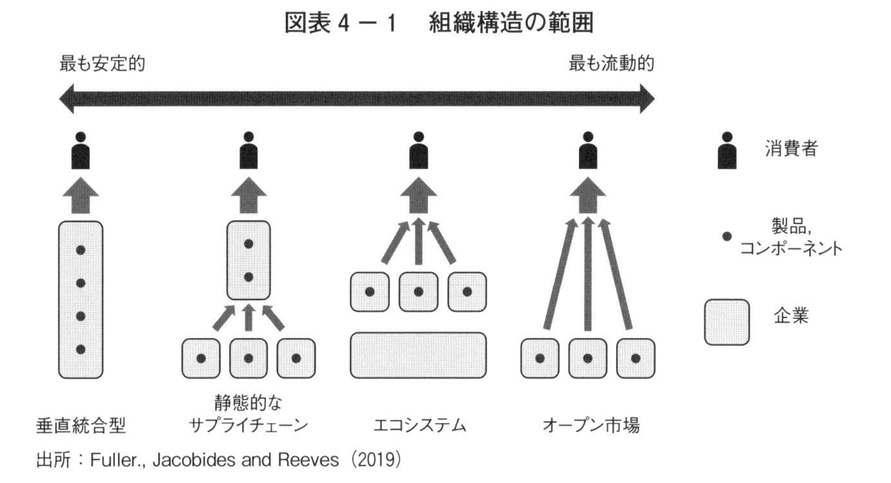

出所：Fuller., Jacobides and Reeves（2019）

「垂直統合型（Vertically Integrated）」は，単一企業内の垂直的な分業システムを通じて完成品が作られ，最終消費者へ提供されるモデルである。「静態的なサプライチェーン型（Static Supply Chain）」は，複数のサプライヤーの部品・原材料が垂直的なサプライチェーンを通じて焦点となる企業へ供給され完成品となって最終消費者へ提供されるモデルである。「エコシステム型（Ecosystem）」は，エコシステム外にある複数のサプライヤーの部品・原材料が垂直的なサプライチェーンを通じて焦点となる企業へ供給される一方で，エコシステム内における複数のコンプリメンターのうち，ある企業は自社の補完製品を焦点となる企業へ供給し，完成品として最終消費者へ提供する一方で，ある企業は自社の補完製品を最終消費者へ直接提供するモデルである。最後に，「市場型（Open Market）」は，各企業がアームレングス取引（各当事者が独立した状態で自由で公正に行う取引）を通じて，自社の製品を最終消費者へ提供するモデルである。

そして，これらを比べてみると，エコシステム型組織構造の特徴とは，第1に，安定的モデルと流動的（不安定的）モデルの間に位置するモデルである。第2に，最終消費者は，焦点となる企業の製品とコンプリメンターの補完製品の両方から購入するパターンがある。第3に，最終消費者は，互換性や相互依存性のある製品を作る企業から提供を受けるため，これらの企業間は標準化されていることがあげられる。

Column

バリュー・プロポジション

「バリュー・プロポジション（Value Proposition：VP）」は「価値提案」とも訳され，顧客が求めている価値を自社は提供できるがライバルは提供できないことを表す。すなわち，顧客が抱える問題やニーズを把握しながら，ライバルに先駆けて解決策や価値向上を果たすことである。したがって，エコシステムを形成する最大の目標とは，バリュー・プロポジションを実現し，優位性を獲得することである（Adner, 2017）。

このバリュー・プロポジションを活用すると，「ライバル（他社）」「自社」「顧客」という3つの構成要素から「競争優位」「競争均衡」「競争劣位」のそれぞれを浮き彫りにすることができる。すなわち，「競争優位」とは，3つのサークルの構成要素間のうち「自社」と「顧客」が得するような状態である。「競争均衡」

は,「ライバル」「自社」「顧客」という3つの構成要素すべてが得する場合である。最後に,「競争劣位」とは, 3つの構成要素のうち,「他社」と「顧客」が得するような状態である(**図表4－2**)。

図表4－2　バリュー・プロポジション

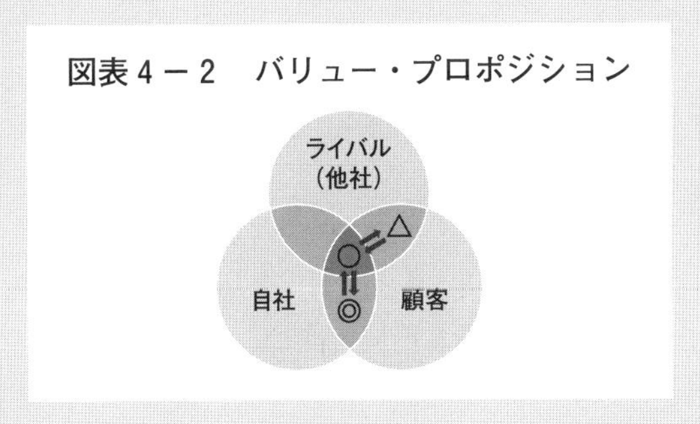

「競争優位」は, ◎印で書いた部分を意味する。つまり, 顧客が求めている価値を自社は提供できるがライバルは提供できない領域であり, これを達成した状態を「バリュー・プロポジション」と呼んでいる。「競争均衡」は, ○印でマークした部分を意味する。すなわち, 顧客が要求する価値を自社もライバルも提供できるような状態である。最後に,「競争劣位」は, △印で書いた部分を指す。つまり, 顧客が求める価値をライバルは提供できるが, 自社はできない状態である。

そして, この概念を援用すると, 自社の「競争優位」が「競争均衡」を経由して「競争劣位」へと転落していく様を明らかにすることができる。まず, バリュー・プロポジションは, 自社の開発した製品・サービスが顧客の要求する価値を提供できる「プロダクトアウト」, 顧客の要求する価値を浮き彫りにしながら迅速に提供する「マーケットイン」の2つの異なるアプローチから生まれる。その後, バリュー・プロポジションは, 模倣行動や追従戦略という手段を用いて対抗する製品・サービスを顧客に提供するライバル(二番手企業)の出現から, 自社の「競争優位」は「競争均衡」へと変質する。そして, 顧客価値の実現を巡る自社とライバルの製品・サービス競争が繰り広げられ, その結果, ライバルが勝利すると「競争均衡」の状態は崩れ去り, ライバルが「競争優位」を獲得し, 自社は「競争劣位」への転落を余儀なくされる方向へ進む。

このような「競争優位」から「競争劣位」への転換が意味する教訓とは，当初，バリュー・プロポジションを実現し競争優位を構築できたとしても，その後，顧客ニーズの変化に伴うバリュー・プロポジションの喪失やライバルによる急速な追い上げを受け，一気に「競争劣位」へ転落してしまう可能性である。近年，家電業界における日の丸家電メーカーが新興国の家電メーカーから瞬く間に「競争優位」を奪われ，「競争均衡」の状態に入るや否や「競争劣位」へ転落した様は，まさに典型的な事例である。

他方，自社の「競争劣位」の状態が「競争均衡」に置き換わり，「競争優位」へ進展していく様も説明することができる。まず，顧客が求める価値をライバルは提供できるが自社は提供できない「競争劣位」の状態からスタートする。その後，ライバルの製品・サービスを模倣行動や買収戦略という手段を用いて対抗する製品・サービスを顧客に提供することから，自社の「競争劣位」は「競争均衡」へと変化する。そして，顧客価値の実現を巡る自社とライバルの製品・サービス競争が展開され，その結果，自社が勝利すると「競争均衡」の状態は崩れ，ライバルは「競争劣位」に転落し，自社が「競争優位」を獲得し，最後は，陳腐化を迎える。

このような「競争劣位」から「競争優位」への転換が意味する教訓とは，当初の段階で不利な立場にある自社でも，模倣行動や買収戦略を通じてバリュー・プロポジションを獲得し，競争優位の地位を手に入れられる可能性である。

3 エコシステムに関する賛否

近年，エコシステムという用語や概念に対する期待や関心は，理論家と実務家の両方の間でますます高まりつつある。こうした中，エコシステム研究には，それを好意的に解釈する識者と否定的に捉える識者の両方が認められる。

まず，エコシステムを好意的に解釈する論者の意見には，下記のようなものがある。中国のオンライン取引企業のアリババ（Alibaba）グループは，2014年９月，史上最大の新規株式公開（IPO）における説明会の場で自社のビジョン，哲学そして成長戦略について触れる中，“エコシステム”という言葉を160回も使用している（Deloitte, 2015 ; Jacobides., Cennamo and Gawer, 2018）。

アクセンチュア（Accenture）がまとめた「Technology Trends 2017」のショート・レポートによると，競争優位は，自社組織単体によってではなく自社が選択したパートナーとエコシステムの強さにより決定されることに賛成したエグゼクティブは，全体の75％に及んでいる[32]。

ソフトバンク（Softbank）グループCEOの孫正義は，2014年，エコシステムを新しい競争優位性の創造のための機会として捉え，次のように指摘している。「自社のプラットフォームの上にいろいろなサービスやコンテンツを供給することによって，ライバルがまねできない包括的なエコシステムを創造することが我々の目的である[33]」。

Williamson and De Meyer（2012）は，活力に満ちたエコシステムの出現・開発を導くための能力は，21世紀のグローバルな競争環境下で，競争優位のパワフルな源泉として可能性を高めるものと指摘している。

こうした肯定的な見方に対し，エコシステムに内在する課題を取り上げ，否定的に解釈する識者もまた少なからず存在する。たとえば，Oh., Phillips, Park and Lee（2016）は，国や地域の「イノベーション・エコシステム」について，以下のように批判的な議論を展開している。すなわち，「イノベーション・システム」に「エコ」という言葉を追加しても，リスクがメリットを上回り，実質的にはほとんど何も得られない。「イノベーション・システム」と「イノベーション・エコシステム」の違いを明確に区別または定義した研究は，皆無に等しい。また，「イノベーション・エコシステム」は，次のような落とし穴が潜んでいる。つまり，自然界のエコシステムを誤った類推（Flawed Analogy）として導入するため，認知的不協和や有害な政策選択にもつながりかねない。さらに，「ビジネス・エコシステム」研究に比べ「イノベーション・エコシステム」研究は，いまだ曖昧な部分が存在する。したがって，「イノベーション・エコシステム」研究は，厳格さの欠如や抽象度が高く，注意が必要だと警鐘を鳴らしている。

Birkinshaw（2019）は，今日のエコシステム・ブームについて，2020年，突然出現したような新しいトピックやアイデアではなく，すでに20年間，ビジネスでよく使用されてきた用語であると指摘している（Adner, 2017）。また，フォルクスワーゲンやトヨタのような企業では，50年以上も前から，サプライヤーやディストリビューターの巨大なネットワークを指揮してきたことに加え，保険市場のロイズ・オブ・ロンドン（Lloyd's of London）は，17世紀に設立された当時から，すでに古典的なエコシステムを形成していたとも言及している。

最後に，エコシステムは，先進国の成熟した企業より，成長途上にある新興国の企業の方が形成しやすいという指摘もまたなされている。Wessel., Levie and Siegel（2016）によると，自動化やデジタル時代の主役は，潤沢なリソースを保有する「伝統的な企業」からデジタル・ビジネスモデルに優れた「新興的な企業」へシフトすることをあげている。その最大の理由は，「伝統企業」が既存のバリューチェーンという制約を持つからである。つまり，「伝統的な企業」は，自社内の課題を克服できても，サプライヤー，競合他社，協力企業，顧客等との関係性のネットワークをそう易々と刷新することはできない。

この論点に立つと，たとえば，自動車のEV化に対するエコシステムの形成で国際的に優位な立場にあるのは，内燃機関車の開発であるため，すでに独自の固有な分業システムを構築する主要先進国の自動車メーカーよりも，新興国の未発達な自動車メーカーおよび異業種から参入を試みるインベーダー型の企業（たとえば，IT企業やエレクトロニクスメーカーなど）の方が有利に働く可能性は高いといえる。

4　エコシステムの収益性

エコシステムというビジネスモデルを採用する企業は，その他のビジネスモデルを導入する企業と比べ，収益性は高いのだろうか。ここでは，いくつかの先行研究を紹介する。

Barry., Wind and Beck（2014）は，S&P500企業の過去40年の財務データから，業界をまたいでハイパフォーマーな企業モデルを明らかにしている。それによると，企業モデルは主に4つのタイプに分類できる。「アセット・ビルダー（Asset builders）」は，物理的な何か（製品）を製造，マーケティング，流通，販売するため，物理的な資産を構築，開発，リースする企業であり，フォード（Ford）やウォルマート（Walmart）等がこれに該当する。「サービス・プロバイダー（Service providers）」は，従業員が顧客のためサービスを提供する企業であり，たとえば，アクセンチュア，JPモルガンがあげられる。「テクノロジー・クリエイター（Technology creators）」は，ソフトウエア，アナリティクス，製薬そしてバイオテクノロジーのような知的財産を開発・販売する企業であり，たとえば，マイクロソフト，オラクルなどが含まれる。「ネットワーク・オーケストレーター（Network Orchestrators）」は，参加者が相互作用し，価値創造において共有する仲間ネットワークを創造する企業である。ネットワーク・オーケストレーターは，製品やサービスの販売，関係性の構築，アドバイスの共有，レビュー供与，コラボレーション，共創などを行う企業であり，イーベイ（eBay），VISA，ウーバー，トリップアドバイザー，アリババがあげられる。

次に，これら4つの企業モデルの業績評価を比較すると，「ネットワーク・オーケストレーター」は，乗数，成長率，利益率のどれを取ってみても，その他モデルを上回る結果が得られた。まず，平均乗数（企業の収益に対する価格の比率）[34]では，「ネットワーク・オーケストレーター」の評価額は，その他のグループに比べて平均2～4倍も上回っている。次に，年平均成長率（CAGR）と利益率を見ても，「ネットワーク・オーケストレーター」は，その他モデルを上回り高い数字を示した。その一方で，「ネットワーク・オーケストレーター」は，どの業績指標を見ても高い効果をもたらすにもかかわらず，このモデルを採用する企業の数は，最も少なく全体の5パーセント未満に過ぎないという結果が得られた。つまり，少なくても2013年の段階では，「ネットワーク・オーケストレーター」は，最も高い業績であるにもかかわらず，採用する企業の数は少ないのが実情であった。

それでは，なにゆえ，高い業績にもかかわらず，採用する企業の割合が少ないのだろうか。Barry., Wind and Beckは，考えられる理由として，4つのポイントを指摘している。第1は，ネットワーク・オーケストレーターは，従来の伝統的な企業モデルとは異なる知識や能力が求められることである。それは，非管理，非所有を通じて，人々や他社との関係性を構築する見えない知識・能力である。第2は，顧客，心理，ネットワークなどの見えない資産に対する資金配分の低さである。第3は，今日，ネットワークの力は，産業を超えた新しい変革を生み出しているにもかかわらず，多くの企業は，スタンダードな産業区分がサイロ（縦割り）化された思考に陥っていることである。そして最後のポイントは，ビジネスモデルとは，企業のすべての部分に緊密に統合化されているため，変化を抑圧してしまうということである。このため，結論としては，顧客，従業員，パートナー，サプライヤー，投資家へ手を差し伸べることによって，睡眠状態のネットワークを活性化させ，一緒になって共創できる仕方を発見することが肝要だと論じている。

Weill and Woerner (2015) は，デジタル時代における企業が採用し得るビジネスモデルを4つに分類しながら，それぞれの業績を調査し，これを明らかにしている。それによると，横軸は「バリューチェーン」か「エコシステム」か，縦軸はエンドユーザーに対し「あまり馴染みがない」か「より親しみやすい」かをそれぞれ設定すると，デジタル・ビジネスモデルは，次のように分類ができる（**図表4－3**）。

図表4－3　デジタル時代のビジネスモデル

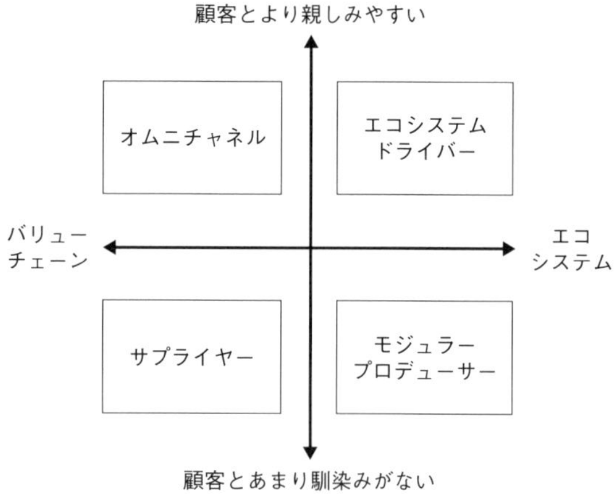

顧客とより親しみやすい
オムニチャネル
エコシステム
ドライバー
バリュー
チェーン
エコ
システム
サプライヤー
モジュラー
プロデューサー
顧客とあまり馴染みがない

出所：Weill and Woerner (2015)

まず「サプライヤー（Supplier）」は，バリューチェーンを形成しながら，エンドユーザーとあまり馴染みがない左下のセルに位置する。つまり，その他の強力な企業のバリューチェーンの中に存在する生産者なので，エンドユーザーとの馴染みは低いわけである。「オムニチャネル（Omnichannel）」は，バリューチェーンを形成しながら，エンドユーザーとより親しみやすい左上のセルに該当する。このモデルは，統合されたバリューチェーンを運営しながら，顧客に複数のチャネルにわたる製品へのアクセスを提供するものである。一方，「モジュラー・プロデューサー（Modular Producer）」は，エコシステムを形成しながら，エンドユーザーとあまり馴染みがない右下のセルに該当する。これは，多様なエコシステムに適応可能なプラグ・アンド・プレイ（接続してすぐに使える）製品やサービスを提供するモデルである。最後に，「エコシステム・ドライバー（Ecosystem Driver）」は，エコシステムを形成しつつ，エンドユーザーとより親しみやすい右上のセルに該当する。これは，顧客ニーズのため，補完的な製品・サービスや競争相手の製品・サービスまで提供するものである。そして，Weill and Woerner（2018）は，それぞれ4つのデジタル・ビジネスモデルの業績を調査し，その結果，アマゾンやウィーチャットのようなエコシステム・ドライバーモデルが顧客体験，市場への投入時間，売上高成長率，純利益率など，すべての評価項目において，その他のビジネスモデルを上回ることを明らかにしている[35]。

Column

グローバル・バリューチェーンとは何か

「バリューチェーン（Value Chain）[36]」は，「価値連鎖」と訳され，1985年，ハーバード・ビジネススクールのPorterによって提唱された概念である。バリューチェーンは，企業内の事業活動を機能ごとに分け，どの機能で付加価値が生み出されているか，そして，ライバルと比較したとき，どの機能で強みと弱みがあるかを具体的に浮き彫りにしながら，当該の事業戦略の有効性を明らかにし，改善点を発見する分析ツールである。バリューチェーンは，部品や原材料の購買，製造，出荷物流，販売・マーケティング，アフターサービスなど主に直接部門を指す「主活動（Primary Activities）」と，これら主活動を支える全般管理（インフラストラクチャ），人的資源管理，技術開発，調達活動などの間接部門を意味する「支援活動（Support Activities）」から構成され，その有機的な連結を通じて利益（マージン）が生み出されることを示す枠組みである[37]。

1990年代に入ると，新興国市場や経済の台頭，フォックスコン（Foxconn）のような巨大EMSの登場，生産分業のグローバル化の進展，モジュール化の普及に伴い，ある重要な概念が提唱された。それは，「スマイルカーブ（Smile Curve）」であり，1992年，台湾のエイサー創業者である施振栄（スタン・シー）によって主張されたものである。スマイルカーブとは，中央に位置する組立工程の付加価値は低いが，両端にある企画・開発やサービスといった工程の付加価値は高いとする，U字型にカーブしたモデルである[38]。

ここでは，スマイルカーブの事例として，アップルを取り上げてみよう。アップルのiPhoneには「Designed by Apple in California, Assembled in China（カリフォルニアのアップルでデザインされて，中国で組み立てられた）」という文章が製品の裏側に刻まれている。これは，商品企画・デザインは「アメリカ」，研究開発は「ドイツ」，部品生産は「韓国」，加工組立は「中国」，物流は「日本」，営業・販売は「アメリカ」，アフターサービスは「アメリカ」というグローバル・サプライチェーンによって，世界展開されていることを示している[39]。**図表4－4**の通り，アップルのスマイルカーブは，「コアの範囲」「非コアの範囲」「組立関連の範囲」をカーブの異なるポイント，異なるグローバルロケーションに分解して示している。

図表4－4　アップルのスマイルカーブとGVC

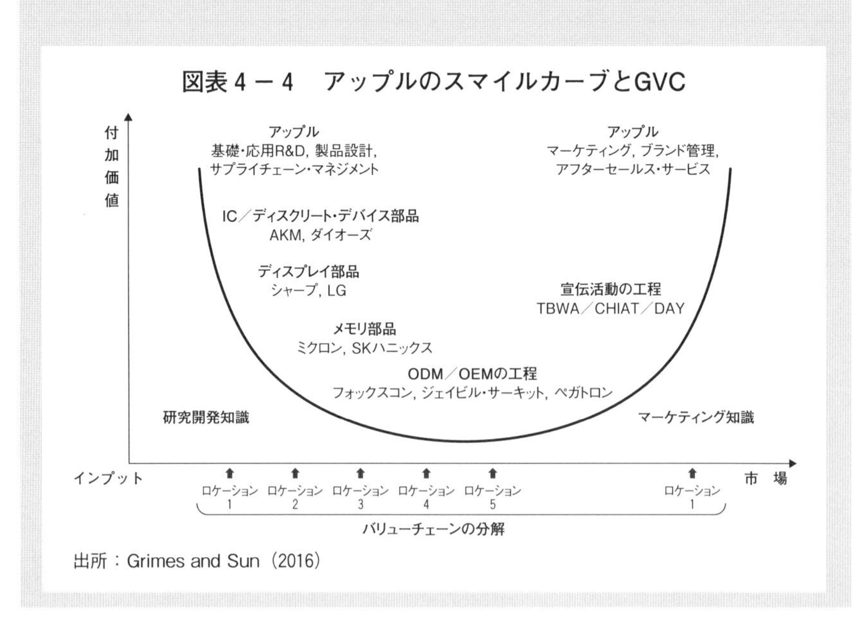

出所：Grimes and Sun（2016）

これを見てもわかる通り，アップルは，生産前工程（基礎や応用の研究開発，製品設計，サプライチェーン・マネジメント）と生産後工程（マーケティング，ブランド・マネジメント，アフター販売サービス）に経営資源を集中させ，最も付加価値（利益）の高い工程に特化する一方で，それ以外の付加価値が低い工程は，日本，韓国，アメリカそして台湾のサプライヤー企業がこれを担当している。たとえば，IC／ディスクリート・デバイス部品は，日本のAKM（旭化成エレクトロニクス）とアメリカのダイオーズ（Diodes），ディスプレイ部品は，日本のシャープと韓国のLG，メモリ部品は，アメリカのミクロン（Micron）と韓国のSKハニックスというサプライヤーへ委託している。ODM／OEMの工程は，台湾のフォックスコンやアメリカのジェイビル・サーキット（Jabil Circuit），台湾のペガトロン（Pegatron）の各社に委託している。宣伝活動の工程は，アメリカのTBWA／CHIAT／DAYという広告代理店へ委託している。そして，Appleのグローバルサプライヤーのリストには，198社のサプライヤー企業と759社のその子会社が含まれ，そのうちの336社（44.2%）が中国に設立されているという（Grimes and Sun, 2016 ; Gereffi, 2019）。

こうしたスマイルカーブの影響から，2000年以降になると，付加価値の高い工程は自前で手掛け，低い工程は最も効果を発揮できる海外の企業へ委託するという国際分業ネットワークの構築が日本企業の間でも進んだ。これがバリューチェーンのグローバル化である。「グローバル・バリューチェーン（Global Value Chains：GVCs）」は，「国際価値連鎖」とも訳され，複数国にまたがって配置された生産工程の間で，財やサービスが完成されるまでに生み出される付加価値の連鎖と定義される（内閣府「平成26年度年次経済財政報告」）[40]。

しかし，近年，新型コロナウイルスの世界的流行とロシアによるウクライナ侵攻の影響から，これまで有効に機能してきた国際的に分散された価値を連鎖させるグローバル・バリューチェーンの構築は，経済安全保障の問題とも重なり，急速に雲行きが怪しくなってきた。グローバルなサプライチェーンの寸断や機能不全が起こる前に，企業は，国際的な生産分業体制から国内中心のバリューチェーン体制への移行も含め議論する必要がある。

第5章

エコシステムの構成要素

1　エコシステム・プレイヤーの分類

エコシステムを構成する基本的なプレイヤーは，エコシステムを取りまとめ，その中心的な役割を演じる「オーケストレーター（Orchestrators）」とエコシステムに参加する「パティシパント（Participants）」に区別される（**図表5－1**）。

図表5－1　エコシステムを構成する基本的なプレイヤー

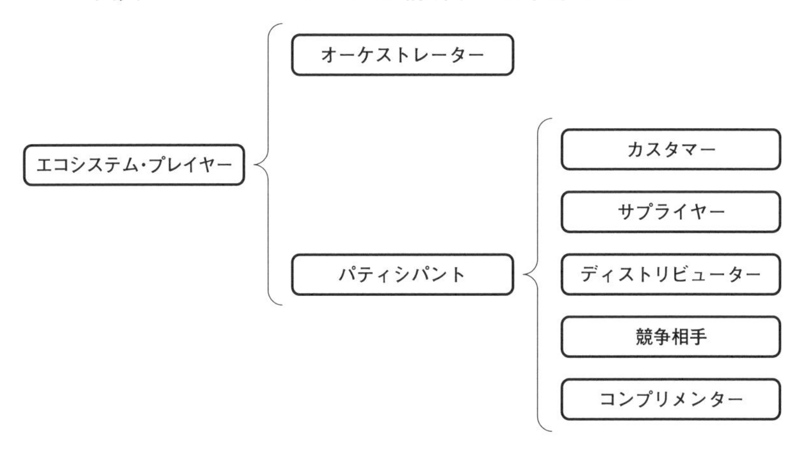

「オーケストレーター」は，もともと交響楽団の指揮者を意味するものであり，その意味は，異なる楽器や演奏者を束ねて調和させる人物と位置づけられるが，ビジネスや経営学の世界では，エコシステムを構築し，それを調整・運営する

中心的な役割を果たす機能として定義される。

一方，「パティシパント」は，「オーケストレーター」の仲間として，エコシステムへ参加するパートナーの役割を果たす。「パティシパント」の主要なプレイヤーには，製品・サービスを購入する人物を指す「カスタマー（Consumers）」，顧客が必要としている製品の資源（部品，原材料など）を供給する「サプライヤー（Suppliers）」，原材料や部品，完成品を送り届ける「ディストリビューター（Distributers）」，競合する製品・サービスを提供することによって標的市場のマーケットシェアを奪う「競争相手（Competitors）」，補完的な製品・サービスを提供する「コンプリメンター（Complementors）」があげられるが，その特定化については，様々な議論がなされている。たとえば，Afuah（2000）は，パティシパントのことを「コーペティター（Coopetitors）」と呼び，主なコーペティターとして「サプライヤー」「顧客」「コンプリメンター」そして「提携パートナー（Alliance Partners）」を取り上げ，イノベーションの生起，組織学習，補完製品，重要なリソース，学習と能力そしてリードユーザー等に対して重要な役割を果たすとしている。

2　エコシステム・オーケストレーター

(1)　エコシステム・オーケストレーターとは何か

エコシステムの形成や戦略について，主導的な立場と重要な役割を演じるネットワーク・ハブ（Network Hub）となる企業は，「エコシステム・オーケストレーター（Ecosystem Orchestrators）」と呼ばれている（Birkinshaw, 2019）。エコシステム・オーケストレーターは，それ以外にも，プラットフォーム・リーダー（Gawer and Cusumano, 2002），キーストーン（Iansiti and Levien, 2004a ; 2004b），リード・ファーム（Williamson and De Meyer, 2012），ネットワーク・オーケストレーター（Barry., Wind and Beck, 2014），エコシステム・マネジャー／エコシステム・キャプテン／エコシステム・イニシエーター（Teece, 2018），プラットフォーム・オーナー（Kapoor, 2018），エコシステム・ビルダー（Jacobides, 2019a），エコシステム・リーダー（De Meyer and Williamson, 2020）

等，実に様々な名称で呼ばれている。そして，これらエコシステム・オーケストレーターの基本的な役割とは，パートナー群のための「価値創造者」，構造化と戦略化の担い手を指す「戦略センター」「リーダー」「ルールセッター」そして「ケイパビリティ・ビルダー」として機能することである。

Lorenzoni and Baden-Fuller（1995）は，複数のパートナーを網の目（Web）のように管理する「戦略センター（Strategic Center）」は，価値の創造者としての重要な役割を演じると述べながら，この役割の主要な特徴として，次のような項目をあげている。1つ目は「戦略的アウトソーシング（Strategic Outsourcing）」であり，通常のブローカーや伝統的な企業よりも多くのパートナーへ外注し共有する。また，パートナーには，実行者以上の役割を求め，問題解決者，イニシエーター（発起者）であることを期待する。2つ目は「ケイパビリティ（Capability）」であり，より効果的で競争的なパートナーを作るため，パートナーの中核的なスキルと能力を開発する。また，ネットワークのメンバーに，ネットワーク内のその他メンバーや中心的企業と一緒に専門性を共有することを強制する。3つ目は「技術（Technology）」であり，新しい技術の創造を習得する手段として，開発され，利用される他者からのアイデアを借用する。4つ目は「競争（Competition）」であり，バリューチェーンとネットワークの間で競争が行われていることをパートナーに説明し，積極的な習慣として，ネットワーク内部の企業間の競争を奨励する。

Dhanaraj and Parkhe（2006）は，「ネットワーク・オーケストレーション（Network Orchestration）」について，ハブ企業（Hub Firm）がネットワークから価値の創造を抽出するために行う意図的な一連の行動であると指摘している。そして，イノベーション・ネットワークにおけるオーケストレーションのための枠組みを**図表5－2**のように示している。

それによると，複数の自立した企業の緩やかに連結したシステムを意味するイノベーション・ネットワーク（Innovation Networks）におけるオーケストレーション（編成）のための枠組みの中で，オーケストレーターとしてのハブ企業が担うべき活動は，「ネットワーク補強プロセス」と「ネットワーク管理活動」である。つまり，ハブ企業は，パートナーを戦略的に選択する3つの「ネットワーク補強プロセス」である「ネットワーク・メンバーシップ（サイズと多様

図表5－2　イノベーション・ネットワークにおけるオーケストレーションの枠組み

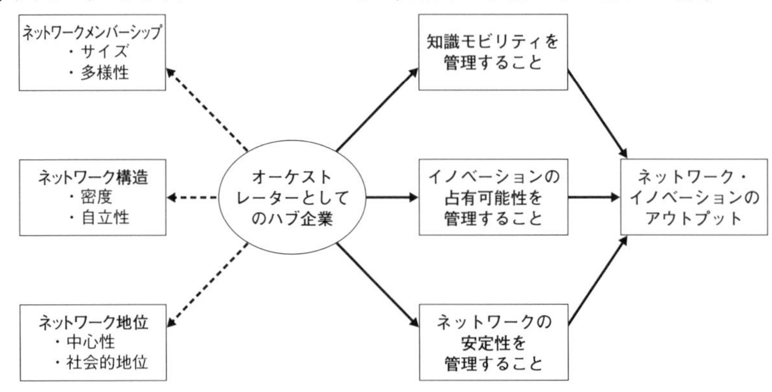

出所：Dhanaraj and Parkhe（2006）

性）」「ネットワーク構造（密度と自律性）」「ネットワーク地位（中心性と社会的地位）」を通じてネットワークをデザインする。そして，ハブ企業は，「知識モビリティを管理すること」「イノベーションの占有可能性を管理すること」そして「ネットワークの安定性を管理すること」という3つの「ネットワーク管理活動」を実施する。こうした一連の成果として，ネットワーク・イノベーションは生み出されるとしている。

さて，これらの先行研究から浮き彫りとなったエコシステム・オーケストレーターの具体像は，主に5つに要約される。第1に，アマゾン，グーグル，アリババ，テンセントそしてウーバー等，今日，最も速いスピードで成長しているエコシステム・オーケストレーター[41]は，自社が売るための何かを作っていない。第2に，スーパーコネクター（Super Connectors）として他社同士を連結するために存在するため，伝統的なポジショニング・ベースのロジックとは関連性が薄い。第3に，これらエコシステム・オーケストレーターは，数多くの資源や資産を持ち合わせておらず，物理的な財や基盤を通じることなく，関係性やネットワークを通じて価値を創造するため，やはり伝統的な資源ベースのロジックとも関連性は低い。第4に，エコシステム・オーケストレーターは，既存の市場をできる限り獲得するのではなく，むしろ，人々やモノ（財）の流れを増やすことで市場の成長を目指している。第5に，したがってエコシステム・オーケストレーターは，過去の伝統的な企業の競争優位性とは，まったく異なる性格を有している。

(2) エコシステム・オーケストレーターのイノベーション・モデル

エコシステム・オーケストレーターが生み出す革新モデルとは何か。それは，ネットワーク中心のイノベーションとも表現できる。Nambisan and Sawhney (2007 ; 2011) によると，企業のイノベーション・イニシアチブは，「内部資源」中心から「外部ネットワーク」中心へシフトしている。このため，「企業中心のイノベーション (Firm-Centric Innovation)」から「ネットワーク中心のイノベーション (Network-Centric Innovation)」への転換が求められる。そして，ネットワーク・リーダーシップのタイプが集中型か分散型か，イノベーション空間が定義されているか定義されていないかという2軸から「ネットワーク中心のイノベーション」は，「オーケストラ」「創造的バザール」「ジャムセントラル」「MODステーション」という4つのモデルに分類ができるという (**図表5－3**)。

図表5－3　ネットワーク中心のイノベーション・モデルのタイプ

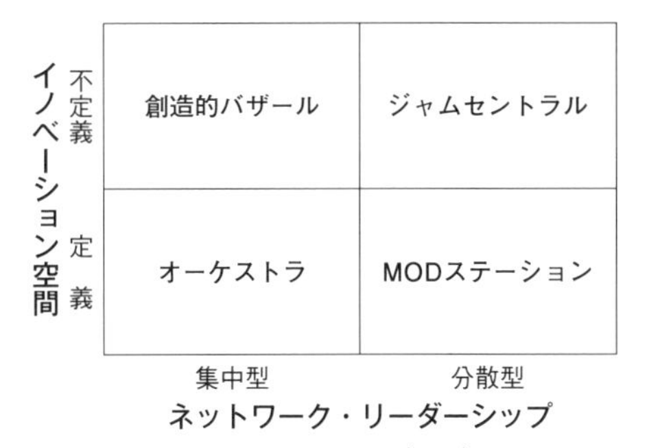

出所：Nambisan and Sawhney (2007)

図の左下「オーケストラ・モデル (The Orchestra Model)」は，イノベーション空間が定義されており，ネットワーク・リーダーシップが集中型に位置するモデルを表す。これは，1つの支配的な企業およびキーストーンプレイヤーがエコシステム内のネットワーク・メンバーの活動を集中的に調整しながら，イノベーション・アーキテクチャを明確化するものであり，言い換えると，指揮者が特定の楽器の専門家であるメンバー・グループを率いる交響楽団の同じ構造だといえる。「オーケストラ・モデル」の代表的な事例には，ボーイング社が企画から製造まで信頼できるグローバル・パートナーを集め，787型ドリームライナーを開発するケースがあげられる。

図の左上に該当する「創造的バザール・モデル（The Creative Bazaar Model）」は，イノベーション空間が定義されておらず，ネットワーク・リーダーシップが集中型なモデルである。これは，ネットワークの支配的な企業がイノベーションを求めて，新しいアイデア，製品，技術をグローバル・バザール（市場や商店街）で探し出して買い物をするタイプである。

図の右上にあたる「ジャムセントラル・モデル（The Jam Central Model）」は，イノベーション空間が定義されておらず，ネットワーク・リーダーシップが分散型のモデルである。これは，「ジャム」という言葉通り，イノベーションの即興性（イノベーションの目的と方向性はコラボレーションから有機的に現れる傾向がある）とエコシステム内における集中型リーダーシップが欠如した（支配的な企業は存在せず，ガバナンスの責任はパートナー間で分散される）タイプである。

最後に，図の右下にあたる「MODステーション・モデル（The MOD (Modification) Station Model）」は，イノベーション空間が定義されており，ネットワーク・リーダーシップが分散型のモデルである[42]。これは，顧客，科学者，専門家など各エキスパートのコミュニティを介して，市場や技術的な課題に対処するため，既存の知識の変更および活用に焦点を当てるタイプである。

3　エコシステム・コンプリメンター

(1)　エコシステム・コンプリメンターとは何か

エコシステムの形成や戦略において主導的な立場と重要な役割を演じるハブ企業である「エコシステム・オーケストレーター」に対し，エコシステム・オーケストレーターと特別な関係性を構築し，エコシステム全体に貢献するパートナー（Partner）企業は，「エコシステム・コンプリメンター（Ecosystem Complementors）」と呼ばれている。エコシステム・コンプリメンターは，“補完者”や“補完的生産者”とも訳され，エコシステム・オーケストレーターほどではないものの，いくつかの名前で呼ばれている。たとえば，「ニッチ・プレイヤー（Iansiti and Levien, 2004a ; 2004b）」「中核的エージェント（椙山・高尾, 2011）」「エコシステム・プレイヤー（Birkinshaw, 2019）」などである[43]。

エコシステム・コンプリメンターに関する議論は，数多くなされている。たとえば，コンプリメンターの戦略や競争優位に関する研究（Cenamor, 2021）や，コンプリメンターはエコシステム・アクターとしてバリュー・プロポジションの実現に重要な役割を果たす（Carst and Hu, 2020）など，近年，その戦略的重要性に注目が集まっている。なかでも，Doz and Hamel（1998）は，グローバル市場競争を目指す企業の戦略的アライアンスによる3つの価値創造の中で，コンプリメンターを取り上げ，次のように説明している。

第1は，コ・オプション（Co-Option）である。これは，企業間競争がグローバル化すると，競争のルールが変わり，新たなライバルや自社にとって貴重な補完者であるコンプリメンターが出現する。こうしたライバルやコンプリメンターとパートナーシップを組むことで，その競争力にただ乗りし，自社の能力を向上させることができる（つまり，強者と組むことで強者の陰で自分を守り，そのパワーを巧みに利用できる）。そして，ライバルやコンプリメンターを戦略的アライアンスに取り込むことでその脅威を中和できるだけでなく，協力して新たな価値創造を実現することも可能である。

第2は，相互特化（Co-Specialization）である。これは，パートナーと自社が有する資源や能力，競争地位やブランドを連結することで，新たな価値（新市場の開拓等）や相乗効果を生み出す一方で，新たに生まれた価値や能力をパートナーと自社で共有することである。

第3は，学習と内部化（Learning and Internalization）である。これは，パートナーが有する資源や能力を学習してパートナーと自社の間に存在するスキル・ギャップを縮小しながら，新たに生み出された価値やスキルを提携ネットワーク（Alliance Network）内で独占する（内部化する）ことである。

井上・真木・永山（2011）は，ゲーム業界を取り上げ，プラットフォーム・

リーダーを意味するハブ企業のカウンターパートであるニッチ企業（つまり，コンプリメンター）の行動がエコシステムの繁栄に影響を及ぼすと述べながら，これらニッチ企業のタイプを４つに分類すると共に，タイプごとにニッチ企業の行動とそれに対するハブ企業の戦略対応について分析している。それによると，「新規挑戦型ニッチ」は，プラットフォームの立ち上げや停滞を打破する役割を果たす。「戦略機会追求型ニッチ」は，ビジネスチャンスを見極め，プラットフォームを乗り換え，依存度をシフトさせる役割を担う。「安定関係構築型ニッチ」は，プラットフォームを固定化し，関係の依存度を変化させない，つまり，ハブ企業と運命を共にするタイプである。「開発資産活用型ニッチ」は，自身の業績を安定化させることでエコシステム全体の堅牢性を高める役割を果たす。

Brandenburger and Nalebuff（1996）は，ビジネスやイノベーションにおいて，補完的な製品・サービス（補完財）を生産する「コンプリメンター（Complementors）」の重要性を指摘している。それによると，「補完財」の存在は，数多くのビジネスで散見される。たとえば，コンピュータにおけるハードウエアとソフトウエアはその代表的な事例である。また，自動車の補完財は，舗装道路，自動車保険，自動車用部品，自動車雑誌等，数多くのケースがあげられる。そして，業界や企業ごとにも異なるが，「コンプリメンター」は，その数や規模が巨大になる場合も存在する[44]。にもかかわらず，「補完財」を供給するコンプリメンターの重要な役割は，これまで長い間無視されてきた。そこで，近年，ビジネスゲームにおいてコンプリメンターを加えた新しい全体像のあぶり出しが必要になってきた。

ここで補足として，バリューネットについて説明しよう。Brandenburger and Nalebuffは，特定の企業（Company）とそれを取り巻くプレイヤーとして，「顧客（Customers）[45]」「サプライヤー（Suppliers）」「競争企業（Competitors）」そして「コンプリメンター（Complementors）[46]」の４つの構成要素[47]から構成された「バリューネット（Value Net）」を提唱している（**図表５－４**）[48]。

バリューネットの構造は，「垂直軸」と「水平軸」に分けられる。そして，天然資源や生産要素を企業に提供する「サプライヤー」，企業から製品・サービスを提供する「顧客」から構成された「垂直軸」は，価値を生み出すときと

図表5－4　バリューネット

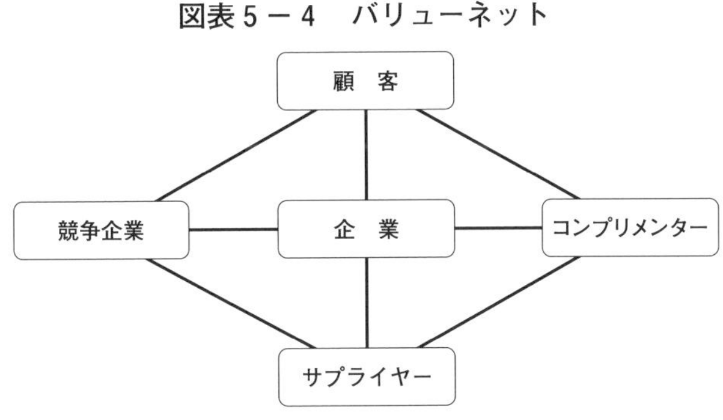

出所：Brandenburger and Nalebuff（1996）

富を分かち合うときにパートナーとなる関係性を持つ。これに対し，企業の価値を下げる「競争企業」，企業の価値を高める「コンプリメンター」によって構成された「水平軸」は，ちょうど鏡のような表と裏の関係となる。このようにビジネスとは，競争と協調が混在し複雑であるが，バリューネットの枠組みを援用すれば，相互依存関係の実態を明らかにすることができる。

「コンプリメンター」や「バリューネット」の概念に強い影響を及ぼした人物は，ネットワーク・ソフトウエア会社「ノベル（Novell）」の設立者であるレイ・ノーダ（Ray Noorda）だといわれている。ノーダによると，これからの企業は，パイ（市場）を分け合うとき，ライバルは競争相手（敵）となり，パイ（市場）を作り出すとき，お互いに協力し合うパートナー（味方）となる。すなわち，厳しい企業間競争に打ち勝つためには，競争（Competition）すると同時に，協力（Cooperation）しなければならず，これらを両立する概念として「コーペティション（Coopetition）」を提唱している。

このような「コーペティション」は，実に様々な業界で散見される。たとえば，自動車業界における完成品メーカーと部品メーカー（サプライヤー）との関係がこれに該当する。完成品メーカーが部品メーカーに対して取引価格の交渉をするとき，乾いた雑巾をさらに搾るような，無茶なコストダウンの要求を迫る競争相手（敵）となるが，その一方で，新製品，新技術を開発するときには，共同でイノベーションを開発するパートナー（味方）へと変貌する[49]。

最後に，Adner（2021）は，エコシステムを構成する3タイプのアクターとして，「ライバル（Rivals）」「代替品（Substitutes）」「補完品（Complements）」を取り上げながら，焦点となる企業の成果とこれら3タイプの関係性について議論している（**図表5－5**）。それによると，「ライバル」や「代替品」の効果が高まるほど，焦点となる企業の成果は悪化するが（**図表**の左側），コンプリメンターの効果（つまり，「補完品」の効果）が上昇するほど，焦点となる企業の成果が高まる（**図表**の右側）関係性である。

図表5－5　焦点となる企業の成果とライバル，代替品，補完品の効果との関係性

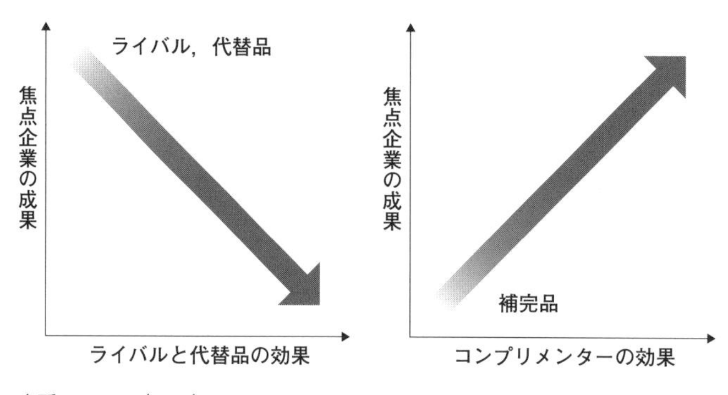

出所：Adner（2021）

たとえば，ソニーが開発した家庭用ゲーム機「プレイステーション」を例にあげると，マイクロソフトの「Xbox（日本ならば，ニンテンドースイッチ）」のようなライバルの有効性が高まるほど，「プレイステーション」の付加価値は低下し，厳しい状態に追い込まれる。同じく，代替品として位置づけられる「スマートフォン」や「オンラインゲーム」の有効性が高まれば高まるほど，「プレイステーション」の付加価値は低下し，やはり厳しい状態に追い込まれる。これに対し，プレイステーション用に開発されたゲームソフトやゲーマーが集う「オンライン・ディスカッション・コミュニティ」等の補完品または補完機能の有効性が高まれば高まるほど，「プレイステーション」の付加価値は上昇するため，企業として好ましい状態へと導かれる。

Column

ゲーム理論

「バリューネット」は，ゲーム理論と呼ばれる概念や考え方に強い影響を受けている（Brandenburger and Nalebuff,1996）。「ゲーム理論（Game Theory）」は，ハンガリー出身の天才数学者であるジョン・フォン・ノイマン（John Von Neumann）が生みの親だといわれている。ノイマンは，チェスやポーカーなどゲームの数学的構造の解明に取り組んだ。そして，1944年，これまでの研究成果を経済学者のオスカー・モルゲンシュテルン（Oskar Morgenstern）と共に『Theory of Games and Economic Behavior』と題する本として取りまとめた。

ゲーム理論は，相互依存性のある状況下での合理的な行動に関する研究と定義される。相互依存性とは，ゲームのいかなるプレイヤーも他のプレイヤーたちの行動（アクション）から影響を受けることである。合理的な行動とは，プレイヤーたちが自分自身の見地から見て，最善を尽くそうと努力する行為である（McMillan, 1992）。

ゲーム理論の有名なフレームワークとして「囚人のジレンマ（Prisoner's Dilemma）」があげられる。これは，1950年，アメリカ合衆国のシンクタンクであるランド研究所（RAND Corporation）のメリル・フラッド（Merrill Flood）とメルビン・ドレッシャー（Melvin Dresher）という２人の科学者が考案し，同顧問であるアルバート・タッカー（Albert Tucker）が完成させた枠組みとして理解されている。その後，「囚人のジレンマ」は，経済学，経営学そして政治学に限らず，防衛や安全保障など広く社会科学全般に影響を与える学問として発展した。とりわけ，経済学の分野では，1980年代から産業組織論や情報経済学の領域において応用化が進んだ。

「囚人のジレンマ」のロジックについて，有名な事例を使って説明しよう。今，２人の容疑者が警察の取り調べを受けている。２人の容疑者は，警察の取り調べ室に別々に呼ばれ「黙秘するか」「自白するか」の選択を迫られる。２人の容疑者に対して警察は，次のように説明する。まず，２人とも黙秘を貫けば，双方とも懲役１年の刑に処す。逆に２人とも素直に自白すれば，双方とも懲役５年の刑を与える。そして，どちらか一方が自白して相手がしなかった場合，自白した側は無罪釈放とするが，黙秘を続けた側は10年の刑を与える。**図表5－6**は，上記のような話を整理して図にしたものである。縦軸は容疑者A，横軸は容疑者Bを表し，それぞれが採用し得る対応戦略として，黙秘（協力）と自白（裏切り）を取り上げている。

図表5－6　囚人のジレンマ

A＼B	黙秘（協力）	自白（裏切り）
黙秘（協力）	1, 1	10, 0
自白（裏切り）	0, 10	5, 5

こうした状況下において2人の容疑者は，大きなジレンマ（葛藤）に陥る。それは，2人とも相手が自分を裏切って自白するかもしれないと不安を抱くことである。というのも，たとえ自分が黙秘（協力）を貫いても，相手が自白（裏切り）すれば，自分は10年の重刑となってしまうからである。結果として，2人の容疑者は，自白を選択することとなり，それぞれ懲役5年の刑が下ってしまった。ところが，もし2人の容疑者が相手を裏切らず，黙秘を貫けたとしたら，共に1年の刑で済んだのである。

このような「囚人のジレンマ」から得られる知見とは，個人が勝手な行動をとると，全体の利益にならないことである。個人が自分の利益を最大にしようと行動に出た場合，最も望ましくない結果が待っている。しかしながら，相手を信じて互いに協力できた場合，最も望ましい結果が得られるのである。

Column

フレネミー

「競争（Competition）」と「協力（Cooperation）」を統合した「コーペティション（Coopetition）」に類似する概念として，「フレネミー（Frenemy）」という言葉をご存じだろうか。フレネミーとは，「友達（Friend）」と「敵（Enemy）」を合成した言葉であり，ビジネスでいえば，自社のパートナーでもありながら，同時にライバルでもあるような関係性を意味する[50]。

ビジネスの世界では，至る所にフレネミーの関係が観察される。たとえば，同じ業種同士のフレネミーでは，ビールメーカーや食品メーカーが市場で激しい競争を繰り広げながら，製品の輸送では手を組み協力するケースがあげられる。また，エレクトロニクスメーカー同士が市場競争で激突するにもかかわらず，部品やキーデバイスでは相互供給の関係を構築している。一方，異業種とのフレネミーでは，たとえば，自動車メーカーが自動車の売上に影響を及ぼす可能性の高いシェアリング・サービスへクルマを提供している事例があげられる。

ところが，近年，フレネミーの弊害や自分を取り巻く対人関係の中でフレネミーにどう対処すべきかなど，特に人間関係を分析するキー概念として用いられ，議論されるようになってきた。**図表5－7**は，当事者を取り巻く人間関係の種類を明らかにしたものである。

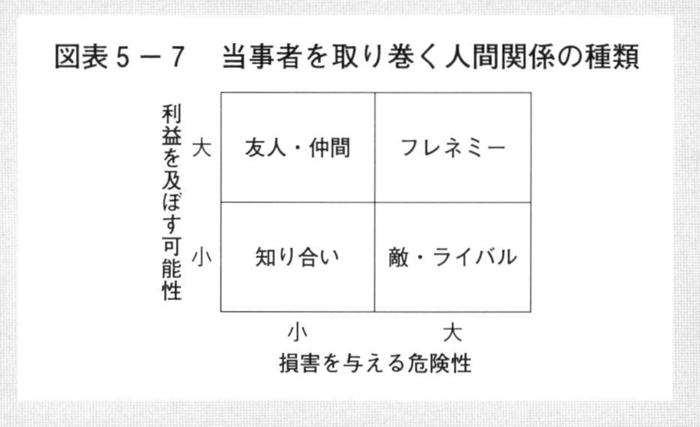

縦軸には「利益を及ぼす可能性」，横軸には「損害を与える危険性」をそれぞれ取ると，当事者を取り巻く人間関係は，主に4つのタイプに分けられる。左下の次元は，単なる「知り合い」である。これは，当事者に利益を及ぼす可能性は小さく，損害を与える危険性もまた小さい。左上の次元は「友人・仲間」である。これは，当事者に利益を及ぼす可能性が大きい一方で，損害を与える危険性は小さい。そして，右下の次元は「敵・ライバル」である。これは，当

事者に利益を及ぼす可能性が小さく，損害を与える危険性は大きい。最後に，右上の次元は「フレネミー」である。これは，当事者に利益を及ぼす可能性は大きく，損害を与える危険性もまた大きいタイプである。

対人関係では，誰が「フレネミー」なのかを見つけ出すことがことさら重要である。そして，誰が「フレネミー」かわかったら，付き合い方，間合いの取り方を検討する必要がある。具体的には，「フレネミー」が与える損害の危険性を最小化し，利益を及ぼす可能性を最大化するような関係を構築する必要があり，これは，ビジネスでも同じである。

自社に利益を及ぼす一方で，損害も与えかねない「フレネミー企業」との付き合い方の基本は，おそらく，Win-Winの関係性を構築できるかどうかにかかっている。つまり，自社が独り勝ちを目指して「フレネミー企業」を利用する態度をとった場合，損害のリスクが高まるのに対し，自社が「フレネミー企業」と協力して価値を実現し，価値を分かち合う姿勢をとれば，利益の最大化を獲得する機会に恵まれることにつながる。このように「フレネミー」との付き合い方は，価値共創や利益共有を前提とした態度でなければならず，時には，"負けて勝つ"ような高度な調整能力が必要なのである。

(2) 補完性とは何か

コンプリメンターの本質である「補完性」とは，いったい何だろうか。「補完性（Complementarity）」は，様々な分野において研究がなされている。まず，資本主義経済システムの多様性とダイナミズムを分析する「経済学の比較制度分析（Comparative Institutional Analysis：CIA）」では，1つの経済の中で一方の制度の存在が他方の制度の存在事由となっている，あるいは一方の制度の働きが他方の制度の存在によって強められることを「制度的補完性（Institutional Complementarity）」と呼んでいる。また，ゲーム理論では，他の者が特定の戦略を採用するようになった場合，自分も同じ戦略を採用するインセンティブが高まることを「戦略的補完性（Strategic Complementarity）」と定義している（青木1995；青木・奥野，1996）。Jacobides., Cennamo and Gawer（2018）は，補完性（Complementarity）を2つのカテゴリーに分類している。1つは「ユニークな補完性（Unique Complementarities）」である。これは，AはBなしでは機能しないという，AとBの両方が相互に必要とする「相互特化（Co-Specialization）」のことである。たとえば，コンテナ船と港の関係，自動車メーカーであるマツダが開発したロータリー・エンジンと修理工場との関係がこれに該当する（Teece,1986）。もう１つは，「スーパーモジュラー（Super Modular）」あるいは「エッジワース（Edgeworth）」と呼ばれる補完性である[51]。これは，Aが多いほどBがより価値があることを意味する。たとえば，アプリケーションの存在がOSの価値を高め，OSのインストールの幅がアプリの価値を高めるような関係である。

Holgersson., Baldwin, Chesbrough and Bogers（2022）は，２つの補完財AとBを合わせた共同価値の組み合わせとして，(a) 弱い補完性，(b) 強い補完性，(c) 強い一方の補完性という３つのタイプに区別している（**図表５－８**）。

図表５－８　２つの補完財AとBを合わせた共同価値の組み合わせ

(a)
A
B
弱い補完性 ←→ 強い補完性
A and B
価値
(b)
A
B
A and B
価値
(c)
A
B
A and B
価値

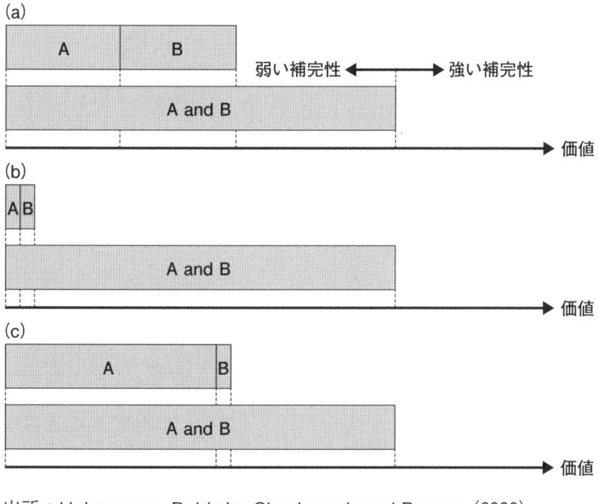

出所：Holgersson., Baldwin, Chesbrough and Bogers（2022）

(a) 弱い補完性（Weak Complementarity）は，単体でも価値があるが，２つの財が一緒になるとそれぞれの価値の合計よりも価値が高くなることである。たとえば，地図とコンパスは，どちらも単独でも有益だが，一緒に使えばより強力なナビゲーションとなる。(b) 強い補完性（Strong Complementarity）は，単独では（ほとんど）役に立たない２つの財だが，一緒に使うと高い価値が生まれるものである。たとえば，左右の靴は，個別ではまったく役に立たないが，両足揃えば有益な財として変身する。ところで，２つの補完財は必ずしも対称なものではない。ある時はBの補完財にAが強く依存し，その逆の場合もあり得る。(c) 強い一方の補完性（Strong one-way Complementarity）とは，一方に強い補完財が存在するような非対等な組み合わせである。たとえば，ソフトウエアアプリケーションは，通常オペレーティングシステム（OS）上で動作しなければならないが，オペレーティングシステムは機能するために特定のアプリケーションを必要としない。

このように２つの補完財の組み合わせによる共同価値といっても，すべて同じパターンで生まれるわけではない。個々の補完財の価値の違いから，複数の共同価値のタイプに区別されるのである。

(3)　補完財と代替財

「補完財」と「代替財」の関係は，交差弾力性の違いから説明できる。まず「補完財（Complements)」とは，その名の通り，お互いに補完し合う財を指す。すなわち，同じ目的を共同して達成する財である。このため，一方の財の価格が下がる（上がる）と，もう一方の財の需要が上がる（下がる)。**図表５－９**は，「補完財」における「価格」と「需要量」との関係を図示した「需要曲線」である。これは，右下がりの性質を有している。

「補完財」の代表的な事例には，コーヒーとミルク，パンとジャム，ゲーム機とゲームソフト，映画チケットとポップコーン，クルマとタイヤ，鉄道と小売りなどがあげられる。そのうち，コーヒーとミルクを取り上げると，コーヒーの価格が下がる（上がる）と，コーヒーの需要が上がる（下がる）ため，ミルクの需要もまた上がる（下がる)。同じように，ゲーム機本体の価格が下がる（上がる）と，ゲーム機の需要が上がる（下がる）ため，ゲームソフトの需要もまた上がる（下がる)。このように「補完財」は，一方の価格が下がる（上がる）と，もう一方の需要が上がる（下がる）関係を意味する。

図表5－9　補完財の需要曲線

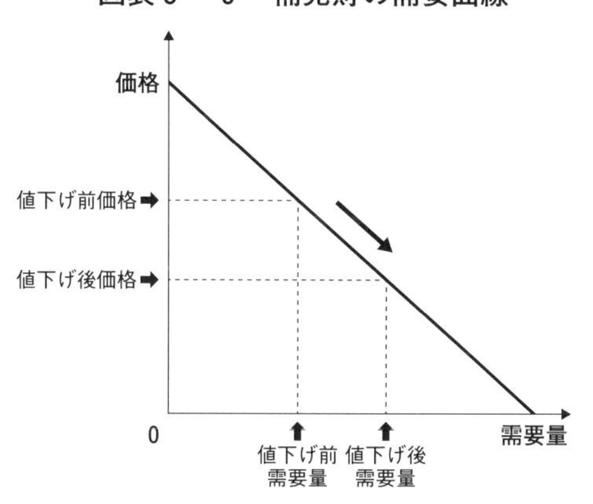

これに対し，「代替財（Substitutes）」は，その名の通り，代替可能な財，お互いに競争的な財と定義され，同じ目的に用いられるものの，異なる財を指す。このため，「代替財」では，一方の財の価格が下がる（上がる）と，もう一方の財の需要が下がる（上がる）関係となる。「代替財」の事例には，たとえば，コーヒーと紅茶，ビールとウイスキー，ペプシコーラとコカコーラ，サンドイッチとおにぎり，ボールペンと鉛筆，ミカンとリンゴ，新幹線と飛行機など，実に様々なケースがあげられる。この中で，コーヒーと紅茶を取り上げると，コーヒーの価格が下がる（上がる）と，コーヒーの需要が上がる（下がる）ため，紅茶の需要は下がる（上がる）。また，サンドイッチとおにぎりでは，サンドイッチの価格が下がる（上がる）と，その需要は上がる（下がる）ため，おにぎりの需要は下がる（上がる）。このように「代替財」は，一方の価格が下がる（上がる）と，もう一方の需要が下がる（上がる）関係を指すものである[52]。

Column

補完的資産

新技術の事業化を成功させるには，製品やサービスを生み出すための製造装置が必要である。また，製品やサービスを消費者へ提供するには，販売チャネルの整備が不可欠である。さらに，購入した製品やサービスを消費者が利活用するには，アフターサービスやメンテンナンスの機能が必要である。このように新技術の事業化には，製造機能，販売チャネル機能，サービス・メンテナンス機能といった補完的な機能や資産が何よりも必要である。

Teece（1986）は，イノベーションの商用化を成功させるためには，特定の補完的な能力や資産が必要になると指摘し，こうした「補完的資産（Complementary Assets）」を，汎用的，特殊的，相互特化的の3つに分類している。「汎用的資産（Generic Assets）」は，当該のイノベーションに合わせる必要のない汎用の資産（General Purpose Assets）である。「特殊的資産（Specialized Assets）」は，イノベーションと補完的資産の間に一方向の依存関係があるものである。すなわち，イノベーションが一方的に補完的資産に依存しているか，それとも補完的資産が一方的にイノベーションに依存している資産を指すものである。そして，「相互特化的資産（Co-Specialized Assets）」は，イノベーションと補完的資産との間に2者間（Bilateral）の依存関係があるものである。たとえば，マツダがロータリー・エンジンを導入する際，専門の修理工場が必要であった。というのも，イノベーションが修理工場と相互依存しているからである。また，コンテナ船と港もまた相互依存しているため，相互特化的資産の事例としてあげられる。

(4)　コンプリメンターのマネジメント

Yoffie and Kwak（2006）は，コンプリメンターのマネジメントの仕方について，次のような見解を述べている。それによると，戦争の場合と同様に，ビジネスでは「己を知る（Know Yourself）」そして「敵を知る（Know Your Enemy）」ことがこれまで最も重要なルールであった。しかし，近年，新たに「友を知る（Know Your Friends）」という第3のルールが重要な存在として新たに浮上してきていると指摘し，従来の自社と他社（ライバル）に加え，新たに自社のパートナーであるコンプリメンターが重要な役割を果たすと論じている。具体的な事例として，たとえば，インテルとマイクロソフト，燃料電池車と水素スタンド，電子機器メーカーと出版社の関係があげられる。これらは，自社の製品と他社の補完製品が互いに顧客価値を高め合う関係性を有するのみならず，共同で市場のパイを膨らませるため，利益を共有できる。その一方で，相互補完し合う企業同士は，お互いに目的や目標を共有するパートナーでありながら，自社製品の価格を高く設定しながらコンプリメンターの製品は価格を低くしたいなど，利害や対立を巡り激しく争い合う側面も併せ持つ。

次に，Yoffie and Kwakは，コンプリメンターをコントロールするスタートとして，相手をよく知ることをあげている。経済性，戦略，目標，既存の能力，協力を得るためのインセンティブ，自社との対立の可能性を調査する必要がある。次に，相手のビジネスモデルを詳細に理解することである。自社とコンプリメンターとのビジネスモデルの共通点や相違点とは何か，具体的に理解する必要がある。そして，ハードパワーやソフトパワーを通じて，コンプリメンターに影響を与えることである[53]。

「ハードパワー（Hard Power）」は，相手を無理やり従わせる力である。具体的な経営資源としては，マーケットシェア，ブランド・エクイティ，流通チャネルの支配，報酬，脅しなどがある。たとえば，コンプリメンターは，マーケットシェアの大きい企業からの依頼には，魅力を感じるものである。しかしながら，ハードパワーに頼り過ぎると，①コンプリメンターとの間に信頼関係が生まれにくい，②報酬に頼るとコスト増となる，③コンプリメンターが反旗を翻すなどの問題が発生しかねない。

一方，ソフトパワー（Soft Power）は，相手を自分の方向に誘導する考え方である。つまり，コンプリメンターから選ばれる力である。たとえば，コンプリメンターに有益な情報（市場予測，特許技術評価，未発表の開発計画など）を提供し，協力する気にさせ，信頼関係を構築する取り組みである。その一方で，ソフトパワーには，相対的に効果が現れるまで時間がかかるという弱点があげられる。

Yoffie and Kwakは，さらに誰が補完財を作るべきかという問いを明らかにするため，縦軸は自社の「投資能力」，横軸は「補完財の種類の広さ」を取り，それぞれのクロスから，4つの対応の仕方を浮き彫りにしている（**図表5－10**）。

まず，左下のセルは，自社の投資能力が小さく，補完財の種類の広さが高い場合である。これは，第三者（The Third Party）がすべての補完財を生産するのが好ましい。右上のセルは，自社の投資能力が大きく，必要な補完財の種類

図表5－10　誰が補完財を作るべきか

		補完財の種類の広さ 高	補完財の種類の広さ 低
投資能力	大きい	いくつかの補完財は自分で作り，大部分の補完財の生産はサード・パーティが担う	すべての補完財を自分で作る
投資能力	小さい	すべての補完財の生産はサード・パーティが担う	ほとんどの補完財は自分で作り，いくつかの補完財だけサード・パーティが担う

出所：Yoffie and Kwak（2006）

が低い場合である。これは，すべての補完財を自社で生産するのが好ましい。これに対し，左上のセルは，自社の投資能力が大きく，補完財の種類の広さも高いパターンである。これは，いくつかの補完財は自社で生産するが，大部分の補完財の生産は，第三者に任せることが望ましい。最後に，右下のセルは，自社の投資能力が小さく，補完財の種類の広さが低いパターンである。これは，ほとんどの補完財は自社で生産するが，いくつかの補完財は，第三者に任せる方が望ましい。

Column

パワーに関する様々な考え方

これまでの国際政治の世界では，威嚇，制裁，高圧，強制，誘導など，軍事力や経済力を使って相手を支配する「ハードパワー（Hard Power）」が重視されてきた。しかし，ハードパワーの行使は，復讐の連鎖を生み出し，抜本的な解決は得られない。このため，相手を無理やり従わせるハードパワーではなく，魅力，説得，価値観，文化，政策など，相手を魅了する力，吸引する力，共感される力を意味する「ソフトパワー（Soft Power）」の重要性も指摘された（Nye, 2004）。

その後，可視化できる有形のハードパワーか，それとも可視化できず無形のソフトパワーのどちらか一方を取捨選択するのではなく，むしろ，ハードパワーとソフトパワーを組み合わせた「スマートパワー（Smart Power）」が理想的な概念だといわれるようになった（Nye, 2011）。そして，近年では，新たな概念として「シャープパワー」が提唱され，注目を集めている。全米民主主義基金（National Endowment for Democracy：NED）のWalker and Ludwig（2017）が新しく生み出した「シャープパワー（Sharp Power）」は，“鋭利な力”や“抜け目のない力”などと訳され，たとえば，権威を絶対的なものとする権威主義国家（Authoritarianism State）による言論封じや情報の悪用，フェイクニュースのような偽情報などを駆使し，相手を分断して孤立させ，弱体化させる力を指すものと定義されている。このようにパワーに関する研究は，時代と共に広がりをみせている。

第6章

エコシステムによる戦い方

1　単独企業で戦うか，エコシステムで競争するか

今日の企業は，単独企業で戦うか，それともエコシステムを構築して競争するか。もしエコシステムで戦うとしたら，自社でエコシステムを形成するか，それとも他社のエコシステムにパートナーとして参加するかなど，様々な重要な選択に迫られている。

企業を取り巻く外部環境には，デジタル化，モジュール化，オープン化に加え，グローバル化，新興国の台頭など，様々な変化が押し寄せている。こうした経営環境の変化を自社の成長機会として捉え，持続的な競争優位を獲得するには，もはや伝統的なやり方であるブラックボックス戦略やクローズド・イノベーションによる利益の独占や独り勝ちを図る手段は，決して最良な策とはいえなくなった。むしろ，ある程度のコストやリスクをとっても，複数のパートナー企業と協働してエコシステムを構築し，全体の総合力によって戦う方がトータル・コストを抑え，内部では手に入らないユニークな資源を外部から効率的に調達でき，しかもネットワーク効果の入手も期待できるなど，最良な手段として浮き彫りになってきた。

企業のマネジャーは，個の限界を超えた創発のチャンスを実現する目的から，エコシステムのための戦略策定と価値創造の追求を推し進めることが重要な課題となっているが，この際，覚悟しなければならないのは，エコシステムで戦うため，ある程度の代償の支払いが伴う点である。たとえば，単独企業で戦うならば，基本的になんの制約や拘束もなく，自社の権益を思うがままふるまえ

るが，エコシステムを構築して戦うとなると，自社の主体性や利益の独占が制限され，時にはその一部を放棄する必要に迫られることも覚悟しなければならない。また，参加プレイヤーへの配慮と，エコシステム文化の創造そして関係性維持のために必要な調整コストの負担も避けては通れない。さらに，何かしらの理由で，万が一エコシステムが失敗に終わった場合の損失やダメージについても計算に入れておく必要がある。このように，企業がエコシステムで戦うことをただ選択さえすれば，物事がすべてうまく運ぶわけではない。むしろ，多額の費用やリスクが伴う可能性がある点について，事前に評価し，対応する必要がある。

しかしながら，それだけの費用やリスクの負担の可能性があるとしても，それを上回る成長の機会や多大なベネフィットが見込まれると判断される場合には，躊躇せずエコシステムの構築または参加に乗り出すべきである。冒頭でも触れた通り，デジタル化，モジュール化，オープン化，グローバル化など，エコシステムの構築や運用に好都合な諸条件やビジネス環境が当面の間続くことが予想されるからである。

エコシステムは，伝統的な点と点の戦いから，面と面で競い争う新しい戦い方を意味する。このため，経営マネジャーには，エコシステムの形成や運営にあたり，積極果敢な舵取りが求められている。

2　成功するエコシステム・リーダーのマインドセット

エコシステムの優位性を獲得するには，組織を構成するすべてのメンバーのマインドセット（Mind-set）を抜本的に変える必要があるが，とりわけ，エコシステム・リーダーとなる企業のCEO（Chief Executive Officer）の信念やモノの考え方そして確信がエコシステムの成否を決定し，大きな命運を握っていることは疑う余地もない。

De Meyer and Williamson（2020）は，成功するエコシステムのCEOについて，多かれ少なかれ，次の４つの重要な信念を持ち，共有していることが重要だと主張している。第１は，潜在的な顧客のために新しい価値を創造する機会があると信じている。第２は，単一企業による単独の活動では，価値の機会を解き放つことはできないという深い確信がある。第3は，従業員ではない人々をも引きつけ，魅了し，動機づけることに焦点を置いている。第4は，エコシステム全体のパイのサイズを大きくすることに絶え間ない努力を傾けている。このように成功をもたらすエコシステム・リーダーは，新しい価値を創造する機会があると信じる。もはや単一企業の活動だけでは，新しい価値の機会はつかみ取ることができない。自社の従業員だけでなく，パートナー企業の社員も引きつけて魅了し，動機づけて活かす。そして，エコシステムのパイを大きくするため執拗にこだわるという4つのマインドセットを持ち，参加するパートナーと共有することが重要なのである。

3　エコシステムの形成意図とパターン

エコシステムを形成する意図は，大きく分けて2つのパターンに分けられる。1つは，焦点企業が独自のイノベーションやビジネスモデルを創造するため，それに必要なプレイヤーを外部から広く求め，エコシステムを作る「プッシュ(Push）型」による形成パターンである。これは，焦点企業の戦略意図を実現するため，多数のメンバー企業との協働を可能にするエコシステムの構築であり，たとえば，イノベーション・エコシステムなどは，その典型といえるだろう。プッシュ型の形成パターンは，その主人公ともいうべき焦点企業に義務や負担がのしかかる。焦点企業においては，エコシステムを運営する力強いイニシアチブが求められると共に，全体を調整し統合する費用負担もまた発生するからである。それと同時に，エコシステムをリードする焦点企業は，独り勝ちに注意を払わなければならない。参加するメンバー企業が意欲を喪失し，結果として，エコシステムの崩壊につながりかねないからである。

もう1つは，顧客の求める製品・サービスなど顧客価値を実現するため，それに必要なプレイヤーを集め，エコシステムを作る「プル（Pull）型」の形成パターンである。これは，顧客主導型のエコシステムであり，顧客が抱える課題や問題を解決するためのエコシステムである。プル型の形成パターンは，その形成目的が顧客価値の創造やその最大化となるため，焦点企業の自己満足や独り勝ちが抑制でき，また，参加するプレイヤーのモチベーションを高止まりさせることができやすいため，フェアなエコシステムを構築しやすいといえる。

相山・高尾（2011）は，こうしたプル型のエコシステム概念について，エコシステムとは，顧客に対して提供される価値の体系から定められた人工物とエージェントのシステムであると定義している。つまり，エコシステムとは，顧客にとって価値ある製品・サービスのシステム（価値システム）を定め，必要な人工物（Artifact）を導き出し，複数の人工物を提供可能なエージェント（Agents）を規定する3層構造から構成されるものと論じている。

4　エコシステム開発の枠組み

自社がエコシステムを構築するのか，他社のエコシステムに参加するのか，どちらの場合でも，エコシステムの開発は，次のような枠組みに沿って進めるべきである。Jacobides（2022）は，7つのステップ項目から構成されたエコシステム開発の枠組みを提示している（**図表6－1**）。

図表6－1　エコシステム開発の枠組み

エコシステム内の潜在的な範囲の特定
エコシステムの競合環境の理解
エコシステムの中での企業の役割とは何か
バリュー・プロポジションとは何か
エコシステムのパートナーは誰か
実行とガバナンス，そして関与
KPIなど成功の指標

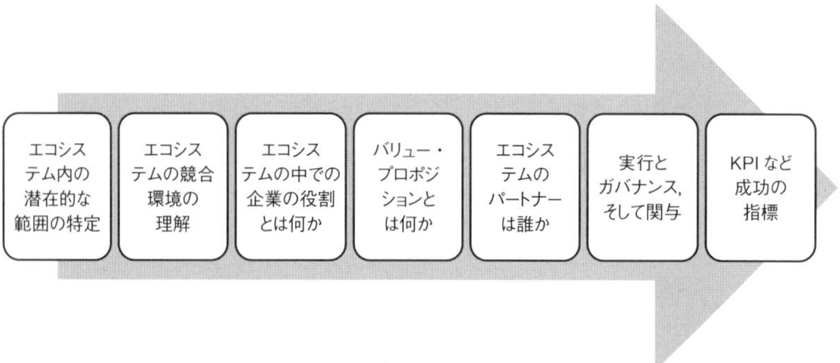

資料：Jacobides（2022）をもとに作成

それによると，最初の段階で検討すべき点は，エコシステムの中で果たすべき潜在的な範囲の特定である。これは，エコシステムのダイナミズムと企業の活躍の場を理解することを意味する。第2段階は，エコシステムの競争環境の理解である。これは，エコシステムの競争環境はどうなっているのか，多様な製品を束ねる頼みの綱とは何かについて，これを明らかにすることである。第3段階は，エコシステムの中での企業の役割とは何かである。すなわち，オーケストレーターであるべきか，またはパートナーであるべきかなど企業が果たすべき役割，その戦略的アプローチを分析することである。第4段階は，バリュー・プロポジションとは何かである。これは，会社がエコシステムの最終顧客およびパートナーに提供できる潜在的な価値とは何か，企業自身がエコシステムにどのような価値をもたらすかを明確化することである。第5段階は，エコシステムのパートナーは誰かである。つまり，企業は誰とパートナーになりたいのか（どんなパートナーを誘致したいのか），どうしたら引きつけられるのか（どのように誘致すればよいか），どうすればパートナーのために魅力的になれるのか，エコシステムはどのように管理されるべきかを浮き彫りにすることである。第6段階は，実行とガバナンス，関与である。これは，エコシステムをどう立ち上げ，運営し，ガバナンス（統治）すべきかである。もし自社企業がオーケストレーターである場合，どのように関与のルールを設定するべきか。もしパートナーである場合，いかにオーケストレーターと関わるべきか，これらを分析する必要がある。最後の段階は，成功の指標である。企業はどんなベネフィットの達成が期待できるか，成功の評価をどうすべきか，そして，計画を確実に実行するため「重要業績評価指標（Key Performance Indicator：KPI）」をどう選択すべきかを明らかにすることである。

5　エコシステム競争

面対面のエコシステム競争（Ecosystem based Competition）は，従来の個対個を意味する企業競争とは異なり，新たな競争パターンを提示する。たとえば，「コスト・リーダーシップ」については，企業競争が規模の内部経済であるのに対し，エコシステム競争は，パートナー間のネットワーク経済であるという違いがある。また，「差別化」でも，企業競争が組織内部の学習や蓄積を通じて生み出される資源や能力をテコに他社との差別化戦略が策定されるのに対し，エコシステム競争では，エコシステムを横断する学習や蓄積から生み出される資源や能力をベースに差別化が生み出される。さらに，「変化への適応」では，企業競争が組織変革の管理と再構築であるのに対し，エコシステム競争は，エコシステムの自己組織化能力に焦点が当てられるという違いがある。

そして，エコシステム競争では，とりわけエコシステムを持続するためのガバナンス（Governance）に焦点が当てられる[54]。エコシステム・ガバナンスの勘どころとは，エコシステムに参加するメンバーが自己利益の最大化だけを追求せず，エコシステム全体の成長・発展にも貢献を果たすことである。そうすれば，自社も他社もエコシステムから大きな見返り（利益）を得ることができ，エコシステム自体も成長し存続する可能性も高くなる。つまり，エコシステムの健全性を維持するカギとは，自社とエコシステムにおける相互扶助（Give and Take）関係をどう構築できるかどうかにかかっているのである（Reeves., Levin and Ueda, 2016）。

ところが，もし，参加メンバーがエコシステムに寄与できないか，あるいは自己利益を追求し，エコシステムを踏み台として利用するような場合は，いうまでもなく，エコシステムはエゴシステムへと豹変し，部分最適は生まれるものの，全体最適は失われる事態に陥ってしまう。そして，自己利益の最大化を追求する参加メンバーは，エコシステムから厳しいペナルティが課されるか，それともエコシステムから退出を余儀なくされる一方で，代わりの新たなパートナーが加入し，エコシステムの迅速な個の組み替えと再生が断行されるのである。

6　エコシステム間競争

伝統的な競争戦略に代わる新しい競争パターンは，エコシステム間競争であり，これからは，複数のエコシステム同士で厳しい競争を繰り広げる時代がやってくる。De Meyer and Williamson（2020）は，伝統的な競争戦略に代わり，エコシステム間競争（Competition between Ecosystems）が新たな基準（Norm）になるだろうと指摘している。Kretschmer., Leiponen, Schilling and Vasudeva（2022）もまた，同じ市場空間で他のプラットフォーム・エコシステムと競争を繰り広げるプラットフォーム・エコシステム間競争（Between-Platforms Competition）を取り上げ，既存市場へ参入し，従来の既存企業と競争する新しいプラットフォームやプラットフォーム・エコシステムの内部競争について比較・検証を行っている。

エコシステム間競争は，組織レベルにおけるコミュニティ・オブ・プラクティス（Communities of Practice：COP）間の競争のようにも言い換えられる[55]。つまり，組織の所属を超えて構成メンバーが相互に交流・共有・協創する集団同士の戦いを意味するものである[56]。**図表6－2**は，単純なエコシステム間競争のイメージをトレースしたものである。

図表6－2　単純なエコシステム間競争のイメージ

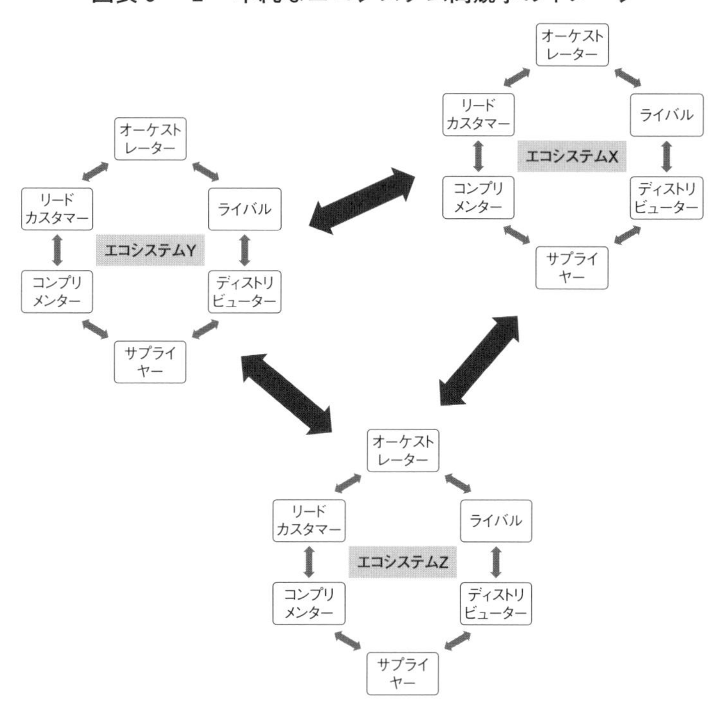

これを見ると，特定のエコシステムを構成するプレイヤーには，エコシステムを管理し運営する「オーケストレーター」，その競争相手である「ライバル」，卸売業者・販売代理店を指す「ディストリビューター」，素材や部品等の調達先である「サプライヤー」，エコシステムに貢献を果たす「コンプリメンター」，消費を主導する「リードカスタマー」など，これら相互依存する複数の参加メ

ンバーによって構成されたエコシステムX，Y，Zが互いに競い合う競争パターンを示している。

こうしたエコシステム間競争を繰り広げるうえで注意すべき点は，エコシステム内部で見えない対立や競争が起こり，衰退を招く恐れである。たとえば，エコシステム・オーケストレーターのグリップが緩み，そのパワーがトーンダウンしたとき，あるいは参加するパートナーの自分勝手な自己最適活動が頂点を迎えたとき，エコシステム全体の健全性や秩序が乱され，エコシステム内競争（Competition Within the Ecosystems）の激化を招き，エコシステム間競争どころではなくなる恐れもある。

このようにエコシステム内でメンバー間の価値獲得競争が繰り広げられ，衰退を招く原因の1つとして，エコシステムを形成し調整する役割を果たす「オーケストレーター」のイニシアチブ（主導力）の低下があげられる。オーケストレーターは，リーダーシップ，スーパーコネクター，全体の調整など様々な使命や役割を担っているが，意図せぬ理由からそのパワーやグリップが大幅に衰えた場合，エコシステム全体をコントロールできず，あたかも“操縦士のいない航空機”のような状態に陥る危険性がある。

衰退を招く2つ目の原因とは，協働するパートナーの反乱である。これは，参加するエコシステムの潜在的可能性やパワーが低下した結果，パートナーの優先順位が当初のエコシステムに対する貢献から，自身の個別最適を優先することに代わってしまうことである。たとえば，後述の楽天市場の売り手との間での送料無料化を巡る問題（第8章8）は，その典型ともいえる事例だろう。

衰退を招く3つ目の原因は，目の前に現在のエコシステム以上に魅力的な他の新しいエコシステムが出現することである。その場合，有力なパートナーほど移動や寝返りを企てる可能性がある。魅力的なエコシステムの登場は，参加するパートナーの意欲や情熱を低下させ，他のエコシステムへ移行を試みる強い動機となるため，注意が必要である。

衰退を招く4つ目の原因は，エコシステムの複雑性である。つまり，実際のエコシステムでは，異なるエコシステム同士が同じコンプリメンターやサプライヤーに依存している場合がある。特定のコンプリメンターやサプライヤーがエコシステムを跨いでつながっているため，エコシステム間で取り合いや対立が生まれ，最悪の場合，収拾がつかなくなる事態も考えられる。

7　エコシステム戦略

「エコシステム戦略（Ecosystem Strategy）」とは何か。國領（2013）は，付加価値のより大きな部分を自社が確保する囲い込み経営を行い，部品の供給業者や販売チャネルまでも潜在的な競争者と見る「競争戦略」に対し，個人やライバルが相互に依存し合いながら，個の利益と全体の利益を両立させ，ネットワークの外部性や創発価値を取り込み，ビジネス・エコシステムの繁栄を図る対応を「エコシステム戦略」と定義している。Adner（2017）は，エコシステムとは「焦点となるバリュー・プロポジションを実現するため，相互作用を必要とする多者間パートナーの集まりの協力構造」だと定義しながら，エコシステム戦略とは，焦点企業（Focal Firm）がパートナーの調整に取り組み，競争的エコシステムにおけるその役割を引き受ける「エコシステム調整戦略（Alignment Strategy）」だと指摘している。Iansiti and Levien（2004a；2004b）は，環境の不安定さのレベルとエコシステムにおける他社との関係性の複雑さの程度から，企業によるエコシステム戦略の選択がなされると言及しながら，エコシステム戦略について，「キーストーン（Keystone）」「フィジカル・ドミネーター（Physical Dominator）」そして「ニッチ（Niche）」の３タイプに分類している（**図表６－３**）。

図表６－３　エコシステム戦略のタイプ

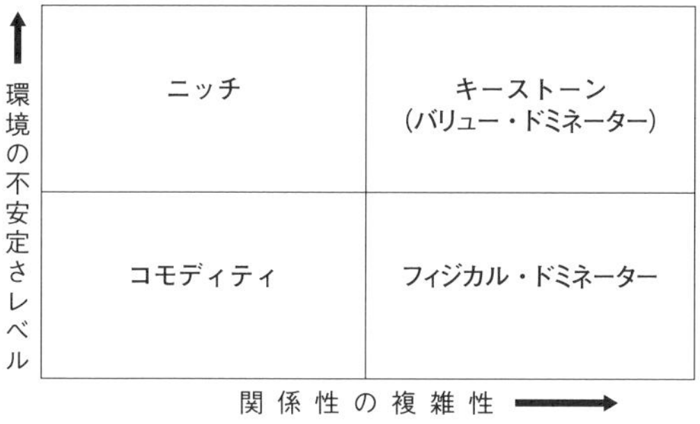

環境の不安定さレベル ↑		
	ニッチ	キーストーン （バリュー・ドミネーター）
	コモディティ	フィジカル・ドミネーター
	関係性の複雑性 →	

出所：Iansiti and Leiven（2004a；2004b）

それによると，環境の不安定さのレベルが高く（つまり，ビジネス環境が急速かつ絶え間ない変化に直面している），他社との関係の複雑さが低い（つまり，自社は他社が持つ資産に影響されない）左上のセルは，「ニッチ戦略（Niche Strategy）」である。ニッチ戦略を通じて，独自の専門知識を開発し，ライバルとの差別化を図ることができる。また，シンプルな焦点化なので，激動の環境を乗り切るために必要なユニークな能力や専門性が育成できる。

次に，環境の不安定さのレベルが高く（つまり，乱気流のようなビジネス環境にあり），他社との関係性の複雑性が高い（つまり，自社は他社との資産共有関係の複雑なネットワークの中心にある）右上のセルは，「キーストーン戦略（Keystone Strategy）」である。またの名を「バリュー・ドミネーター戦略（Value Dominator Strategy）」といい，これは，自社が依存する広く分散した資産を慎重に管理し，それらの資産から生み出される富をビジネスパートナーと共有することで，環境の破壊に対して革新的な対応を生み出し，その多様性ゆえにエコシステムが引き起こす能力全体を利用できる。

そして，安定したビジネス環境（つまり，成熟した安定した環境）であり，他社との関係の複雑性が高い（つまり，自社は外部資産の複雑なネットワークに依存している）右下のセルは，「フィジカル・ドミネーター戦略（Physical Dominator strategy）」である。これは，環境が比較的安定または成熟化しており，多様性に伴うイノベーションの優先度が高くないため，パートナーの買収やパートナーから諸機能を引き継ぐことにより，自社が必要とする資産を直接コントロールする方向に移動できる。また，フィジカル・ドミネーター戦略を採用する企業は，究極的にはエコシステムを所有してしまうため，最終的な段階ではエコシステム戦略がもはや意味をなさなくなる。最後に，環境の不安定さのレベルが低く（つまり，成熟した安定した環境であり），他社との関係性の複雑性が低い（つまり，他の組織から比較的独立して運営されている）左下のセルは，「コモディティ（Commodity）」である。これは，エコシステム戦略とは無関係なため，その対象から除外される。

8 エコシステム優位性

エコシステムを形成し，ライバルよりも有利な立ち位置を獲得する行為は，「エコシステム優位性（Ecosystem Advantage）」と呼ばれている。その代表的論者として，Williamson and De Meyer（2012）によると，グローバル環境の変化は，緩やかに連結されたネットワークやエコシステムを創造し，優位性の構築を試みる企業にとって多くの機会を生み出している。エコシステムは，2社間におけるパートナーシップやコンプリメンターという伝統的な形態に比べ，より大きく，より多様で，より流動的である。とりわけ，リード企業（Lead Firms）にとってエコシステムの概念は重要であり，その積極的な役割とは，下記のようなエコシステム優位性の6つのカギを通じて鮮明になると主張している。

第1は，「付加価値を特定すること（Pinpointing the Added Value）」である。つまり，エンドカスタマーに付加価値をもたらす理由を正確に特定することであり，これは，成功するエコシステムの育成に向けた最初のステップである。第2は，「差別化されたパートナーの役割を構造化すること（Structuring Differentiated Partner Roles）」である。つまり，エコシステムの中でコストをかけずに効率よく顧客価値を提供するために，補完的な機能を持つパートナーの活動を調整することである。たとえば，リード企業がパートナーを引きつけるための構造とインセンティブを作成し，パートナー間の重複と起こり得る競合を管理することが必要である。第3は，「補完的パートナーへの投資を刺激すること（Stimulating Complementary Partner Investments）」である。つまり，リード企業は，補完的パートナーが利益を生むビジネスを構築する見込みがある場合，共同投資を行い，補完的パートナーの規模を拡大して収益を拡大できる可能性を生み出すことである。第4は，「処理コストを低減すること（Reducing Transaction Costs）」である。つまり，リード企業は，エコシステム内の参加者間の相互作用を体系化および体系化するツール，プロトコル，プロセス，および契約を開発および共有することにより，これらのトランザクション・コスト（取引コスト）を削減するように行動することである。第5は，「柔軟な構造と共同学習を促進すること（Enabling Flexibility and Co-Learning）」である。つまり，リード企業にとって柔軟性の獲得と共同学習の加速化は，重要な取り組みである。第６は，「効率的な価値獲得メカニズムを構成すること（Engineering Value Capture Mechanisms）」である。リード企業は，エコシステムの全体的な「アーキテクチャ」を制御するだけでは，利益という形で大きな価値が獲得されることを保証するには不十分である。価値獲得を実現するには，エコシステムの全体的な価値が顧客に依存し，代替の提供物と置き換えるのが難しいコンポーネントやアクティビティを提供する必要がある。また，リード企業は，ライセンス料，ロイヤルティ，マージンの拡大，販売量の増加による利益など，独自の貢献を収益化するメカニズムを設計する必要がある。

ところで，エコシステム優位性の獲得では，先進国企業よりも新興国企業の方が，そして，歴史の長い企業に比べ歴史の浅い企業の方がそれぞれ有利となりやすい（Wessel., Levie and Siegel, 2016）。というのも，成長が頭打ちの先進国企業やいち早く市場へ参入し資源や関係性を構築した歴史の長い企業は，すでにその立場を活かして複数企業との間で強固なエコシステムを構築している。これが新たなエコシステムを形成する場合の足かせとなり，結果として，高い転換コストの負担を余儀なくされるため，そう易々と刷新することができないからである。

これに対し，成長途上にある新興国企業やこれから市場へ参入を試みる新しい企業は，いまだ確立した固有のシステムや関係性を構築しておらず，企業間関係に横たわる制約条件やしがらみなどは持たない。つまり，パートナーの取捨選択にまつわる費用，エコシステムの組み替えにかかる費用，新たな仕事の進め方を実施する費用，企業間信頼の再設定など，多額の転換コストを負担せず，ビジネスやイノベーションに必要な最適なエコシステムをゼロから柔軟に作り上げることが可能である。

その意味では，エコシステム優位性は，欧米や日本などの先進国企業に比べ，中国を含む新興国企業の方が有利だといえよう。事実，検索エンジンのバイドゥ（Baidu，百度），eコマースのアリババグループ（Alibaba Group，阿里巴巴集団），SNSのテンセント（Tencent，騰訊），民泊のトゥージア（Tujia，途家），配車サービスのディディ（DiDi，滴滴出行）等の中国のプラットフォーマー企業[57]は，どれも短期間でビジネスモデルやエコシステムを構築し，瞬く間に国際的な地位に躍り出ることができた。こうした具体例は，前述の内容が事実であることを証明している。

Column

シャオミのミーエコシステムとは何か？

中国のシャオミ（Xiaomi，北京小米科技）は，2010年，起業家の雷軍（Lei Jun）によって創業されたユニコーン企業である。設立当初は，スマートフォンのOSの開発を手掛けていたが，その翌年からスマートフォンの販売を開始し，現在は，スマートフォン市場で世界第１位のサムスン（19%）に次ぐ，世界第２位のシェア（17%）を誇るまで急成長している。

シャオミは，スマートフォン事業ばかりでなく，インターネットの次の段階として有望なIoT家電（IoT and lifestyle Products）の領域に狙いを定めているが，これに際し，自社内で事業展開するのではなく，優秀なベンチャー企業を見つけ出して投資を行い支援する手法を採用している[58]。

シャオミが「投資＋インキュベート（孵化）」の手法に辿り着いた理由には，主に３つの点があげられる。第１は，人材と活力の不足から，直接IoT構築に取り組めなかった。第２は，最短スピードでIoT市場へアクセスできる。第３は，モチベーションを維持するメカニズムが必要だからである（洪・董, 2018）。

シャオミは，100社にも及ぶスタートアップ企業に対して「投資＋インキュベート」を行い，パートナー企業として連携する仕組みを「ミーエコシステム（Mi Ecosystem）」と呼んでいる[59]。このミーエコシステムを理解するには，竹林の生態系をアナロジーとして考えるとわかりやすい。インターネット時代を迎え，新しいベンチャー企業が，まるで雨後の筍のように次々と生まれるようになった。こうした地面の下にある小さな筍に水や養分を与え，竹林まで育て上げる働きを果たすのがミーエコシステムという生態系である。ミーエコシステムはまた，「航空母艦式サポート」と呼ばれる場合もある。というのも，シャオミを艦隊を構成する「母艦」に，パートナー企業を「部隊」のように見立てたもので，シャオミが主に，「ブランド」「サプライチェーン」「チャネル」「投資」「製品定義」「ID

デザイン」「品質要求」の７つの点について，パートナーへ支援を実施するというものである。

それでは，ミーエコシステムのユニークな点は何か。それは，ミーエコシステム・パートナー企業がシャオミの社内部門や子会社でもなく，ただの投資先でもないことである。つまり，ミーエコシステムにおけるシャオミは，“スマートデバイス・インキュベーター”として，①パートナー企業に投資するが，議決権を所有しない，②製造方法や価値観などについて，パートナー企業を全面的に支援する，③パートナー企業は独立した法人であり，シャオミブランドに限らず，自社のオリジナルブランドの開発や販売も行うなど，非常にユニークに富んだ特徴を有する仕組みである（洪・董, 2018）。

9　エコシステム内の相互依存関係

De Meyer and Williamson（2020）は，エコシステム内における企業の立ち位置について，縦軸に「自社へのパートナーの依存度」，横軸に「特定のパートナーへの自社の依存度」を取り，それぞれの高低のクロスから，４つの立ち位置を明らかにしている（**図表６－４**）。

図表６－４　エコシステムにおける立ち位置の決定

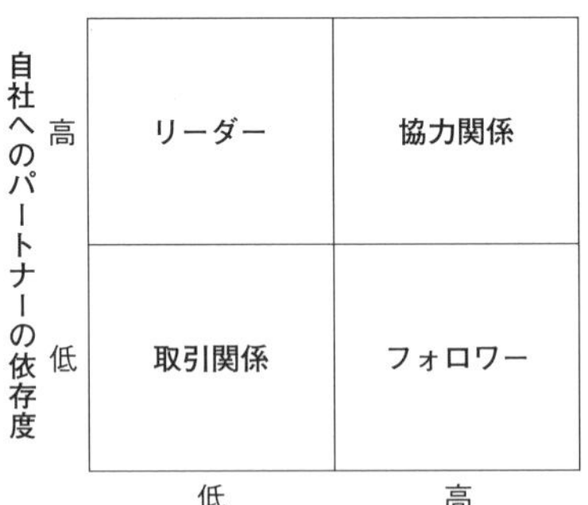

出所：De Meyer and Williamson（2020）

左下のセルは，「自社へのパートナーの依存度」と「特定のパートナーへの自社の依存度」が共に低い「取引関係（Transactional Relationship）」である。これは，自社とパートナーのどちらも相手に対する依存度が低いため，お互いの関与や協力は希薄となり，純粋な取引関係が交わされる。逆に，右上のセルは，「自社へのパートナーの依存度」と「特定のパートナーへの自社の依存度」が共に高い「協力関係（Cooperation Relationship）」である。これは，自社とパートナーのどちらも相手に対する依存度が高く，相互依存関係にある状態なので，協働には最も都合の良い立ち位置であることがわかる。そして，右下のセルは，「自社へのパートナーの依存度」は低く，「特定のパートナーへの自社の依存度」が高い「フォロワー（Follower）」である。これは，自社がフォロワーとしてエコシステムに参加し，他社によるリーダーシップの下で，エコシステムから得られるメリットの最大化を図る立ち位置を指すものである。最後に，左上のセルは，「自社へのパートナーの依存度」は高く，「特定のパートナーへの自社の依存度」が低い「リーダー（Leader）」である。これは，自社がエコシステムを形成するリーダーとして，参加する複数のメンバー（コンプリメンター）によって構成されるエコシステムから得られるメリットの最大化を目指すという立ち位置である。

このようにエコシステム自体が最も安定する状態，創発が引き起こされる状態とは，もちろん，自社と他社それぞれの相手に対する依存度が最も高い「協力関係」の立ち位置であると考えられるが，それでは「協力関係」を引き出すため，自社とパートナー企業をつなぎ合わせる接着剤を果たす機能とは何か。第1は，「価値の共有（Shared Value）」である。これは，自社とパートナー企業が有する価値がバラバラではなく共有化されていることである。第2は，「補完性（Complementarity）」である。これは，自社とパートナー企業がお互いに不足部分を補い合い，相互作用することである。第3は，「共生性（Symbiosis）」である。これは，自社とパートナー企業がお互いに調和し合い，共存共栄することである。第4は，共文化（Co-Culture）の構築である。これは，エコシステム内における共勝ちや共創を尊ぶ精神や理念・哲学を育てることである[60]。

10 二重の役割と負担のジレンマ

前節では，エコシステムを形成する自社と他社の相互依存関係について触れたが，ここでは，自社が他社によって形成されたエコシステムに参加するパートナーであると共に，自らがエコシステムを形成するオーケストレーターである場合における二重の役割と負担から生じる制約（Dilemma）について触れてみよう。

エコシステムの成否を握るカギは，参加するパートナー群によるエコシステムに対する関与の度合いにかかっている。すなわち，エコシステムにかけるパートナーの情熱やエネルギー投入が高ければ高いほど，エコシステムの成長や生み出す果実の収穫と成功の確率は大きくなるが，それにかける思いや情熱，エネルギー投入が低ければ低いほど，反対に失敗する可能性が拡大してしまう。それでは，エコシステムのパートナー群の情熱やエネルギーの投入を阻害する重要な要因とは何か。それは，多くの場合，エコシステムに参加するパートナー企業がエコシステムのキープレイヤーであると同時に，自身もまたローカル・コミュニティ（エコシステム）を主宰するオーケストレーターであるという側面を併せ持つことである（**図表6－5**）。

図表6－5　エコシステム・パートナーが陥るジレンマ

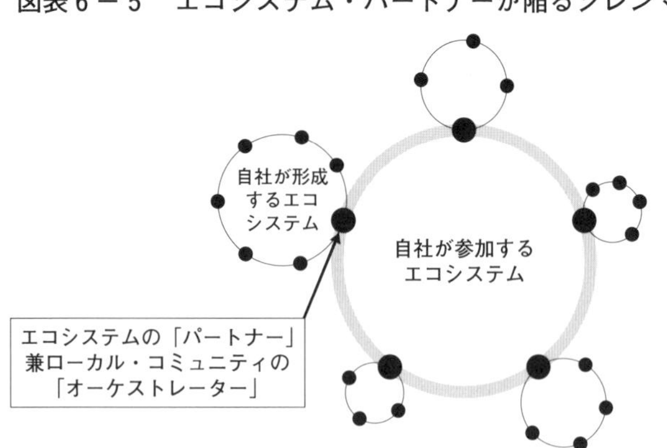

このため，他社が構築したエコシステムに参加するキープレイヤー（コンプリメンター）であるにもかかわらず，オーケストレーターとして自社が形成するエコシステムを優先するような場合は，参加するエコシステムに対する情熱やエネルギーの投入が中途半端となり失敗する確率が高まる。一方で，自社が形成するエコシステムのオーケストレーターであるにもかかわらず，他社が構築したエコシステムに参加するキープレイヤーとしての立場を優先した場合には，オーケストレーターとしての役割や運営が疎かになるため，自社が主催するエコシステムが不活発化し，暗い影を落とすことが確実となる。

このような二重の役割と負担に関する解決策は，主に2つあげられる。1つは，複眼的な視点を常に絶やさないことである。もしどちらか一方へ偏るような場合には，先に述べた落とし穴へはまり込む危険性が高くなる。もう1つは，うまくバランスをとって両立することが，最も大事であるという認識や発想を常に持つことである。すなわち，AかBかどちらか一方を選択する「OR思考」でなく，AもBもどちらも選択する「AND思考」によって関係性の構築に取り組むことが肝要である[61]。

Column

丸和運輸機関のケース

コロナショックによる巣ごもり消費や生活者のライフスタイルの変化から，近年，ネット通販を利用する割合が拡大の一途を辿っている。経済産業省の「電子商取引に関する市場調査」によると，2020年の物販系分野（家電類，衣類，食品類など）BtoC-EC（企業と消費者間の取引）市場規模は，12兆2,333億円まで拡大した[62]。これは，2013年時点（5兆9,931億円）の数字の約2倍に相当するものである[63]。また，物販系分野のうち，特にEC化率（ECの総額÷全商取引の総額）が高いのは，「書籍，映像・音楽ソフト」（42.97%），「生活家電，AV機器，PC・周辺機器等」（37.45%），「生活雑貨，家具，インテリア」（26.03%）であり，これらの分野では，インターネットによる売買が活発化している。

一方，EC市場の拡大は，宅配物流にも大きな影響を及ぼしている。国土交通省によると，2020年度の宅配便取扱個数は，48億3,647万個（内訳として，トラック運送が47億8494万個であり，ヤマト運輸，佐川急便，日本郵便という主要３社の割合の合計は全体の94.8%を占める）となり，もはや50億個の大台が目の前に迫っている[64]。

こうした中，EC事業者最大手アマゾン・ジャパン（アマゾン）の2021年の日本事業の売上高は，２兆5,378億円と過去最大を記録する一方，国内出荷個数は，７億個強になることが予想されるなど，その競争力は他社を圧倒している[65]。そして，そのアマゾンと歩調を合わせて成長しているのが中堅物流の「丸和運輸機関（丸和）」である。丸和は，アマゾンが形作るエコシステムの重要なパートナーであるだけでなく，自身も1,500社の会員から構成されるコラボレーション・ネットワークのオーケストレーターであり，このため，同社は二重の役割と負担をその双肩に担っている。

1973年設立の丸和は，10社程度あるアマゾンのデリバリープロバイダ（アマゾンの拠点からエンドユーザーの場所まで荷物を届ける配送業者）の中核企業として，株価は５年で10倍の価値となる一方で，従業員１人あたりの営業利益でも，宅配便業界トップのヤマト運輸（ヤマトホールディングス）の約５倍となるなど，急成長を遂げてきた。

創業以来，企業間物流に従事してきた丸和が宅配事業に乗り出したのは，2017年，アマゾンがプライム会員向けに当日配送サービスを企画し，その配送に名乗りを上げたことに始まる。もともとアマゾンは，佐川急便やヤマト運輸など大手宅配業者と取引してきた。ところが，宅配量の大幅な拡大に伴う長時間労働，宅配ドライバー不足，値上げなどの問題が勃発し，大手宅配業者との取引が深刻化した。アマゾンはこれに代わって，新たな取引先として丸和を含むデリバリープロバイダとの取引を開始し，現在に至っている[66]。

丸和の強みは，サード・パーティ・ロジスティクス（Third Party Logistics：3PL）である。これは，荷主でもない，単なる運送事業者でもない，第三者が物流業務を受託代行し，高度な物流サービスを提供することである。丸和では，長年培ってきた3PLを踏まえ，アマゾンの拠点間輸送や倉庫内業務を受託するなど，アマゾンとの絆を強化し，深い関係性を構築しつつコンプリメンターとしての地位を獲得してきた。

ところが，ますます増大するアマゾンの膨大な宅配量を，自前の資源や配送システムだけでは，すべてを捌ききれなくなってきた。そこで，丸和は，2015年，中小の物流業者を対象に協力会社を募り，荷物輸送を委託する「一般社団法人AZ-COM丸和・支援ネットワーク（AZ-COMネット）」を創設した。当時，139社の会員で漕ぎ出したAZ-COMネットは，現在，1,500社まで会員が増加し，その存在感は高まるばかりである。しかしながら，会員である中小宅配業者は，「人材不足・後継者問題」「ドライバーの高齢化」「人材育成」「弱い財務体質」など数多くの課題を抱えている。そこで，AZ-COMネットは，こうした山積する課題に対して，積極的に支援の手を差し伸べ，共存共栄を実現する取り組みを行っている[67]。

丸和は，中堅物流の立場にもかかわらず，EC最大手のアマゾンの宅配業務を担うコンプリメンターであると共に，中小宅配業者1,500社の会員から構成されたローカル・コミュニティを束ねるオーケストレーターとしての役割を果たしている。通常，こうした二重の役割と負担は，企業の行動を中途半端なものにする障害として働くため，失敗に終わることが危惧されるが，丸和は，アマゾンの重要なコンプリメンターとして，自社の強みを活かした提案力と解決力を武器にアマゾンから高い信頼を勝ち取りながら，同時にまた，AZ-COMネットという自社が構築したローカル・コミュニティのオーケストレーターとして中小宅配業者を束ねながら支援し，共存共栄の関係の構築にも必死に取り組んでいる，まさに「AND思考」の企業そのものだといえるだろう。

11　エコシステム内における企業間協働の徹底

エコシステムを良好に運営し，価値を生み出すためには，構成メンバーとの徹底した企業間協働を構築する必要がある。もしエコシステム内において「共勝ち」ではなく「独り勝ち」を，「共創」ではなく「競争」が追求された場合は，たとえエコシステムを形成しても，何も果実を生み出せなくなる。このため，徹底した「共」や「協」に基づく取り組みを展開しなければならない。たとえば，次のような5つの段階から構成された「共」活動を推進し，強化する必要がある（**図表6－6**）[68]。

図表6－6　エコシステム内における「共」活動の循環

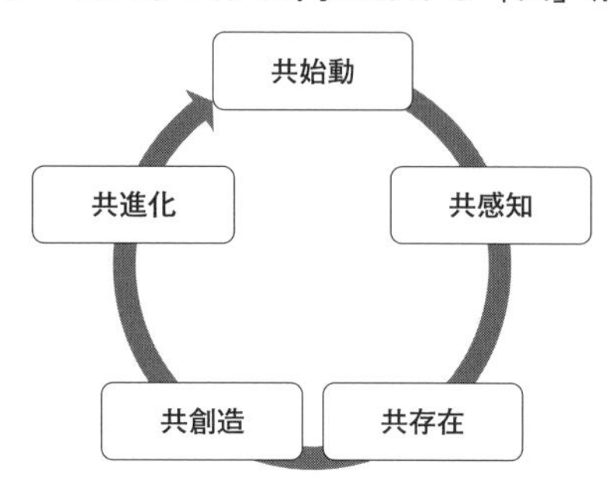

第1の「共始動（Co-Initiating）」は，エコシステムの運営を開始するうえで，一緒にスタートを切る活動である。第2の「共感知（Co-Sensing）」は，エコシステムの運営で発生した情報等について，一緒に耳を傾ける活動である。第3の「共存在（Co-Presencing）」は，エコシステムの課題や取り組みなどについて一緒に対処する活動である。そして，第4の「共創造（Co-Creating）」は，エコシステムが生み出す効果やイノベーションといったバリュー・プロポジションについて，一緒に探求し実現する活動である。最後は，「共進化（Co-Evolving）」であり，エコシステムから生じた便益を一緒に分かち合うと共に，エコシステムを一緒に育てる活動である。

このようにエコシステムを通じて新たな価値を生み出すためには，エコシステム内における企業間協働の徹底の有無が大きなカギを握る。それは，「共始動」→「共感知」→「共存在」→「共創造」→「共進化」という一連の循環活動を促進することであり，なおかつ，これを適切にマネジメントすることが成功のカギを握るのである。

第3部

デジタル競争時代にエコシステムで勝つための論理

第7章から終章では，エコシステムの基本的パターンである「ビジネス・エコシステム」「プラットフォーム・エコシステム」「イノベーション・エコシステム」を取り上げ，それぞれの概念や論理を解き明かす一方で，デジテル・エコシステムや今後の研究課題を洗い出す。

第7章

ビジネス・エコシステム

1　エコシステム概念のビジネス転用

イギリスの生態学者であるタンスレー（A.G. Tansley）が生物学の世界でエコシステムの概念を提唱して以降，この概念は，異なる様々な分野へ転用が進んだ。このうち，社会科学の領域へこの用語を持ち込んだのは，社会学者のハーレイ（A. Hawley）であった。ハーレイは，1986年，全体がユニットとして動作することで集団における相互依存関係が整理され，それによって実行可能な環境関係を維持すると指摘した。一方，エコシステムの概念や用語をビジネス戦略論の分野へ初めて持ち込んだのは，コンサルティング会社を経営するムーア（J.F. Moore）であった。

Moore（1993）は，ハーバード・ビジネス・レビューに「捕食者と獲物：競争の新しい生態学（Predators and Prey: A New Ecology of Competition）」と題するレビューを執筆し，その中で「ビジネス・エコシステム（Business Ecosystem）」概念とその重要性について指摘した。これが経営学やビジネスの領域に生物学の「エコシステム」概念が初めて持ち込まれた起源だとされている。Mooreは，企業を単一の業界の構成メンバーとしてではなく，様々な産業の企業で構成される「ビジネス・エコシステム」のメンバーとして捉えるべきであると主張した。そして，今日の産業転換の原動力とは，個別企業同士の戦いからビジネス・エコシステム間の競争にシフトすると述べながら，あらゆるビジネスマネジャーは，新しいエコシステムの誕生もしくはエコシステム間の競争をもはや無視できないと強く主張した。

Mooreはまた，1996年に『競争の死：ビジネス・エコシステムの時代におけるリーダーシップと戦略（The Death of Competition: Leadership and Strategy in the Age of Business Ecosystems)』を出版し，その中でビジネス・エコシステムとは，相互作用する組織や個人を基盤にサポートされた「経済的コミュニティ（Economic Community)」であると定義し，政府機関，顧客，競合など，その境界は広範囲に広がっているという構造を明らかにした（**図表７－１**)。第１の境界は，「直接サプライヤー」「コア貢献事業者」「販売経路パートナー」によって構成された「中核企業群（Core Business)」である。第２の境界は，「標準化団体」「サプライヤーの中のサプライヤー」「補完的な製品・サービスを提供するサプライヤー」「直接の顧客」「顧客の中の顧客」によって形成される「拡大企業（Extended Enterprise)」である。第３の境界は，「政府機関や準政府規制機関」「投資家や所有者，業界団体，労働組合を含む利害関係者」「製品・サービス属性，ビジネスプロセス，組織構成を共有する競合組織」等である。

図表７－１　ビジネス・エコシステムの構造

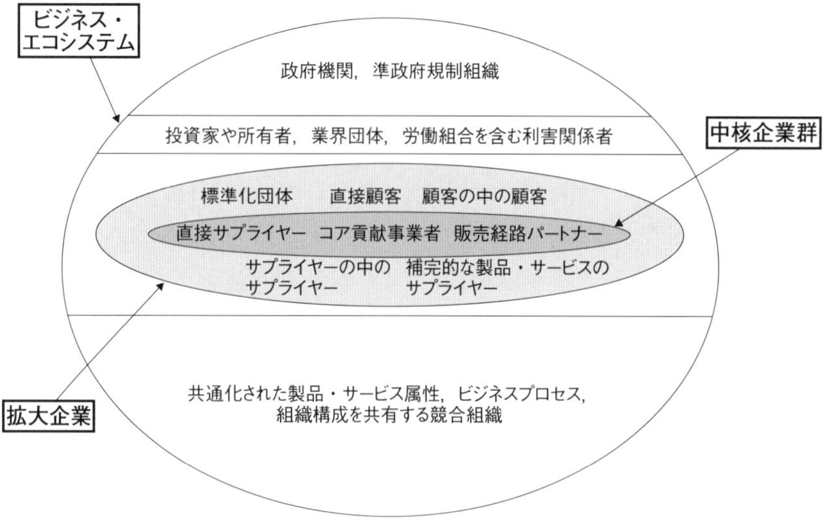

ビジネス・エコシステム
政府機関，準政府規制組織
投資家や所有者，業界団体，労働組合を含む利害関係者
中核企業群
標準化団体　直接顧客　顧客の中の顧客
直接サプライヤー　コア貢献事業者　販売経路パートナー
サプライヤーの中のサプライヤー　補完的な製品・サービスのサプライヤー
拡大企業
共通化された製品・サービス属性，ビジネスプロセス，組織構成を共有する競合組織

出所：Moore（1996）

このようにMooreを起源とする「ビジネス・エコシステム」の研究成果は，その後，さらなる発展を遂げることとなった。次に，2000年以降の「ビジネス・エコシステム」の研究進化について触れてみよう。

2　キーストーン戦略

Iansiti and Levien（2004a；2004b）は，1990年代のMooreの研究を拠り所に，ビジネス・エコシステムの体系化や精緻化を行った人物である。2004年，ハーバード・ビジネス・レビューに「生態学としての戦略（Strategy as Ecology）」と題する論文を発表する一方，同年，『キーストーン・アドバンテージ（The Keystone Advantage）』を出版し，「ビジネス・エコシステム」の研究を飛躍的に発展させた。とりわけ，Iansiti and Levienは，現代ビジネスで支配的な地位を確立したウォルマートやマイクロソフトの成功事例を通じて，ビジネス・エコシステムとは何かを説明した。それによると，これらの企業がそれぞれ優れた業績を収められたのは，独力ではなく緩やかに結びついた「サプライヤー」「ディストリビューター」「アウトソーシング企業」「関連製品やサービスのメーカー」「技術プロバイダー」「その他企業」などのプレイヤー群とビジネス・エコシステムを構成し，相互に助け合いながら，エコシステム全体を繁栄・成長させたからだという。つまり，ウォルマートやマイクロソフトは，内部能力から派生した固有の力だけに依存せず，また，自己利益の最大化を追求せず，エコシステム全体の繁栄を促す戦略を展開したのである。

ウォルマートやマイクロソフトはまた，サービス，ツール，仕様，技術を含むプラットフォームの創造を試みた。たとえば，ウォルマートは，独自の調達システムによって顧客の需要や好みに関する希少なリアルタイム情報をサプライヤーへ提供する一方で，自社もまたリテイラーとしてライバルに対しコスト優位性を構築した。マイクロソフトもまた，普及が進んだオペレーティングシステム「ウィンドウズ」のプログラム開発を容易にするため，ソフトウエア企業へマイクロソフトのツールや技術を提供し，パートナー企業は32のセクターにまたがり，ビジネスドメインごとに数千もの組織（企業）で占められたソフトウエア・エコシステムを作り上げた（**図表７－２**）。

図表７－２　マイクロソフトのエコシステム

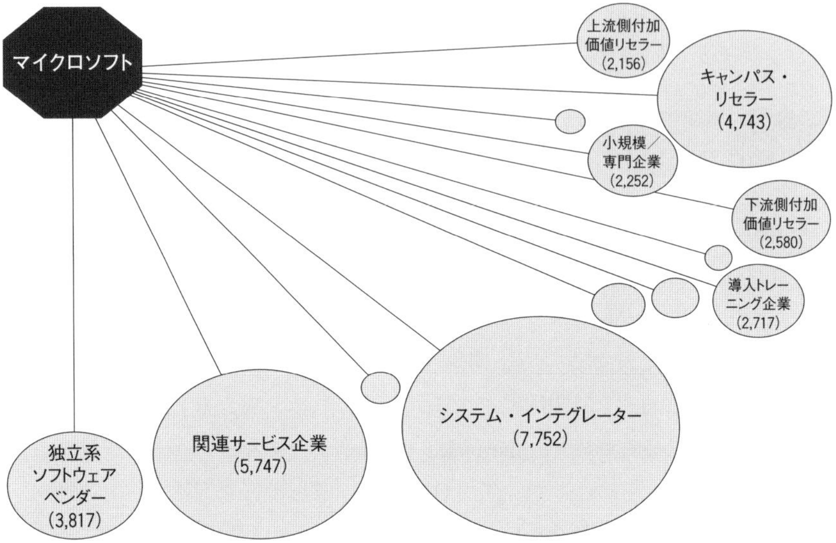

マイクロソフト
上流側付加価値リセラー（2,156）
キャンパス・リセラー（4,743）
小規模／専門企業（2,252）
下流側付加価値リセラー（2,580）
導入トレーニング企業（2,717）
システム・インテグレーター（7,752）
関連サービス企業（5,747）
独立系ソフトウェアベンダー（3,817）

マイクロソフト
合計　38,338

パートナーのセグメント	企業数	パートナーのセグメント	企業数
システム・インテグレーター	7,752	小売企業	220
開発サービス企業	5,747	ソフトウェア販売	160
キャンパス・リセラー	4,743	DMR	105
独立系ソフトウェア・ベンダー	3,817	コンピュータ専門店	51
導入トレーニング企業	2,717	ASP アグリゲーター	50
下流側付加価値リセラー	2,580	e テイラー（オンライン小売）	46
小規模／専門企業	2,252	オフィス向け専門店	13
上流側付加価値リセラー	2,156	一般／アグリゲーター	7
ホスティングサービス・プロバイダー	1,379	ウェアハウス／クラブストア	7
インターネットサービス企業	1,253	ニッチ／専門企業	6
ビジネスコンサルタント	938	補完的ディストリビューター	6
サポート・保守企業	675	アプリケーション・インテグレーター	5
ハードウェア販売	663	MS ダイレクト（Rsir）	2
消費者家電	467	MS ダイレクト	1
セグメントされていないリセラー	290	ネットワーク機器プロバイダー	1
メディア店舗	238	ネットワークサービス・プロバイダー	1

出所：Iansiti and Levien（2004b）

このようにウォルマートとマイクロソフトの成功は，富の独占や独り勝ちを追求せず，大規模で分散化されたビジネス・エコシステムの構成メンバーと緩やかなビジネス・ネットワークを築き，ビジネス・エコシステム全体を繁栄させる「キーストーン戦略」を重視した賜物である。

3　ダイナミック・ケイパビリティ

Teece (2007) もまた，知識や能力の視点から「ビジネス・エコシステム」の形成の重要性について触れた人物として知られている。Teeceは，ストラテジック・マネジメント・ジャーナルに「ダイナミック・ケイパビリティの説明：(持続可能な) 企業成果の本質とミクロ的基礎 (Explicating Dynamic Capabilities: the Nature and Micro-foundations of (Sustainable) Enterprise Performance)」と題する論文の中で，急激な環境の変化に対応するため，社内外の諸資源を統合し再構成する能力を意味する「ダイナミック・ケイパビリティ (Dynamic Capabilities)」の重要性を指摘した。ダイナミック・ケイパビリティは，①市場で事業や技術の機会または脅威を感知する「センシング (Sensing)」，②社内のヒトやモノ資源を動員して価値創造を獲得する「シージング (Seizing)」，③臨機応変に戦略を変え続ける「トランスフォーミング (Transforming)」[69]という3つの要素から構成され，これら感知・捕捉・変容する能力によって，企業は優れた長期的成果を導く見えない資産を創造し，配置し，保護することができるとしている。

Teeceによると，ダイナミック・ケイパビリティは，レント（超過利潤）の創出・獲得のための能力であり，それを維持・強化するには企業家的な能力が必要である。そして，企業家的リーダーシップに溢れたマネジャーは，企業内部の能力を高めるだけでなく，企業外部と横断する組織デザインを形成し，外部からの資源や情報を能動的に取り込む。つまり，イノベーションや他社，構成主体，制度とのコラボレーションを通じて「ビジネス・エコシステム」を形成し，絶えず成長させていくことが重要だとしている。さらにTeeceは，「ビジネス・エコシステム」は，企業および企業の顧客そして供給にインパクトを与える組織，制度そして個人のコミュニティであり，具体的には，「コンプリメンター」「サプライヤー」「規制当局」「標準化機関」「司法機関」「教育機関」そして「調査機関」などを含む相互依存組織のグループであると言及している。

Column

オーディナリー・ケイパビリティvsダイナミック・ケイパビリティ

ケイパビリティは，コンピタンスと類似する概念だが，その内容は少し異なる。Stalk., Evans and Shulman（1992）によると，コンピタンス（Competencies）とは，技術や生産などバリューチェーンの中の専門性を対象とする能力であるのに対し，ケイパビリティ（Capabilities）は，より広域なバリューチェーン全体を対象とする能力を意味すると説明している。

そのうえで，ケイパビリティに焦点を当てると，それは「オーディナリー・ケイパビリティ（Ordinary Capabilities）」と「ダイナミック・ケイパビリティ（Dynamic Capabilities）」に分類することができる（Teece, 2014）。**図表７－３**は，オーディナリー・ケイパビリティとダイナミック・ケイパビリティの主要な特徴を比較したものである。

図表７－３　オーディナリー・ケイパビリティとダイナミック・ケイパビリティの比較

	オーディナリー・ケイパビリティ	ダイナミック・ケイパビリティ
目　的	業務上の技術的効率性	技術やビジネス機会，顧客ニーズとの一致を実現すること
達成可能な方法	買う，構築する（学習する）	構築（学習する）
３つの概要	オペレーション，管理，統治	感知，捕捉，変容
主要なルーチン	ベスト・プラクティス	署名活動
経営上の重視	コスト・コントロール	企業家的な資産の再構成とリーダーシップ
優先事項	正しく行うこと	正しいことをすること
模倣可能性	比較的模倣しやすい	模倣できない
結　果	技術的適合性（効率性）	進化的適応性（イノベーション）

出所：Teece（2014）

要約すると，オーディナリー・ケイパビリティとは，自社の資源や技術の効率性を高める能力とされ，具体的には，オペレーション，管理，統治を正しく行うことである。しかし，ベスト・プラクティスは測定可能なため，比較的模倣されやすく，このため，自社の競争優位がキャッチアップされる危険性を併せ持つ。そこで，登場するのがダイナミック・ケイパビリティである。これは，急激な環境の変化に対応するため，社内外の諸資源を統合し再構成する能力であり，具体的には，感知・捕捉・変容の3つから構成され，これらをすることが優先事項となる。ダイナミック・ケイパビリティは，技術やビジネス機会，顧客ニーズとの一致を実現するための能力であり，企業が環境や状況の変化に即応する変革力である。このため，ライバルが容易に模倣することができず，企業の持続的競争優位性の源泉となる能力である。さらに，ダイナミック・ケイパビリティにとって重要なのは，企業家的な能力とリーダーシップであり，企業内における学習する文化の創造だといえる。

最後に，卓越したダイナミック・ケイパビリティを発揮し成功した企業として，富士フイルムを取り上げてみよう。同社は，2000年の段階で写真事業が全売上の6割，営業利益の約3分の2を占めていたが，その後，デジタル化の急速な進展により，写真フィルム市場は一気に縮小を余儀なくされ，2010年になると，ピーク時の1割以下にまで落ち込んだ。本業消失という危機的状態の中，同社は，写真フィルムで培った技術やノウハウを精査し，応用可能な分野の探索に努力を傾け，化粧品とヘルスケアの市場へ新規参入を果たした。その結果，化粧品市場では，写真フィルムを乾燥や酸化から守るコラーゲンの技術蓄積を応用して開発した化粧品「アスタリフト」が大ヒット商品となる一方，ヘルスケア市場でも，医用画像情報システムが世界シェアと国内シェアでNo.1に輝き，見事復活を果たした。

4　ビジネス・エコシステムのライフサイクル

ビジネス・エコシステムを進化プロセス（ライフサイクル）の視点から解明する試みもまたなされている[70]。Moore（1993）は，ビジネス・エコシステムの進化プロセスについて，「誕生」➡「拡大」➡「リーダーシップ」➡「自己再生」の順で進展する一方，もし「自己再生」まで至らなかった場合には,「死」を意味すると指摘した。そして，ライバルと顧客やシェアを奪い合う「競争的挑戦」ではなく，他者と共生し合う「協力的挑戦」を通じて，企業をビジネス・エコシステムの構成要素として捉え直すことが重要だと指摘した。**図表7－4**

は，ビジネス・エコシステムの進化段階を示したものである。

図表７－４　ビジネス・エコシステムの進化段階

	協力的挑戦	競争的挑戦
誕生段階（Birth）	顧客やサプライヤーと協力して，シード・イノベーションに関連する。新しいバリュー・プロポジション（Value Proposition）を定義する。	類似の製品を定義しようとしている他社から自分のアイデアを保護する。重要なリードカスタマー，キーサプライヤー，重要なチャネルを結びつける。
拡大段階（Expansion）	供給規模を拡大するため，最大の市場カバレッジを達成するため，サプライヤーやパートナーとの協力によって新しい提供を巨大市場で実現する。	類似するアイデアの代替的実行を打破する。カギとなる市場セグメントを支配することを通じて，自社のアプローチがそのクラスの市場標準となるよう確実にする。
リーダーシップ段階（Leadership）	サプライヤーと顧客が協働して完全な製品を改善し続けることを奨励するような，将来のため説得力のあるビジョンを提供する。	カギとなる顧客や価値あるサプライヤーを含む，エコシステム内のその他のプレイヤーとの関係において，強力な交渉力を維持する。
自己再生段階（Self-Renewal）	イノベーターと共に働き，既存のエコシステムに新しいアイデアをもたらす。	イノベーターが代替エコシステムを構築するのを防ぐために，高い参入障壁を維持する。

出所：Moore（1993）

第１段階の「誕生（Birth）」とは，その名の通り，ビジネス・エコシステムの誕生を意味する。企業家は，顧客が何を求めているかを特定することに焦点を当てる。そして，新しい製品やサービスの価値そして顧客へ配送するための最高の形態を特定する。この段階における協力的挑戦とは，顧客やサプライヤーと協力して，シード・イノベーションに関連する新しいバリュー・プロポジション（Value Proposition）を定義することである。これに対し，競争的挑戦とは，類似の製品を定義しようとしている他社から自分のアイデアを保護すると共に，重要なリードカスタマー，キーサプライヤー，重要なチャネルを結びつけることである。

第２段階の「拡大（Expansion）」は，テリトリーの獲得，つまり，広く新しいテリトリーの征服である。この段階における協力的挑戦とは，供給規模を拡大するため，最大の市場カバレッジを達成するため，サプライヤーやパートナーとの協力によって新しい提供を巨大市場で実現することである。一方，競争的挑戦とは，類似するアイデアの代替的実行を打破し，カギとなる市場セグメントを支配することを通じて，自社のアプローチがそのクラスの市場標準となるよう確実にすることである。

第3段階の「リーダーシップ（Leadership）」は，エコシステムにおける統制のための戦いである。そして，この段階における協力的挑戦とは，サプライヤーと顧客が協働して完全な製品を改善し続けることを奨励するような，将来のため説得力のあるビジョンを提供することである。一方，競争的挑戦とは，カギとなる顧客や価値あるサプライヤーを含む，エコシステム内のその他のプレイヤーとの関係において，強力な交渉力を維持することである。

そして，第4段階の「自己再生（Self-Renewal）」は，成熟した事業共同体が新しいエコシステムやイノベーションの台頭によって脅かされるときに現れる。この段階における協力的挑戦とは，イノベーターと共に働き，既存のエコシステムに新しいアイデアをもたらすことである。これに対し，競争的挑戦とは，イノベーターが代替エコシステムを構築するのを防ぐために，高い参入障壁を維持することである。

5 ビジネス・エコシステムの健全性

エコシステムは，いわば「生き物」と同じである。健全で安定した状態を保つ時期もあれば，不健全で不安定な状態に陥る場合もある。さらに，最悪の場合，エコシステムが健全性を喪失し，機能不全となってしまうこともあり得る。そこで，エコシステムの健全性（Health）を正しく測定することが重要である。Iansiti and Levien（2004a ; 2004b）は，エコシステムが健全かどうかを測定する尺度として，3つの重要な指標を提示している。

第1は，「生産性（Productivity）」である。生物学的なエコシステムの健全性とは，日光やミネラル栄養素のような非生物学的エネルギーを生物の集団または有機性資源（Biomass）へ効率的に変換する能力を意味するが，これをビジネスに置き換えると，テクノロジーやその他の原材料のイノベーションを一貫して低コストと新製品に変換するネットワーク能力を指すものである[71]。

第2は，「頑健性（Robustness）」である。種に永続的な利益を供給するのは，生物学的エコシステムが環境の変化に固執する（つまり，変化に負けないだけの力を持つ）ことだが，これは，ビジネス・エコシステムが予期せぬ技術変化のような破壊にも生き残ることができる丈夫さ，堅牢性と同じである。

第３は，エコシステムの多数を占める企業群を指す「ニッチ創造（Niche Creation）」である。貴重な新しい機能またはニッチの創造を通じて，意味のある多様性を高めるエコシステムの能力を指すものである。

Pidun., Reeves and Wesselink（2021）は，ビジネス・エコシステムの健全性（Health）について，４つの段階を通じて追跡できると論じている（**図表７－５**）。

まず，「打ち上げ（Launch）」とは，市場においてエコシステムを確立し，そ

図表７－５　ビジネス・エコシステムの健全性

	カギとなる成功の指標（Key Success Metrics）	危険信号（Red Flags）
打ち上げ（Launch）	・スター・パートナーの数と関わり合いのレベル ・高い価値の顧客の数と関わり合いのレベル ・顧客へのフィードバック	・重要なパートナーがエコシステムに参加していない ・悪徳ユーザーがエコシステムのバリュー・プロポジションを破壊する ・オピニオン・リーダーがエコシステムを去り始める ・提案を頻繁に変更しなければならない
規　模（Scale）	・新規アクティブ顧客の数 ・新しいアクティブ・パートナーの数 ・成功したトランザクションの数 ・トランザクションあたりの単価	・市場の両側の参加者間の持続的な不均衡を生み出す ・エコシステムの成長が，市場の片方の価値を低下させる ・エコシステムを悪用するユーザーの数が増加する ・品質指標が減少し始める ・オペレーティング・モデルの複雑さが上昇し始める
成　熟（Mature）	・顧客/パートナーの解約率 ・顧客あたりの収益 ・トランザクションあたりの貢献利益 ・顧客/パートナーの維持コスト ・顧客/パートナーの買収コスト	・顧客やパートナーの愛着レベルが低下する ・初期のエコシステム・アダプターらが去り始める ・攻撃的な模倣者やニッチな競争相手が出現する ・パートナーが独自の競争的プラットフォームを創造し始める ・他のセクターから成功したエコシステムが自社の領域に拡大する
進　化（Evolve）	・新製品や新サービスからの収益のシェア ・顧客満足 ・パートナー満足	・オーケストレーターがパートナーから搾取するレートが上昇する ・パートナーによる略奪行為について不平が拡大する ・（ソーシャル）メディアでの否定的な報道が蓄積し始める ・エコシステムに対する法的措置が加速する

資料：Pidun., Reeves and Wesselink（2021）をもとに作成

れをユーザーに紹介し，そのコンセプトの実行可能性を証明する段階である。この段階のカギとなる成功の指標（Key Success Metrics）は，①スター・パートナーの数と関わり合いのレベル，②高い価値の顧客の数と関わり合いのレベル，③顧客へのフィードバックであり，逆に危険信号（Red Flags）は，①重要なパートナーがエコシステムに参加していない，②悪徳ユーザーがエコシステムのバリュー・プロポジションを破壊する，③オピニオン・リーダーがエコシステムを去り始める，④提案を頻繁に変更しなければならない，である。

次に，「規模（Scale）」とは，オーケストレーターの焦点がプラットフォーム活動の量の増加，オペレーティング・モデルの拡大そして収益性への成長へとシフトする段階である。この段階のカギとなる成功の指標は，①新規アクティブ顧客の数，②新しいアクティブ・パートナーの数，③成功したトランザクション（取引）の数，④トランザクションあたりの単価である。これに対し，危険信号は，①市場の両側の参加者間の持続的な不均衡を生み出す，②エコシステムの成長が，市場の片方の価値を低下させる，③エコシステムを悪用するユーザーの数が増加する，④品質指標が減少し始める，⑤オペレーティング・モデルの複雑さが上昇し始める，である。

そして，「成熟（Mature）」とは，エコシステムの地位を強化し防御する段階である。この段階のカギとなる成功の指標は，①顧客/パートナーの解約率，②顧客あたりの収益，③トランザクションあたりの貢献利益，④顧客/パートナーの維持コスト，⑤顧客/パートナーの買収コストがあげられるのに対し，危険信号は，①顧客やパートナーの愛着レベルが低下する，②初期のエコシステム・アダプターらが去り始める，③攻撃的な模倣者やニッチな競争相手が出現する，④パートナーが独自の競争的プラットフォームを創造し始める，⑤他のセクターから成功したエコシステムが自社の領域に拡大する，があげられる。

最後に，「進化（Evolve）」とは，エコシステムの継続的な適応，前進，そして再発明する段階である。この段階のカギとなる成功の指標は，①新製品や新サービスからの収益のシェア，②顧客満足，③パートナー満足である。これに対し，危険信号は，①オーケストレーターがパートナーから搾取するレートが上昇する，②パートナーによる略奪行為について不平が拡大する，③（ソーシャル）メディアでの否定的な報道が蓄積し始める，④エコシステムに対する法的措置が加速する，があげられる。

6　ビジネス・エコシステムの事例

(1)　楽天経済圏の構築と新たな競争

近年，企業が形成する巨大な「○○経済圏（エコシステム）」の争いが激化してきている。一般に○○の部分には，経済圏を形成する企業の名前が入るが，このような経済圏の起源は，eコマース大手の「楽天」が作り出した概念だといわれている。各種資料によると，楽天が経済圏という概念を使い始めたのは2006年頃である。それ以降，通信キャリア系の企業を中心に複数の企業が○○経済圏を採用するようになった。

楽天によると，同社の経済圏とは，消費者が日常生活に必要な多種多様なサービスを楽天グループで統一するシステムであると定義している。たとえば，楽天市場で買い物をするとき，楽天カードを利用して支払いは楽天銀行から引き落とす。また，スマートフォンは楽天モバイルを利用し，旅行に出かけるときは楽天トラベルで予約する。そして，これら楽天グループが提供するサービスには「楽天ポイント」が貯まる・使えるという特典があるため，消費者は「楽天ポイント」を貯め，貯まったポイントを，楽天グループのサービスを使った際の支払いに利用できる[72]。

楽天経済圏における楽天側の主なメリットは，①消費者が楽天グループの多種多様なサービスで統一するため，相互送客やデータ連携など相乗効果を生み出せる。②ポイントサービスは，消費者が他社の商品を購入する「スイッチング・コスト（転換費用）」として機能するため，参入障壁として働く。③多様なサービスやポイントプログラムは，消費者を持続的に囲い込むロックイン（Lock in）効果として作用することがあげられる。これに対し，消費者側のメリットは，①楽天グループのサービスを利用するため，楽天カードを使えば使うほど，「楽天ポイント」を効率よく貯めることができる。②貯まったポイントを使い，再度，楽天グループのサービスを幅広く利活用できることがあげられる。つまり，「楽天ポイント」は，楽天経済圏の膨張を推し進める成長エンジンとしての役割を果たす一方で，楽天経済圏の本質とは，エコシステム・ビルダーである楽天グループとその利用者が共に永続的な利益を享受するWin-Winなシステムであると説明ができる。

楽天が広めたポイント経済圏の構築は，現在，様々な企業の間で普及と導入が進んでいる。たとえば，「ドコモ経済圏」「PayPay経済圏」「au経済圏」「イオン経済圏」そして「ソフトバンク経済圏」などである[73]。2022年，MMD研究所が取りまとめた「経済圏の意識に関する調査」によると，18歳から69歳の男女25,000人を対象に，「楽天経済圏」を含むこれら6つの経済圏のいずれかを意識しているか聞いたところ，48.5％が意識していると回答した。次に，この48.5％（12,134人）を対象に，最も意識している経済圏を聞いたところ，やはり「楽天経済圏」が48.2％と最も多く，次いで「ドコモ経済圏」が16.5％，「PayPay経済圏」が11.3％であった[74]。また，同年に実施されたMMD研究所による「経済圏のサービス利用に関する調査」によると，現在最も利用しているポイントを聞いたところ，「楽天ポイント」が34.6％と最も多く，次いで「dポイント」が13.4％，「Tポイント」が10.3％という結果が得られた[75]。これらの調査結果からも，楽天がポイント経済圏競争で他を一歩リードしていることがわかる。

楽天を含む通信キャリア系企業がしのぎを削る「経済圏競争」は，従来の「企業グループ間競争」とは，まったく別物といえる。たとえば，「経済圏」の主たる目的とは，顧客やユーザーの囲い込みであるのに対し，「企業グループ」は，企業群の囲い込みに焦点が置かれている。また，「経済圏」では，不可欠な求心力として，ポイントプログラムが重要な役割を果たすが，「企業グループ」では，株式の持ち合いやメインバンクのようなコア企業のイニシアチブが求心力を担うという違いがある。さらに，「経済圏」の相乗効果とは，多種多様なサービスを横断する相互送客および相互誘客があげられるが，「企業グループ」では，グループ全体でコストダウンを図る，グループ全体でブランドを有効活用する，グループ内で知識・ノウハウを使いまわすことが代表的なグループシナジーの中味としてあげられる（松崎，2013）。このように経済圏の膨張を競い合う「経済圏競争」は，伝統的な企業グループの本質や内容とは大きく異なるものであり，今後とも経済圏を巡る競争は，ますます激化する様相を強めている。

⑵　MaaSエコシステム

近年，世界の自動車業界では，「CASE革命」や「移動革命」といわれる変革が進んでいる。「100年に１度」の大変革期が到来したともいわれている「CASE革命」は，Connected（接続），Autonomous（自動運転），Shared & Service（シェアード＆サービス），Electric（電動）の４つの頭文字を取った造語である。「CASE」のポイントは，次の４つに集約される。第１は，ヒトとクルマ，クルマとクルマが縦横無尽に接続され，連携することで大きな価値創造が期待できる。第２は，自動運転が実現すると，運転手というコストが不要となり，物流や社会システムにも効果を発揮する。第３は，クルマの所有から利用へ変化することで，配車サービスやカーシェアリングなど新たなビジネスチャンスが巡ってくる。第４は，ガソリンや軽油に代わる新たな動力源として，電気（EV）や水素（FCEV，水素エンジン車）が本格化することで地球温暖化や公害問題等を改善する，である。

これに対し，「移動革命」は，MaaS（Mobility as a Service）という名前で呼ばれている。国土交通省によるとMaaSとは，「出発地から目的地までの移動ニーズに対して最適な移動手段をシームレスに１つのアプリで提供するなど，移動を単なる手段としてではなく，利用者にとっての一元的なサービスとして捉える概念」と定義される。つまり，これまでの移動は，電車，タクシー，バス，自動車，レンタカー，自転車，カーシェアリング，自転車シェアリング等の移動手段やルートを個別に検索，手配，支払いをするのが当たり前だった。一方，MaaSは，利用者自身がスマートフォンのアプリを使って，これら複数の交通手段やルートを一括で検索，手配，支払いをし，利便性や効率化を実現する取り組みを指すものである。**図表７－６**は，MaaSエコシステムをトレースしたものである。

図表７－６　MaaSエコシステム

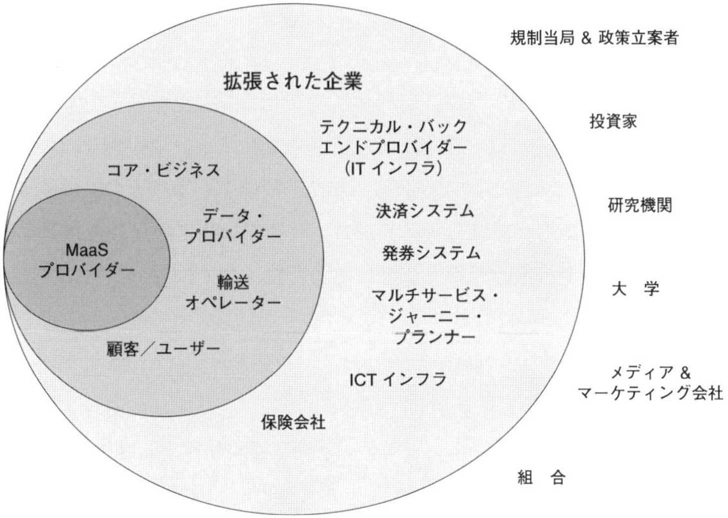

規制当局 & 政策立案者
拡張された企業
投資家
テクニカル・バック
エンドプロバイダー
（IT インフラ）
コア・ビジネス
研究機関
決済システム
データ・
プロバイダー
MaaS
プロバイダー
発券システム
輸送
オペレーター
大　学
マルチサービス・
ジャーニー・
プランナー
顧客／ユーザー
ICT インフラ
メディア &
マーケティング会社
保険会社
組　合

出所：Kamargianni and Matyas（2017）

MaaSの普及がより一層活発化すると，第１に，自動車メーカーの利益源泉が大きく変わる。つまり，現在，自動車の儲け方の中心は，新車販売がその大半を占めるが，これからはMaaSそのものが「金のなる木」となる。第２に，今後MaaSが進展すると，とりわけ先進国で自動車保有台数の減少が見込まれる。さらにMaaSによる移動サービスの普及が進むと，個人も会社もまた自動車を所有する意義がそもそも無くなるからである。併せて，若者のクルマ離れや少子化現象に加え，自動車を保有した場合にかかる諸々の維持費やランニングコストの負担増により，自動車の所有から利用への動きは，より一層加速することが予測される。第３に，MaaSが普及すると，交通渋滞の緩和につながる。とりわけ東京都心のような過密性の高い場所では，事故や渋滞等による混雑解消が長年の懸案事項であったが，MaaSがこうした難題を解決し得る新しいアプローチとして期待が寄せられている。

EV化と世界の動向

「CASE革命」の中で，ひと際注目を集めるのは，電動化のE，すなわち，EV（Electric Vehicle）へのシフトである。その背景をあげると，環境面では，脱炭素（カーボン・ニュートラル）の動きがある。また，技術面では，EVの中核技術である車載電池の性能向上があげられる。一方，インフラ面では，EVの普及に不可欠な公共充電設備の設置数が徐々にではあるが拡大している。さらに，アーキテクチャ面では，自動車のモノづくりが「インテグラル（すり合わせ）・アーキテクチャ」から「モジュラー（組み合わせ）・アーキテクチャ」へ転換した結果，異業種企業の参入可能性の高まりがあげられる。

EV化の是非については，近年，国内外で活発な議論が繰り広げられているが，大勢を占める見解とは，世界的なEVシフトが今後とも加速するとの見方である。

たとえば，国際エネルギー機関（International Energy Agency：IEA）に所属するPaoli and Gül（2022）によると，電気自動車の世界販売台数は，2012年の時点で僅か約13万台（世界市場シェア0.17%）であったものが，2019年には，220万台（世界市場シェア2.49%）まで伸長し，2021年には，660万台（世界市場シェア8.57%）と急展開を遂げている。そして，この世界的拡大を支えているのは中国と欧州であり，2021年の電気自動車の世界販売台数に占める中国の割合は51.5%，欧州は34.8%（但し，約半分はプラグイン・ハイブリッド車）であり，これらの国や地域で世界全体の約９割を独占している（なお，アメリカは10.6%の割合を占めている）。

それでは，電気自動車の普及が特に中国と欧州で進んでいる理由とは何か。まず，中国では，低価格な小型電気自動車の充実，新型車に対する消費者の嗜好に加え，国家による補助金，継続的な優遇措置をあげることができる。また，欧州では，CO_2排出量規制や電気自動車に対する購入補助金が増額・拡大した影響が大きいとされている。

Bloomberg NEF（BNEF）が発表した「Electric Vehicle Outlook 2021」のレポートによると，2020年前後，ガソリン車・ディーゼル車を指す内燃機関（Internal Combustion）車の割合が圧倒的に多く，電池で駆動する電気自動車（Battery Electric Vehicle：EV）の割合は，ごくわずかであった。ところが，2040年には，電気自動車が全体の約50%まで達し，逆に内燃機関は大幅に減少することが予測されている。また，プリウスでお馴染みのハイブリッド車（Hybrid Electric Vehicle：HV）や充電可能なプラグインハイブリッド車（Plug-in Hybrid Electric Vehicle：PHV）の割合は，将来的にも伸び悩むことが予測されている。そして，水素と酸素の化学反応によって発電する電気エネルギーを利活用してモーターを回転させて走行する燃料電池車（Fuel Cell Electric Vehicle：FCV）は，2035年以降から，わずかながら拡大すると予想がなされている。

第8章

プラットフォーム・エコシステム

1　プラットフォームとは何か

プラットフォーム（platform）は，「場」「土台」「基盤」等と訳される。たとえば，電車や列車の乗客が乗り降りする場は，“プラットフォーム”と呼ばれている。また，プラットフォームは，ソフトウエアを動かすための共通の土台（基盤）となる標準環境であるWindows，Mac OS，UNIX，LINUXといったOSを指す場合もある。

ビジネスや戦略論の世界では，プラットフォームは異なる複数のユーザーグループ間のインターフェイスとして機能し，価値創造の交換を促進するものと定義される（Cennamo and Santalo, 2013 ; Parker., Van Alstyne and Choudary, 2016）。たとえば，アリババ，イーベイ，楽天のようなデジタル・マーケットプレイスは，幅広い製品やサービスの「買い手（Buyers）」と「売り手（Sellers）」を結びつけるプラットフォーマーである（Stallkamp and Schotter, 2021）。Zhu and Furr（2016）は，製品とプラットフォームの異なるビジネスモデルの違いを取り上げ，プラットフォームの本質を浮き彫りにしている。それによると，製品ビジネスモデルは，特定の顧客ニーズのため，差別化された製品を開発することによって企業は価値を創造し，それらの製品のお金を請求することによって価値を獲得するやり方である。一方，プラットフォーム・ビジネスモデルとは，ユーザーとサードパーティ（第三者）をつなげることによって企業は価値を創造し，プラットフォームにアクセスするための料金（会費）を請求することで価値を獲得するやり方だと論じている。すなわち，従来の製品ビジネスモデルとは，特定の顧客ニーズを満たす差別化された製品の開発が「価値創造」，それを販売して代金を回収することが「価値獲得」の意味であるのに対し，プラットフォーム・ビジネスモデルとは，ユーザーとサードパーティを連結するネットワーク効果が「価値創造」，ユーザーとサードパーティがプラットフォームへアクセスするため料金を課すことが「価値獲得」であると区別できる。

ところで，個々の製品やサービスから価値を提供するための基盤を意味するプラットフォームへのシフトは，「プラットフォーマイゼーション（Platformization）現象」と呼ばれている（Nambisan., Zahra and Luo, 2019）。そして，このような「プラットフォーマイゼーション現象」を裏づける具体的な調査やデータは，無数に存在する。プラットフォーム企業は，伝統的な企業に比べ，より創業が新しく，より少ない従業員にもかかわらず，より早くイノベーションを生起し，より高い市場価値を獲得している。たとえば，プラットフォーム企業であるウーバー，エアビーアンドビー，フェイスブック（現メタ・プラットフォームズ）各社の創業は，それぞれ2009年，2008年，2004年と新しく，各社の従業員数は，それぞれ16,000人，10,000人，35,000人という小規模にもかかわらず，各社の時価総額（10億ドル）は，76，38，473と高い企業価値を示している。これに比べ，伝統的な企業であるBMW，マリオット（Marriott），ウォルト・ディズニー（Walt Disney）各社の創業は，それぞれ1916年，1927年，1923年と歴史があり，各社の従業員数は，それぞれ131,000人，177,000人，199,000人という大所帯にもかかわらず，時価総額（10億ドル）は，それぞれ51，39，163に過ぎない有様である（Van Alstyne, 2019）。

また，Cusumano., Gawer and Yoffie（2019）は，雑誌『フォーブス』が発表する「フォーブス・グローバル2000（Forbes Gloal 2000）」のデータを用いて，1995年～2015年までのプラットフォーム企業の成功と成果を明らかにしている。その主な項目の中央値をあげると，まず，プラットフォーム企業の従業員数は9,872人。これに対し，非プラットフォーム企業（産業コントロール・サンプル）の従業員数は19,000人と，プラットフォーム企業の従業員数は，非プラットフォーム企業の約半分の数に過ぎなかった。また，営業利益率を見ると，プラットフォーム企業は21％であるのに対し，非プラットフォーム企業は12％と，やはりプラットフォーム企業の方が２倍程高かった。そして，市場価値（時価総額）

を比べると，プラットフォーム企業は217億2,600万ドルであるのに対し，非プラットフォーム企業は82億4,300万ドルとプラットフォーム企業の方が約2.6倍も高かった[76]。

このようにプラットフォーム企業と非プラットフォーム企業を比較すると，どの主要な指標を見ても，プラットフォーム企業の数字の方が非プラットフォーム企業を上回り，成功するプラットフォームからもたらされるパフォーマンスは，きわめて大きいことが浮き彫りにされた（Cusumano., Yoffie and Gawer, 2020）。

2　組織における「場」と「プラットフォーム」の違い

ところで，プラットフォームは「場」と訳され，以前よりわが国では，その機能や効果など，「場」の重要性について注目が集まり，広く議論がなされてきた。そこで，エコシステムでいう「プラットフォーム」の性格や特徴を浮き彫りにするため，組織論で取り扱われる「場」に関する理論を取り上げ，その違いを明らかにしてみたい。

「場（Ba）」の概念は，哲学者で「禅の研究」を著した西田幾多郎によって提唱され，生命科学者である清水博らによってさらなる発展を遂げた。その後，「場」の概念は，社会科学の世界，中でも経営学や組織論の分野にも導入され，精緻化が試みられてきた。たとえば，Nonaka and Konno（1998）は，セキモデル（SECI Model）と命名した組織的知識創造プロセスの中で「場」の理論を展開した。それによると，知識（Knowledge）とは，言語化できない「暗黙知（Tacit Knowledge）」と，言語化できる「形式知（Explicit Knowledge）」に区別できる。一方，知識創造のための主要なプレイヤーは，「個人（Individual）」「グループ（Group）」そして「組織（Organization）」という３つに分類される。そのうえで，知識創造プロセスは，暗黙知同士を共有・移転する「共同化（Socialization）」，暗黙知を形式知へ変換する「表出化（Externalization）」，形式知同士をつなげる「連結化（Combination）」，形式知から再び，暗黙知を生み出す「内面化（Internalization）」の順で展開され，さらに各フェーズでは，それぞれ異なる４つの「場」の働きが生じる。「共同化」では，OJTのような共体験をもとに感情，経験，思い，信念等の暗黙知を共有・移転する「創発場（Originating Ba）」の働きが起こる。「表出化」では，対話等を通じて暗黙知を形式知へ変換する「対話場（Interacting Ba）」が発生する。「連結化」では，形式知の連結を通じて新たな形式知を生み出す「システム場（Systemizing Ba）[77]」が生まれる。「内面化」では，新たな形式知を通じて行動し，それを体得すると共に，再び，新たな暗黙知を生み出す「実践場（Exercising Ba）」が作用する，というものである。

これに対し，伊丹（1999）は，「場」の概念を，人々が参加し，意識・無意識のうちに相互に観察し，コミュニケーションを行い，相互に理解し，相互に働きかけ合い，共通の体験をする枠組み，すなわち，人々の間の「情報的相互作用」の容れものだと定義している。そして，「情報的相互作用」の質および効果とは，参加メンバーによる「場」の基本要素である「アジェンダ（主題）」「解釈コード（解釈するルール）」「情報のキャリア（言葉，表情，口調，データ等）」「連帯欲求（共に働きたい意欲）」という4つの要素の共有を通じて決定されると主張した。そのうえで「場」の組織的な効果や機能とは，「場」の成立から始まり，情報的相互作用が活発化することで「情報秩序」が形成されると共に，そこでは何かしらの「心理的エネルギー」が生み出され，結果的に協働による行動と学習が促進・実現されるというメカニズムであると体系づけた。

それでは，組織論における「場」と「プラットフォーム」の決定的な違いとは，いったいなんだろうか。第1に組織における「場」とは，人々が参加・交流して相互に理解し，共体験を通じて情報的相互作用する空間である。これに対し，プラットフォームは，異なるユーザーグループ同士を接続・統合して相互作用する空間である。つまり，両者は相互作用する空間という部分では共通しているものの，相互作用する対象が人々である「場」に対し，プラットフォームの対象は，企業や顧客という違いがある。第2に，組織における「場」が生む効果・機能とは，①個人間の共通理解が進むという情報秩序，②人々の心理的エネルギーが高まる，③個々人の情報蓄積が促進されることである。これに対し，プラットフォームの効果・機能とは，企業間または企業と顧客間における価値交換という違いがある。そして，第3に，組織論における「場」において成功のカギを握るのは，組織内に「場」を形成できるか否かと，参加するメンバーが高い連帯欲求を持ち得るかどうかであるのに対し，プラットフォームの場合は，プラットフォームを運営して参加者を束ねるプラットフォーマー（プロバイダー）のリーダーシップと，プラットフォーマーと一緒に価値共創するコンプリメンター（補完的企業）の存在であるという違いがある。

3 プラットフォーム研究と2つの視点

Rietveld and Schilling（2021）は，1985年から2019年までに発表された333の学術論文を丹念に紐解き，プラットフォーム競争（Platform Competition）に関する文献調査を行った[78]。それによると，プラットフォーム競争について発表された学術論文の数は，1985年以降，右肩上がりに増加しており，2015年以降は，さらに急増していることがわかった（**図表8－1**）[79]。

図表8－1　プラットフォーム競争の学術論文数の推移

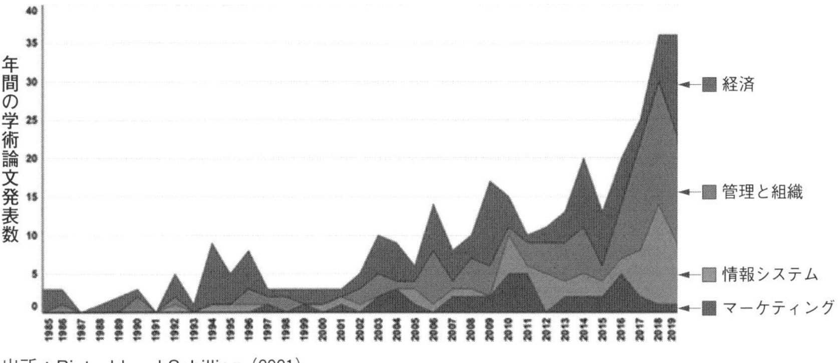

年間の学術論文発表数
経済
管理と組織
情報システム
マーケティング

出所：Rietveld and Schilling（2021）

また，プラットフォーム競争研究で取り上げられた主な実証事例では，家庭用ゲーム機が圧倒的に多かった。以下，モバイル・アプリケーション（iOSおよびアンドロイド），新聞そして携帯情報端末（PDAs）の順であった。そして，分野ごとの研究テーマの割合では，プラットフォーム競争に関する全学術論文のうち，「プラットフォーム・エコシステムそして全社レベル」が全体の約62％を占め，次いで「プラットフォーム・ガバナンスとエコシステム・オーケストレーション」が約14%,「プラットフォーム，補完財，ユーザーの異質性」が約14%,「ネットワーク効果（外部性）・インプリケーション」が約10%という結果であった。

次に，プラットフォーム研究は，大別すると2つの異なる領域，すなわち，2つの視点に分けることができる（Nambisan., Zahra and Luo, 2019）。1つは，製品開発を対象とする「技術経営の視点」であり，もう1つは，産業組織論（Industrial Organization）のような経済学に焦点を当てた「産業経済の視点」である。まず,「技術経営の視点」とは，モジュラー・アーキテクチャ（組み合わせ型アーキテクチャ）に配置されたコンポーネント，テクノロジーそして他の資産の共有セットとして，プラットフォームを概念化するものである。つまり，プラットフォームをイノベーションの発生源として，促進または役立てるアプローチである。

これに対し,「産業経済の視点」とは，2つまたはそれ以上の存在のセットを接続し，それらの相互作用と取引を仲介する役割を果たす，一連のルールとアーキテクチャとしてプラットフォームを概念化するものである。すなわち，プラットフォームを多面的な市場の連結として考えるアプローチである。これらプラットフォーム研究の2つのアプローチである「技術経営の視点」と「産業経済の視点」は，これまで相互作用しながら共に進化を遂げてきた。それでは，まず「技術経営の視点」によるプラットフォーム研究から検討してみたい。

4　技術経営の視点

プラットフォームを提供する企業が形成するエコシステムをどう適切に管理し運営するかについて焦点を当てた研究は，2000年代初頭から議論が始まり，今日に至っているが，その先駆的研究は，おそらく，Gawer and Cusumano（2002）による『プラットフォーム・リーダーシップ（Platform Leadership)』であるに違いない。「プラットフォーム・リーダーシップ」は，自社の特定のプラットフォームのため，業界の様々なレベルでのイノベーションを促す能力と定義され，こうした能力を有する部品メーカーを「プラットフォーム・リーダー（Platform Leader)」と呼んでいる。そして，具体的な事例として，1980

年代のPC（パーソナル・コンピュータ）業界を取り上げ，部品メーカーであるインテルとマイクロソフトが支配的な組立メーカーであったIBMから主導権を奪い取った歴史的なケースについて説明している。それによると，インテルはマイクロプロセッサ（CPU）[80]，マイクロソフトはOSに関する画期的なイノベーションをそれぞれ生起しながら，補完関係にあるハードウエアやソフトウエアを開発する数千社にも及ぶ企業のイノベーションの方向性にも強い影響を及ぼした。というのも，数千社ともいわれるコンプリメンター（Complementors）は，インテルやマイクロソフトが生み出す製品の新たなインターフェイスの仕様に合わせるため，努力を傾注したからである。こうしてコンプリメンターに補完的なイノベーションを駆動させるプラットフォーム・リーダーとなったインテルやマイクロソフトは，支配的な組立メーカーであるIBMから業界の主導権を奪い取ることに成功した。Gawer and Cusumanoは，プラットフォームの価値を持続的に高めるため，プラットフォーム・リーダーと無数のコンプリメンターによって形成される総体を「産業エコシステム（Industry Ecosystem）」と呼んでいる[81]。

アナベル・ガワーとマイケル・A・クスマノ（2004）はまた，PC業界の主導権がIBMのような支配的な組立メーカーから，インテルやマイクロソフトといったプラットフォーム・リーダーへ大きく転換された背景として，いくつかの理由をあげている。1つ目は，プラットフォーム部品が最終製品の中核的な機能を果たし，技術的にも不可欠なものだからである。2つ目は，プラットフォーム部品の参入障壁が高いことである。3つ目は，組立メーカーによって付加される価値の減少である。4つ目は，最終製品の用途の拡大である。

さらに，Gawer and Cusumano（2002）は，インテルやマイクロソフトなど[82]，成功したプラットフォーム・リーダーの調査を通じて，プラットフォーム・リーダーシップの獲得を目指すプラットフォーム・リーダーの基本戦略を4つのレバー（Levers）として取り上げ，これらを適切に調整し実行する重要性を主張している（Cusumano and Gawer, 2002；アナベル・ガワーとマイケル・A・クスマノ, 2004；Cusumano, 2010）[83]。第1のレバーは「範囲（Scope）」である。これは，社内で手掛ける事業と社外に任せる事業を決めることである。換言すると，自社で作る補完製品と外部に託す補完製品を定めるための意思決定であり，この際，プラットフォーム・リーダーは，外部のイノベーションを刺激し促進するよう関与する必要がある。第２のレバーは「製品技術（Product Technology)」である。これは，アーキテクチャ，インターフェイスそして知的財産を決めることであり，具体的には，次の通りである。まず，プラットフォーム・リーダーは，製品アーキテクチャ（基本的な設計思想）のモジュール（独立性の高いコンポーネント）化の程度を決めなければならない。また，境界面と訳されるインターフェイスを公開し，どこまでオープンにすべきかを決める必要がある。併せて，インターフェイス仕様の特許使用料など，知的財産の取り扱いについても決める必要がある。第３のレバーは「外部コンプリメンターとの関係性（Relationship with External Complementors)」である。プラットフォーム・リーダーは，数多くの外部コンプリメンターとの協力関係について，どの程度まで許容すべきかどうか決定する必要がある。第４のレバーは「内部組織（Internal Organization)」である。プラットフォーム・リーダーは，外部または内部の利益相反（利害対立）を管理するための効果的な内部組織を開発する必要がある。

それでは，プラットフォーム・リーダーシップには課題など存在しないのか。Gawer and Cusumanoは，プラットフォーム・リーダーシップの限界として，次のような３点をあげている。第１は，プラットフォーム・リーダーによるプラットフォーム中心主義の問題である。つまり，新しい技術，新しいライバル，新しいユーザーの登場により，プラットフォーム・リーダーが形成した既存の産業エコシステムを衰退させる危険性である。第２としてプラットフォーム・リーダーは，プラットフォームを進化させることが難しいとわかっていても，特定の技術に固執する危険性である。第３にプラットフォーム・リーダーは，技術リーダーシップと市場リーダーシップを混同する危険性である。

國領・プラットフォームデザイン・ラボ（2011）は，プラットフォームを「多様な主体が協働する際に，協働を促進するコミュニケーションの基盤となる道具や仕組み」と定義した。そして，プラットフォームの帰結である創発については，「複数の主体が相互作用することで，必ずしも予測できない付加価値が生み出される」現象であると指摘した。さらに，プラットフォームが引き起こす創発とは，最適な「プラットフォーム設計」による「主体間相互作用」の結果，生じる現象であると結論づけた。一方，國領らは，プラットフォームを検証するための枠組みとして，①コミュニケーション・パターンの設計，②役割の設計，③インセンティブ設計，④信頼形成メカニズムの設計，⑤参加者の内部変化のマネジメントという5つの主要な変数を意味する「プラットフォーム・デザイン」を設定した。その主な内容とは，次の通りである。

「コミュニケーション・パターンの設計」とは，「プラットフォームの参加者やそこで扱われるモノ，行われる行為がどのようにつながるかを情報の経路の側面から設計」することであり，その主な変数とは，ネットワーク・トポロジー（ネットワーク上での各デバイスのつながり方の形態），オープン性，メディア選択，ヒト・モノ・コトの識別・同定，共通言語の策定である。「役割の設計」は，「プラットフォームの設置・運営者や参加者は誰であるのか，プラットフォームの参加者の中での役割分担，複数プラットフォーム間の役割分担に関する設計」である。「インセンティブ設計」は，「プラットフォームの参加者がプラットフォームに参加し，活発に活動を続けるための誘因」である。「信頼形成メカニズムの設計」は，「プラットフォームの参加者が互いに逸脱した行動をしない，裏切らないという信頼の形成」である。「参加者の内部変化のマネジメント」は，「組織の機能やプロセス，構造，他の組織との関係など，プラットフォームの参加者が必ず直面するだろう内部変化をマネジメントすること」である。

國領らによる見解を整理すると，価値創造を意味する創発を誘発するには，まず重層的に関連し合っているプラットフォーム・デザイン（5つの変数）が参加する主体間相互作用にどのように影響を及ぼすかを明らかにする必要がある。その上で，5つの変数から導き出されたプラットフォームの設計思想，すなわち，①資源や能力が結集して結合する空間を作る，②新しいつながりの生成と組み替えが起こる環境を提供する，③各主体にとって参加の障壁が低く，魅力的な場を提供する，④規範を守ることが自発性を高める構造を作る，⑤機動的にプラットフォームを構築できるオープンなインフラを作る，これらがプラットフォームの原動力として作用すると言及している。

5　産業経済の視点

次に，２つまたはそれ以上のグループ間の取引を仲介するプラットフォームについて着目する研究もまた，2000年代前後から注目が集まり，今日まで議論がなされている。そのパイオニア的研究とは，おそらく，Rochet and Tirole（2003）による「両面（２面）市場におけるプラットフォーム競争（Platform Competition in Two-Sided Markets）」がその起源であると考えられる[84]。それによると，ネットワークの外部性（Network Externalities）が働くほとんどの市場は，ズバリ，両面（二面）性がある。たとえば，ソフトウエア，ポータル&メディア，決済システムそしてインターネットなど，これらの産業のプラットフォームで成功するには，市場の両面を共に獲得しなければならない。そして，両面市場とは，１つまたは複数のプラットフォームがエンドユーザー間の相互作用を可能にし，両サイドのユーザーに適切な課金を請求することによって，２つ（または複数）のサイドを得ようと試みる市場と定義できる（Rochet and Tirole, 2006）。

Eisenmann., Parker and Van Alstyne（2006）は，両面市場の力学とそのための戦略について，次のように説明している。それによると，エコノミストたちが「ツー・サイド・マーケット（Two-Sided Markets）[85]」および「ツー・サイド・ネットワーク（Two-Sided Networks）」と命名する両面市場の取引は，常に三者関係を伴う。それは，ネットワークのサイドを構成する２つの「ユーザーグループ」と，１つあるいはそれ以上の両サイドを仲介し相互作用を生起する「プラットフォーム・プロバイダー」である[86]。そして，「ツー・サイド・ネットワーク」では，異なるユーザーグループ（たとえば，買い手と売り手）を結びつける製品・サービスを「プラットフォーム」と呼んでいる。「プラットフォーム」は，ユーザー間の相互作用のネットワークを促進する製品・サービス，インフラをデザインする「アーキテクチャ」を具体化したもの，プロトコル（手順），権利そして取引を管理する価格条件といった「ルール」をセットすることと定義できる。

Evans and Schmalensee（2016）は，ツーサイド・プラットフォームが成長するかどうかを明らかにするモデルとして，「クリティカルマス・フロンティア（Critical Mass Frontier）」を提唱している（**図表8－2**）。

図表8－2　クリティカルマス・フロンティア

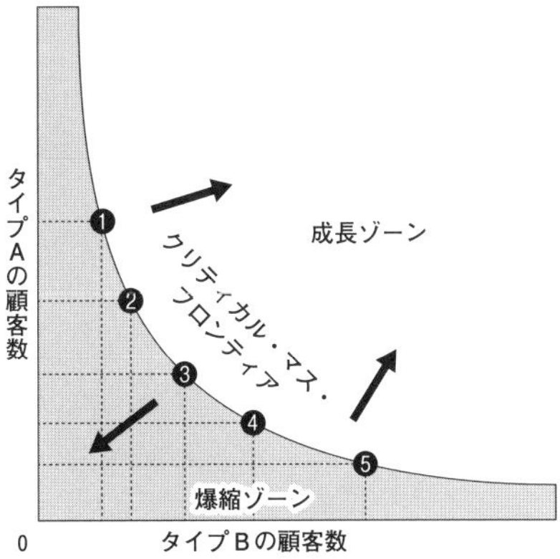

出所：Evans and Schmalensee（2016）

これは，縦軸にタイプAの顧客数，横軸にタイプBの顧客数をそれぞれ取り，両サイドの顧客数が拡大すると，クリティカルマス・フロンティアの曲線まで到達するというモデルである。このラインを飛び越えて右上の領域に入ると「成長ゾーン（Growth Zone）」，反対に，右下の灰色になっている領域は，周りから押し潰される「爆縮ゾーン（Implosion Zone）」もしくは「死のゾーン（Death Zone）」と呼ばれている。つまり，両サイドの顧客の参加数がクリティカルマス・フロンティア以上まで達すれば，プラットフォームは成長し，それ以下だとプラットフォームは衰退することを表している。

そして，このような爆発的に普及するかどうかの分岐点であるクリティカルマス[87]に到達するには，3つの戦略があげられる。第1は，「ジグザグ戦略（Zigzag Strategy）」である。これは，同時に両サイドの顧客の参加を呼び込む方法であり，ユーチューブ（YouTube）はこの戦略を利用して成功を手にした。第2は，「ツーステップ戦略（Two-Step Strategy）」である。これは，最初に一方のサイドを追求し，その後，そのユーザーの存在感を利用してもう一方のサイドを引き寄せる方法である。第3は，「コミットメント戦略（Commitment

Strategy)」である。これは，一方のサイドがプラットフォームに多額の投資をする必要があるとき，採用する方法である。たとえば，マイクロソフトがゲーム端末市場へ参入するためXboxを発売した時，ゲーム開発者に，このプラットフォーム（Xbox）を使ってゲームする人がたくさんいることを納得させて，ゲーム開発者の需要が十分にあることを理解させる必要があった。

平野・ハギウ（2010）は，今日，プラットフォーム戦略が注目を集めている理由として，次の４点をあげている。それは「技術進歩の速さ」「顧客ニーズの多様化」「外部ネットワーク効果の迅速と拡大」「デジタル・コンバージェンスの進化」である。そして，プラットフォーム・ビジネスを「複数のグループのニーズを仲介することによって，グループ間の相互作用を喚起し，その市場経済圏を作る産業基盤型のビジネスモデル」と定義しながら，プラットフォーム・ビジネスの種類として，２つのグループを連結する「ツーサイド・プラットフォーム（Two-sided Platforms：TSPs)」と多面的なグループを結びつける「マルチサイド・プラットフォーム（Multi-sided Platforms：MSPs)[88]」という２つのモデルを提示した。さらに，プラットフォームの主な機能として，次の５点をあげている。「マッチング機能」は，複数のグループの交流を促す「場」の提供である。「コスト削減機能」は，各グループが個別に対応すると時間もコストもかかる機能を提供することである。「検索コストの低減機能」は，ブランディング・集客機能のことであり，プラットフォームの安心感の提供である。「外部ネットワーク効果」は，グループ間での情報の相互流通を通じてプラットフォームに対する粘着度を増すことに寄与することである。「三角プリズム機能」は，相互作用が及ばない２つ以上のグループを結びつける機能である。

根来・釜地・清水（2011）は，これまでの２つのグループを連結する「ツーサイド・プラットフォーム」ではなく，これらツーサイド・プラットフォーム同士をセットとする「パラレル・プラットフォーム（Parallel Platform)」の概念を提示している（根来・釜地，2010）。それによると，パラレル・プラットフォーム市場とは，共通のプラットフォームによって媒介される，補完製品の「供給プラットフォーム」と「使用プラットフォーム」が並列的にセットとして存在している市場と定義している。そして，パラレル・プラットフォーム構造の典型的な事例として，WebサーバとWebブラウザがセットになった市場，電子書籍ストアと閲覧ハードの市場などを取り上げ，その主な特徴を浮き彫りにしながら，特有の課題を明らかにしている。

Hagiu（2014）は，「マルチサイド・プラットフォーム（MSPs）」と「製品プラットフォーム（Product Platform）」そして「再販業者（Reseller）」がいかに違うのか，**図表8－3**のようなトレースによって説明している。

図表8－3　MSPsと類似モデルとの比較

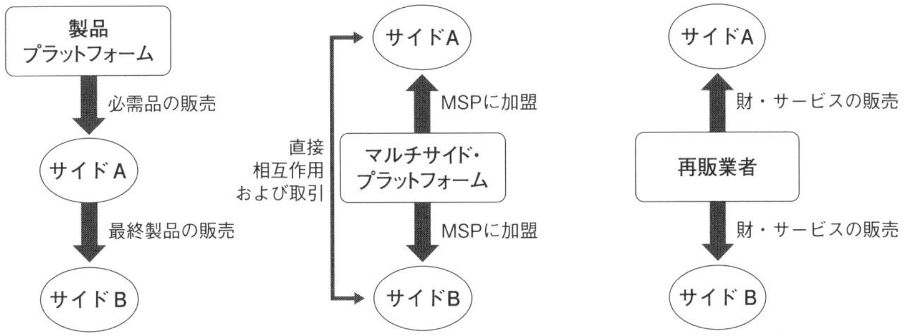

製品プラットフォーム
必需品の販売
サイドA
最終製品の販売
サイドB

サイドA
MSPに加盟
直接相互作用および取引
マルチサイド・プラットフォーム
MSPに加盟
サイドB

サイドA
財・サービスの販売
再販業者
財・サービスの販売
サイドB

出所：Hagiu（2014）

図表中央のMSPsには，カギとなる2つの性格がある。①参加する各々のグループ（サイドA，サイドB）は，MSPsに所属している。②MSPsは，サイド間における直接的な相互作用を有効にする（Hagiu and Wright, 2015）。これに対し，図表左側の製品プラットフォームは，①の要件に反する。すなわち，最後の顧客（サイドB）は，プラットフォーム・プロバイダーの顧客ではない。また，図表右側の再販業者は，②の要件に反する。なぜなら，サイド間における直接的な相互作用はないからである。

Van Alstyne., Parker and Choudary（2016a）によると，プラットフォームは，すべて4タイプのプレイヤーから構成された同じ基本構造であるエコシステムを持つとしている（**図表8－4**）。

図表８－４　プラットフォーム・エコシステムのプレイヤー

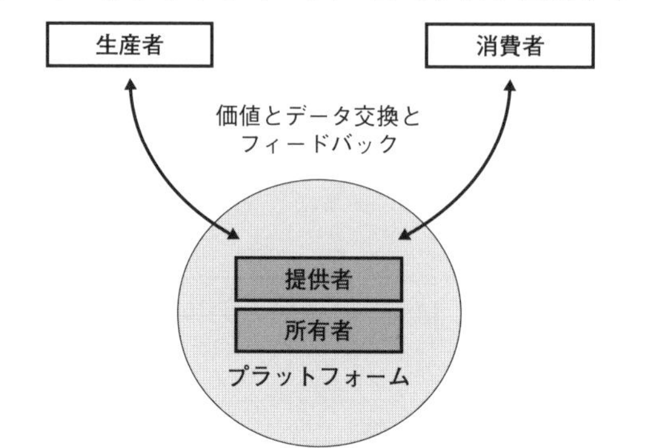

出所：Van Alstyne., Parker and Choudary（2016a）

プラットフォームの「所有者（Owner）」は，知的財産とガバナンスをコントロールする。たとえば，グーグルは，アンドロイドの「所有者」である。プラットフォームの「提供者（Providers）」は，ユーザーとプラットフォームのインターフェイスを取り持つ。たとえば，モバイル機器は，アンドロイドの「提供者」である。一方，「生産者（Producers）」は，消費者に提供するための製品・サービスを創造する。たとえば，アンドロイドのアプリケーションの製造開発者がこれに該当する。最後に「消費者（Consumers）」は，提供された製品・サービスを購入し利用する。すなわち，プラットフォームとは，「生産者」と「消費者」を１つにまとめるマーケットプレイスのインフラを提供し，ルールを設ける。そして，「生産者」と「消費者」は，プラットフォームとの間で，価値やデータ交換そしてフィードバックを展開する担い手として機能する。

Van Alstyne., Parker and Choudaryはまた，諸活動を直線的にコントロールする伝統的なバリューチェーン・モデルで価値を創造するパイプライン（Pipeline）ビジネスから，プラットフォーム・ビジネスへの移行について，次のような３つのカギとなる交代を取り上げている。

第１は，「資源のコントロール」から「資源のオーケストレーション」への交代である。パイプライン・ビジネスは，鉱山や不動産のような「見える資産」や知的財産のような「見えない資産」が含まれる。これに対し，プラットフォーム・ビジネスは，生産者と消費者のネットワークが主たる資産である。

第２は，「内部の最適化」から「外部の相互作用」への交代である。パイプライン・ビジネスは，組織内部の労働力や資源を組織化して，原材料の調達から販売そしてサービスまで諸活動の全体の連鎖を最適化して価値を創造することである。これに対し，プラットフォーム・ビジネスは，外部の生産者と消費者の相互作用を促進して価値を創造することである。

第３は，「消費者価値の焦点化」から「エコシステム価値の焦点化」への交代である。パイプライン・ビジネスは，直線上プロセスの最後にセットされた消費者１人ひとりの生涯価値の最大化を目指すことである。一方，プラットフォーム・ビジネスは，循環的で反復的なフィードバック主導のプロセスを拡大するエコシステムの総価値の最大化を目指すことである（Parker., Van Alstyne and Choudary, 2016）。

最後に，McIntyre., Afuah, Gawer and Kretschmer（2021）は，マルチサイド・プラットフォーム視点における４つのカギとなる重要なテーマについて言及している（**図表８－５**）。

第１のテーマは，MSPビジネスモデルである。このテーマに関する主要な問題には，①異なるサイド間の仲介役としてのプラットフォームの役割，②価値を獲得するための価格戦略とマネタイゼーション・メカニズム，③プラットフォームの収益性と耐久性を向上させるため，スイッチング・コストとマルチホーミング・コストを活用することがあげられる。

第２のテーマは，プラットフォームの規模と範囲である。その主な問題として，①プラットフォーム利用者のネットワーク内およびネットワーク間での需要側の規模の経済と範囲の経済の程度，②プラットフォームの範囲の拡大には，従来の企業とは異なる論理が必要なのか，③プラットフォーム企業自体の範囲の関数として，および/または，より「オープン」なプラットフォームを介しての拡大があげられる。

第３のテーマは，サイド間の異質性である。その主な問題には，①間接的または「クロスサイド」ネットワーク効果の利点，②参加者（特に補完者）の特定の特性が，どのようにプラットフォーム採用を促進または阻害するか，③“スター”補完者を引きつけ，保持することがあげられる。

第４のテーマは，プラットフォーム技術の役割である。その主な課題には，

図表8－5　マルチサイド・プラットフォーム視点のカギとなるテーマ

テーマ	主要な問題
MSPビジネスモデル	・異なるサイド間の仲介役としてのプラットフォームの役割 ・価値を獲得するための価格戦略とマネタイゼーション・メカニズム ・プラットフォームの収益性と耐久性を向上させるため，スイッチング・コストとマルチホーミング・コストを活用すること
プラットフォームの規模と範囲	・プラットフォーム利用者のネットワーク内およびネットワーク間での需要側の規模の経済と範囲の経済の程度 ・プラットフォームの範囲の拡大には，従来の企業とは異なる論理が必要なのか? ・プラットフォーム企業自体の範囲の関数として，および/または，より「オープン」なプラットフォームを介しての拡大
サイド間の異質性	・間接的または「クロスサイド」ネットワーク効果の利点 ・参加者（特に補完者）の特定の特性が，どのようにプラットフォーム採用を促進または阻害するか ・"スター"補完者を引き付け，保持すること
プラットフォーム技術の役割	・プラットフォームのダイナミクスを駆動するコア技術とインターフェイスの役割 ・技術の性質と複雑さがプラットフォームの普及と成長をどのように促進または抑制するか ・技術の複雑さが，異なる立場の参加者のプラットフォームへの参加意欲をどのように高め，あるいは鈍らせるか

出所：McIntyre., Afuah, Gawer and Kretschmer（2021）

①プラットフォームのダイナミクスを駆動するコア技術とインターフェイスの役割，②技術の性質と複雑さがプラットフォームの普及と成長をどのように促進または抑制するか，③技術の複雑さが異なる立場の参加者のプラットフォームへの参加意欲をどのように高めあるいは鈍らせるか，があげられる[89]。

6　2種類のプラットフォーム

これまでの議論から，プラットフォームには，技術経営と産業経済の2つの視点があることがわかった。すなわち，技術経営の視点とは，2つ以上のグループを接続してイノベーションを生み出すプラットフォームであり，産業経済の視点とは，2つ以上のグループを連結することでそのものから価値を生み出すトランザクション（取引）のプラットフォームである。この点について，Cusumano., Gawer and Yoffie（2019）は，2つの基本的なプラットフォームのタイプとして，その他企業が補完的なイノベーションを開発するための技術的基盤として機能する「イノベーション・プラットフォーム（Innovation

図表8－6　基本的なプラットフォームのタイプ

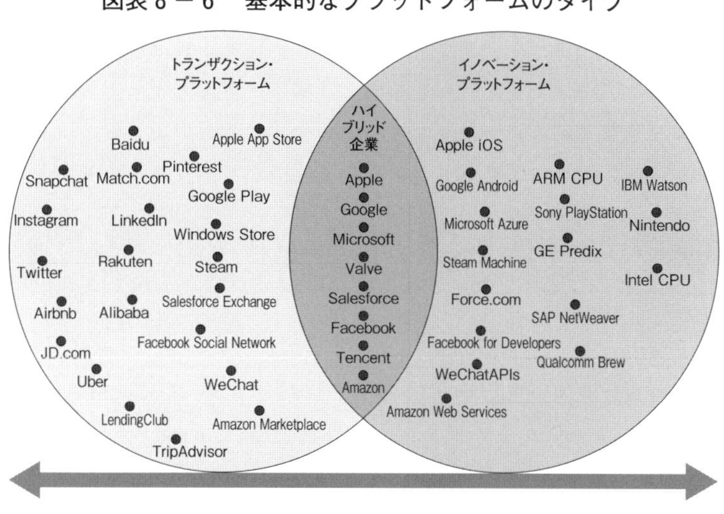

出所：Cusumano, Gawer and Yoffie（2019）

Platforms)」とネットワーク効果が作用する直接的な交換や取引の仲介者として機能する「トランザクション・プラットフォーム（Transaction Platforms)」とに分類している（**図表8－6**）。

「イノベーション・プラットフォーム」は，新たな補完的な製品・サービスの開発を促進することによって価値を創造するのに対し，「トランザクション・プラットフォーム」は，製品・サービスの売買やその他企業との相互作用を促進することによって価値を創造するという違いがある。そして，これら両方の内容を含むプラットフォームを「ハイブリッド・プラットフォーム（Hybrid Platform)」と呼び，これに該当する「ハイブリッド企業（Hybrid Companies)」として，アップル，グーグル（アルファベット），マイクロソフト，フェイスブック（現メタ・プラットフォームズ），テンセントそしてアマゾンをあげている(Cusumano., Yoffie and Gawer, 2020)。「ハイブリッド企業」は，「イノベーション・プラットフォーム」と「トランザクション・プラットフォーム」を組み合わせた企業，あるいは，どちらか一方に取り組んでいた企業がその後，もう一方のプラットフォームにも参入した企業と定義されるが，第1章の**図表1－1**でも触れた通り，今日の世界で最も時価総額が高いGAFAMが「ハイブリッド企業」の中にすべて含まれていることからも，その価値の高さが見て取れる。たとえば，アマゾンは，インターネット上でeコマース取引を展開する「トランザクション・プラットフォーム」と電子書籍リーダーのキンドルやスマートスピーカーのアマゾンエコー（Echo）のような「イノベーション・プラットフォーム」という2種類のプラットフォームを持つハイブリッド企業である。

7　プラットフォーマーとは何か

プラットフォーマー（Platformer）は，プラットフォーム・リーダー（Gawer and Cusumano, 2002），仲介サービス・プロバイダー（Caillaud and Jullien, 2003），プラットフォーム・プロバイダー（Eisenmann., Parker and Van Alstyne, 2006），マッチメイカー（Evans and Schmalensee, 2016），プラットフォーム・スポンサー（Rietveld., Schilling and Bellavitis, 2019）とも呼ばれ，プラットフォームという「場」を運営する担い手，あるいはその仲介役を果たす機能のこと，そして，プラットフォーム・ビジネスの提供者と定義される。たとえば，アマゾンは「商品を販売したい人」と「購入したい人」をマッチングさせるプラットフォーマー，ユーチューブは「動画を見たい人」と「広告を見てほしい人」と「動画をアップする人」をマッチングさせるプラットフォーマーである。また，最近では，デジタル・プラットフォームを運営・提供する事業者のことを「デジタル・プラットフォーマー（Digital Platformer）」と呼ぶ場合もある。

Zhu and Furr（2016）は，アップル，マイクロソフト，グーグル，アマゾンそしてフェイスブック（現メタ・プラットフォームズ）のような成功している企業について，まず，ヒットした製品をキッカケに高成長し，その後，プラットフォーム企業への移行を試みるとしている。そして，ヒットメーカーからプラットフォーム企業へ転身を試みた20社以上の企業を対象に詳しく調査した結果，製品からプラットフォームへ効率的に転換できるか，それとも失敗するかを見極める4つの実践方法を明らかにしている。それによると，最初は，信頼に足る製品および最小必要人数のユーザーから始める。次に，新しい価値の創造と共有に焦点を当てたハイブリッド・ビジネスモデル（Hybrid Business Model）を適用する。そして，新プラットフォームへの迅速な移行を促進する。最後に，競合他社による模倣を阻止するための機会を見極めて行動することである。

Hagiu and Altman (2017) もまた，製品からMSPへ転換した10社以上の企業を調査し，MSPになるための４つのシナリオを提示している[90]。第１は，自社の製品・サービスには大きな顧客基盤があり，それに関心を示すサードパーティ（第三者）へドアを開くこと。第２は，自社の製品・サービス以外で交流や取引を行う２つの異なる顧客層に製品・サービスを販売する場合，それらの交流や取引の一部の要素が自社の製品やサービスを通じて行われるよう，修正または拡張すること。第３は，２つの製品・サービスを異なる顧客層に販売し，２つの顧客層が自社の提供する製品以外で交流する場合，その交流の少なくとも一部が自社の製品・サービスの一部または両方を通じて起こるように製品・サービスを修正または拡張すること。第４は，自社の顧客の「顧客」へ向けた製品・サービスを提供すること，である。

Column

ロングテール vs ブロックバスター

ハイブリッド企業を代表する企業としてアマゾンのプラットフォーム・ビジネスがあげられる。アマゾンのビジネスモデルは「フライホイール効果（Flywheel Effect)」，別名“はずみ車”と呼ばれ，当時，アマゾンを創業したジェフ・ベゾスがレストランで思いついたアイデアを紙ナプキンに書き写したことでよく知られている[91]。フライホイール効果とは，次のような内容である。まず，低コストの仕組み（Low Cost Structure）を構築すると，低価格（Low Prices）で提供できるようになり，これが顧客体験（Customer Experience）の価値を高める。すると，顧客の満足度が高まった結果，訪問者数（Traffic）が増加し，これを受けて出店者（Sellers）の新規参入が拡大する。そして，出店者数が増加すると，品揃え（Selection）が充実するので再び顧客の満足度がアップし，顧客体験の価値が向上する。こうしたサイクルをグルグルと回転させることで，アマゾンは持続的な成長（Growth）を実現できるというものである。

現在，アマゾンの主要な事業領域は，書籍，音楽，玩具，スポーツ用品等であるが，将来的には「薬局」「中小企業向け融資」「物流」「生鮮食品」「決済」

に加え，「保険」「スマートホーム」「高級ファッション」「園芸」等の新分野へシフトすることを視野に入れている[92]。その原動力となるのは，ほとんど売れない商品の販売額の合計がベストセラー商品の販売額の合計を上回る「ロングテール（Long Tail）」と呼ばれる考え方である。『ワイアード』誌の編集長であるAnderson（2006）によって提唱された「ロングテール」とは，もともと恐竜の長い尻尾を意味し，オンライン・チャネルでは，大ヒットした商品よりも，従来，流通システムに乗らないマイナー商品の方が儲かるとする考え方である。つまり，多様なニッチ商品の小さな売上の積み上げが巨大な利益を生み出すという概念である。なぜなら，オンライン・チャネルでは，リアル店舗のように商品を店頭で売る必要がない。その結果，品揃えの制約はなく，それに伴う手続きや費用も発生しないため，多様なニッチ商品を揃えることが可能だからである。また，自分の好みに合った商品を顧客が探し出して購入する消費の個性化が進むと，大ヒット商品よりも小さなヒット商品やまったく売れなかったマイナー商品の価値がより高まる。このため，オンライン・チャネルでは，少ない大ヒット商品の売上を狙うよりも，無数のニッチ商品の小さな売上を集めた方が儲かる。これがロングテールがまかり通る理由である。**図表８－７**は，「ロングテール」の概念を図で表したものである。

これを見てもわかる通り，「ロングテール」とは，薄い灰色の部分に相当する下位80%（テール）の品目の売上が濃い灰色の部分を指す上位20%（ヘッド）の

図表８－７　ロングテール

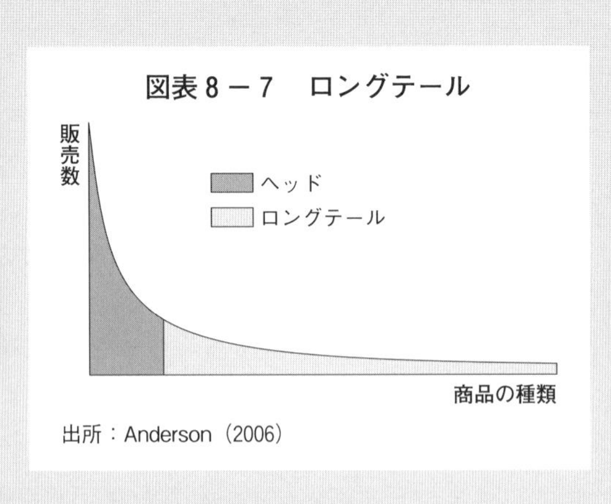

出所：Anderson（2006）

売上より割合が大きいモデルである。「ロングテール」の典型的なケースとして書籍を取り上げてみよう。一般のリアル店舗（書店）では，発売されたばかりの売れ筋商品を中心に揃える傾向が強い。店舗の広さや棚スペースの制約から，年間に１冊しか売れない本をストックしておく余力はないからである。また，再販委託制度から，売れない本は出版社へ返品できることも，リアル店舗に古くなった書籍が存在しない理由である。しかし，アマゾンのようなオンライン・チャネルでは，巨大な倉庫を構え，販売機会の少ないレアな本も長期間保管できる能力を保有するため，出版年月の古い多様なニッチ商品も取り扱うことできる。こうした理由から，幅広い顧客ニーズの開拓と大きな利益を上げることに成功している。

一方で，ロングテール現象を真っ向から否定する概念もあり，これは，「ブロックバスター（Blockbusters）」と呼ばれている[93]。**図表８－７**で説明すると，濃い灰色の部分を指す上位20%（ヘッド）の売上が，薄い灰色の部分にあたる下位80%（テール）の品目の売上より割合が大きくなることである。この概念を初めて提唱したElberse（2008）は，たとえば，エンターテインメント業界では，ヒットを見込める作品に現金をつぎ込み，その他大勢の作品につぎ込む費用を大幅に少なくする方が有効だと指摘する。というのも，映画，音楽，ゲームのようなエンターテインメント業界では，莫大な製作費や多額のマーケティング費用を投入したごくわずかなメガヒット作品が企業全体の売上の大半を占めるからである。この背景には，インターネットやSNSの登場により情報の発信力や拡散力が爆発的に高まり，その結果，ごく一部で話題となったニュースがあっという間に広範囲に普及・拡大するようになった社会現象があげられる。このため，「ロングテール」の考え方は間違いであり，「ブロックバスター」こそ正しい考え方だと主張している。

「ロングテール」または「ブロックバスター」のどちらが正しいかについては，おそらく，業界や商品そして消費者の特性によって決定されるため，簡単に答えを出すのは難しい。エンターテインメント業界では，「ブロックバスター」の方が正しいかもしれないが，書籍や出版の業界では，個性化や多様化が進む読者ニーズを考えると，「ロングテール」の方が正しいといえるだろう。

8　プラットフォーマーの支配力と対抗手段

巨大化したプラットフォーマーは，プラットフォーム上に参加する売り手プレイヤーに対し，相対的に強い立場を利用して支配力を高めるよう試みる。その結果，売り手との間で数々のトラブルが生まれ，売り手の価値が損ねられる場合も発生している。そこで，本節では，楽天グループが展開するインターネット・ショッピングモールである楽天市場と売り手との間で生じた諸問題を取り上げてみよう。

まず，同社のホームページによると，1997年にスタートした楽天市場は，現在，国内EC流通総額４兆5,000億円，出店数55,232店舗，楽天会員ID数１億2,380万以上を誇る国内最大級のインターネット・ショッピングモールまで成長した[94]。楽天市場を運営するプラットフォーム・ビルダーである楽天グループは，eコマース，トラベル，デジタルコンテンツなどの「インターネットサービス」，クレジットカード，銀行，証券，電子マネー，スマホアプリ決済という「フィンテック（金融）サービス」，携帯キャリア事業などの「モバイルサービス」，その他，プロスポーツなど70以上ものサービスを提供している[95]。このように巨大な楽天市場ではあるが，近年，売り手との間で送料無料化を巡る問題を抱えている。送料無料化は，買い手が3,980円以上の商品を購入すると，送料を無料とする制度であり，送料は出店者である売り手が負担する。送料無料化を巡る一連の経緯は，次の通りである。

2019年１月，楽天は，出店者に対し一定額の購入で送料無料にする方針を発表した。2019年８月，楽天は，送料無料の購入額を「3,980円以上」と発表した。2019年10月，送料無料に反発する一部の出店者が任意団体「楽天ユニオン」を設立した。2020年１月，「楽天ユニオン」が公取委に対し，送料無料が独禁法違反（優越的地位の乱用）にあたるとして楽天への調査を求める。2020年２月，公取委が楽天に立ち入り検査した。2021年５月，出店者が出店プランを変更する場合は制度の導入を義務化した。2021年７月，楽天は，強制ではないものの送料無料化を導入した。

このように楽天と売り手の間では，ここ数年，送料無料化を巡る攻防が続いているが，売り手によって設立された団体である「楽天ユニオン」によると，「昨今におけるECプラットフォームの店舗に対する目に余る強要，強制は強まりを見せている。特に，楽天においてその傾向は強く，これまでも楽天地獄と称されるほどの手数料に加え，楽天都合の規約変更，罰金制度の導入など，独裁制は年々酷くなった。ここに来て，2019年に発表された送料無料ラインの実施については店舗の個性を省みず，店舗の息の根を止めかねない悪質性を持っている」として，楽天内部の会議場にて今までにないほどの反対意見が表明されたとプラットフォーマーである楽天による高圧的な態度に異論を唱えている[96]。

今回の楽天市場のケースでもわかる通り，売り手側がマルチサイド・プラットフォームへ過度に依存し過ぎると，プラットフォーマーの支配力によって翻弄されてしまう危険が発生する。こうした場合，売り手はなすすべもないのか。

プラットフォーマーは，売り手に対し，①手数料を上げる，②価格をより重視する推薦アルゴリズムに変える，③広告料を要求する，④模倣製品によって攻撃する，⑤ルールや設計を容易に変更するといったことを行うことがある。

Hagiu and Wright（2021）は，こうした巨大デジタル・マルチサイド・プラットフォーム（MSPs）を運営するプラットフォーマーの支配力を回避するための売り手（Sellers）側の手段として，４つの戦略をあげている。第１は，「自社のダイレクトチャネルの開発と投資（Develop and Invest in Your Direct Channel）」である。たとえ，マルチサイド・プラットフォーム上から販売することを避けられない場合でも，売り手は，ブランド名が明記されたウェブサイトやアプリのような自前のチャネルにも投資することで，プラットフォームの依存を制限すべきである。

第２は，ショールームとしてMSPsを利用（Use MSPs as Showrooms）である。すなわち，売り手は，新規顧客を達成するためのじょうご（Funnels）としてマルチサイド・プラットフォームを利用する。

第３は，深掘りか，広がりか（Go Deep or Go Broad）である。売り手は，高い専門的な製品・サービスを提供することで，マルチサイド・プラットフォームの規模の経済性をテコにすることができる。また，売り手は，数多くの異なる製品・サービスを提供することで，マルチサイド・プラットフォームの範囲の経済性をテコにすることもできる。

第4は，賃金広報とロビー活動（Wage Public Relations and Lobbying Campaigns）である。これは，巨大マルチサイド・プラットフォームに対し，①売り手がより攻撃的な交渉を行う，②ソーシャル・メディアで訴える，③独占禁止法機関や裁判所に不平を持ち込む，④特定のマルチサイド・プラットフォームのやり方と戦うその他の売り手と共謀を図ることである。

このように巨大マルチサイド・プラットフォームが登場したことで，数多くの売り手は，強力な販路を持ち得るようになった。しかし，その一方でプラットフォーマーによる支配と戦うことを余儀なくされたのも実情であり，この点について，十分な注意が必要である。

9　プラットフォームの論理

(1)　サブシディサイドとマネーサイド

Eisenmann., Parker and Van Alstyne（2006）は，ツーサイド・プラットフォーム（ネットワーク）について，３つの論点をあげている。第1は，「サブシディサイド」と「マネーサイド」である。プラットフォーマー（プラットフォーム・プロバイダー）から見て２種類の両面市場に対する価格政策は，ユーザーグループの数や規模，支払い意思額（Willingness To Pay：WTP）[97]等から，それぞれ異なる対応がなされる場合が多い。２つのユーザーグループの中で，サブシディサイド（Subsidy Side）は，ユーザー数を増やすサイドである。このため，プラットフォーマーは，低価格または無料にてサービスを提供して優遇し，ある一定のユーザー数の確保を試みる。これに対し，マネーサイド（Money Side）は，大きな価値や利益を稼ぎ出すサイドを意味する。このため，プラットフォーマーは，マネーサイドに対して高価格を展開して課金し，これを収入源とするのである。

それでは，なぜ，プラットフォーマーがサブシディサイドを優遇し，マネーサイドから利益を上げる方法を採用するのか。その狙いは，ネットワークのワンサイドのユーザー数が増加すると，もう一方のサイドのユーザーに価値をもたらす「クロスサイド・ネットワーク効果」を生み出すためである。つまり，もし，プラットフォーマーが十分な数のサブシディサイド・ユーザーを引き入れることができれば，マネーサイド・ユーザーは，それを獲得するため，かなり高い金額でも支払うことが期待できる（Eisenmann., Parker and Van Alstyne, 2006）[98]。

サブシディサイドとマネーサイドの事例は，巷に数多く存在する。すぐに思い浮かぶのは，お見合いパーティである。あくまでも見聞きした情報だが，プラットフォーマーである主催者側は，女性の参加人数が増えれば，必然的に男性の参加人数も増えるという経験則から，女性の参加費は，低価格または無料にして参加者の数を集める一方で，その情報から集まってくる男性の参加費は高価格に設定して収益源とする方法を採用している。つまり，女性グループがサブシディサイド，男性グループはマネーサイドとそれぞれ位置づけることができるわけである。

プラットフォーマーにとっては，一方のユーザーグループをどの程度優遇すべきか，そして，もう一方のユーザーグループに対して，どの程度の価格を設定すべきか，これらの点を十分に検討することが重要である。

⑵ ウィナー・テイク・オール

第2の論点は，「勝者総取り（Winner Take All：WTA）[99]」である。ソフトウエアやインターネット・ビジネスなど，特にネットワーク産業では，“勝者総取り”または“独り勝ち”と呼ばれる現象が発生する。この勝者総取りの現象とは，最初の段階でシェアの60％を取った技術は，その後100％近くまで増加するが，当初の段階でシェアの40％しか取れなかった技術は，その後10％まで落ち込んでしまう，強者はますます強くなるが弱者はますます弱くなるという力学が働くことである（Shapiro and Varian, 1998）。そして，このような勝者総取りを可能にする要因には，①ネットワーク効果，②収穫逓増，③マルチホーミング・コスト，④スイッチング・コスト，⑤先発者優位，⑥参入障壁があげられる[100]。下記では，個々の促進要因について触れてみよう。

① ネットワーク効果

「ネットワーク効果（Network Effects）」は，別名，「ネットワークの外部性（Network Externalities）」「ポジティブ・フィードバック（Positive Feedback）」「需要側の規模の経済性（Demand-Side Economies of Scale）」とも呼ばれ，その意味は，プラットフォームの利用者（ユーザー）の数が増加すると，プラットフォームの参加者の価値が増大する効果である（Katz & Shapiro, 1985）[101]。このため，プラットフォームの利用者がスピーディかつ容易にプラットフォームへ参加すると，ネットワーク効果が高まり，価値創造の最大化とプラットフォームの成長を加速することができる[102]。

ネットワーク効果の起源は，アメリカの経済学者ライベンシュタイン（Harvey Leibenstein）が，1950年に提唱した「バンドワゴン効果（Bandwagon Effect）」まで遡ることができる。「バンドワゴン」とは，パレードの先頭にいる楽隊の乗車した馬車を指し，ラッパを吹き鳴らして進む楽隊の車に魅了され，大衆がドンドン集まって後からついて歩くことから，人気が高まると需要がさらに増大する現象を指す言葉として理解されている[103]。

ネットワーク効果は，「セイムサイド・ネットワーク効果」と「クロスサイド・ネットワーク効果」に分けられる（Eisenmann., Parker and Van Alstyne, 2006）[104]。**図表8－8**の通り，「セイムサイド・ネットワーク効果（Same-Side Network Effect）」は，「直接（Direct）ネットワーク効果」とも言い換えられ，同一グループ内で相乗効果が生じる現象をいう[105]。たとえば，電話の加入者が増えるほど，通話できる相手先が増えるため，利用者の便益が増加する。また，ハードとソフトの両方を手掛ける任天堂やソニーのように，自社の専用ゲーム機の普及が進むと，自社が開発したゲームソフトの需要や売上がアップし，総取りを可能にするモデルもまた，自社内でネットワーク効果が作動する好例である。一方，「クロスサイド・ネットワーク効果（Cross-Side Network Effect）」は，「間接（In-Direct）ネットワーク効果」ともいわれ，異なるグループ間で相乗効果が生じる現象をいう[106]。たとえば，ゲームの場合，消費者は多くの種類のゲームが提供されているプラットフォームを選び，ゲーム制作会社は会員（消費者）が多くいるプラットフォームにゲームを提供する。寡占化が進むと，プラットフォーム両サイドに対して市場支配力を持ち，両市場をコントロールする（川濱・玉田・大橋, 2010）。

図表8－8　ネットワーク効果

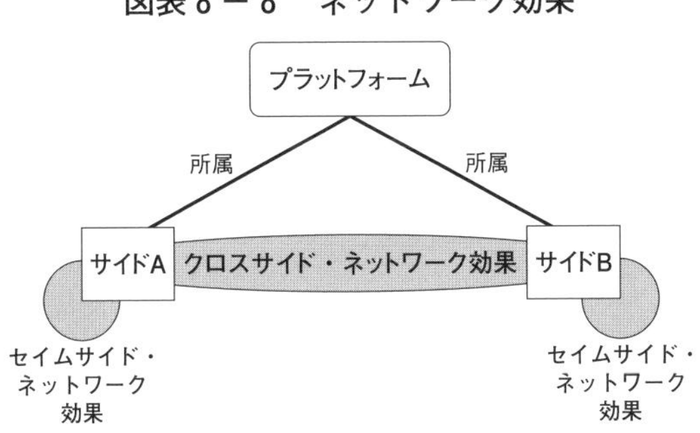

こうしたネットワーク効果には，プラスに働く正（Positive）の場合とマイナスに作用する負（Negative）の場合がある。このため，ネットワーク効果には「正のセイムサイド・ネットワーク効果」と「負のセイムサイド・ネットワーク効果」，「正のクロスサイド・ネットワーク効果」と「負のクロスサイド・ネットワーク効果」という4種類がある。この中で「正のセイムサイド・ネットワーク効果」と「正のクロスサイド・ネットワーク効果」の場合は，単一プラットフォームに支配されやすく勝者総取りとなりやすいといわれている。

Column

ネットワークとは何か

ネットワーク（Network）とは何か。辞書を引くと，テレビやラジオの「放送網」，複数のコンピュータ端末を接続してデータの共有や情報の効率化を図る「システム」，ヒトや組織を相互に連結する「つながり」等と記載されている。ここでは，企業や組織の経営戦略にフォーカスするため，ネットワークを「相互作用する多数の経済主体や構成要素から形成されたシステム」と定義する。

ネットワークの対象は，物理学，生物学，医学，脳科学，数学，コンピュータ・サイエンス等の理数系の学問から，経済学，経営学，社会学，政治学そして軍事学のような社会科学系の領域まで，その応用範囲は広がりを見せている。具体的にいうと，脳神経細胞のつながり，食物連鎖の生態系，インターネットやSNS，電力の送電網，航空機等を含む交通路線網，様々な人間関係や人脈，マーケティングの口コミ，企業提携によるネットワーク形成，新しい軍事戦略であるネットワーク・セントリック・ウォーフェアなど，多岐に及んでいる。

ネットワークの研究は，これまで数多くの学問分野で議論されてきたが，その中でも，特に研究が進んでいる分野として社会学があげられる。そこで，ネットワークの基本的な性質と概念を学ぶため，ソーシャル・ネットワークに関する代表的な4つの研究を取り上げてみたい。最初に，Milgram（1967）は，「世界の人間の中から2人をランダムに選び出したとき，何人の媒介者を連結すると両者はつながるか」という問いを設定した。そして，これを証明するため，目的の人物へ手紙をリレーする社会実験を行った。その結果は驚くべきものであった。というのも，わずか5人を媒介するだけで手紙は届くことがわかったからである。Milgramは，社会や世間は想像する以上に小さな世界（The Small-World）であり，私たちは，いわばしっかりと編まれた社会的な織物（a Tightly Knit Social Fabric）の中の存在であると表現した。

次に，Granovetter（1973）は，「弱い連結の強さ（The Strength of Weak Ties）」について提唱している。これは，家族や親しい親友，職場の仲間等の「強い紐帯（つながり）」よりも，ちょっとした知り合いや自分の友人の友人といった「弱い紐帯」の方が，実は新しいアイデアや価値ある情報を提供してくれるというものである。なぜなら，「強い紐帯」は，価値観や生活スタイル等が似ているため，同じようなアイデアや情報を持つのに比べ，「弱い紐帯」は，異なる価値観やライフスタイルを持つため，思いもよらぬアイデアや情報をもたらしてくれる可能性が高いからである。「弱い紐帯」はまた，「強い紐帯」同士をつなげるブリッジ（橋渡し）の役割を果たしてくれる。「強い紐帯」は，ネットワーク内の関係性が緊密なため，外部にあるアイデアや情報の取り込みが難しくなる。こうしたとき，「弱い紐帯」がその中に組み込まれていれば，「強い紐帯」同士をつなげるのに有効な役割を果たしてくれるからである。

Duncan and Strogatz（1998）は，複数のネットワークのタイプのうち，「スモールワールド・ネットワーク（Small World Network）」こそ，最適な形態だと主張している。それによると，ネットワークは3つのタイプに分類される（**図表8**

－9の左側3つ)。1つ目は，規則的な秩序ある連結を指す「レギュラーネットワーク」，2つ目は，逆に不規則な混沌とした連結を意味する「ランダムネットワーク」，3つ目は，彼らが発見したその中間的な連結である「スモールワールド・ネットワーク」である。この中で「スモールワールド・ネットワーク」が最も優れている理由とは，規則的なネットワークの中にショートカット（近道），バイパス（迂回），ブリッジ（架け橋）という無秩序なつながりを追加すると，「レギュラーネットワーク」と「ランダムネットワーク」がそれぞれ持つ長所を兼ね備えた構造になるからである。その結果，規則的なネットワークにわずかなランダム・リンクを加えるだけで，それらが再連結（Rewiring）され，ネットワークの可能性が大きく広がると指摘している。

Barabasi and Albert（1999）は，「ハブ」と呼ばれる一部のノード（頂点）が膨大な数のリンクを持つ一方で，ほとんどのノードは，わずかなノードとしかつながっていない性質を持つ「スケールフリーネットワーク（Scale Free Network）」を提唱している（**図表8－9**の右側)。「スケールフリーネットワーク」には2つの特徴があげられる。1つは，「ネットワークの成長」であり，時間の経過と共にネットワークのノード（頂点）が徐々に増加し，成長することである。もう1つは「優先的選択」であり，これを単純化すると「強いものにひかれる」「金持ちはますます豊かになる」といった表現になる。つまり，その時点で次数（リンク数）の高いノードに結びつきやすくなることである。

最後に，Burt（2004）は，アメリカの巨大電気機器メーカーのマネジャーに調査を行い，複数の人的ネットワークの間に存在するネットワークが疎な部分（隙

図表8－9　ソーシャル・ネットワークのタイプ

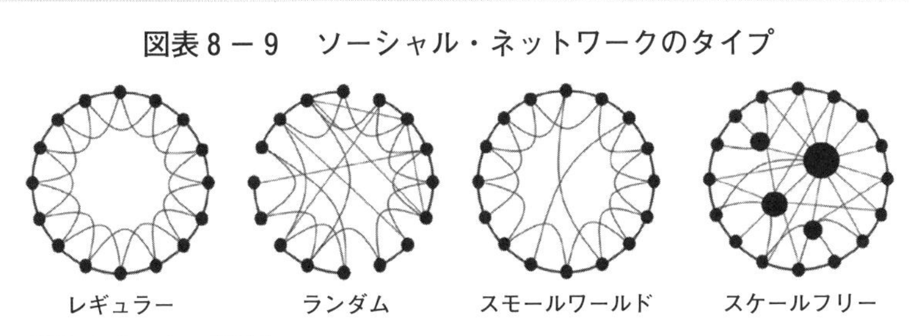

出所：Selvarajoo（2014）

間）を構造的空隙（Structural Holes）と定義し，このような構造的空隙に直面し，それを乗り越える橋渡し役（Brokerage）ほど，異なるネットワークから新しい情報やアイデアを吸収できるだけでなく，給与面も高いことを明らかにしている[107]。

以上，取り上げた代表的なソーシャル・ネットワークの研究は，その後のネットワーク科学の進歩に貢献するだけでなく，それ以外の学問分野にも多大なる影響を及ぼしている。

Column

メトカーフの法則

メトカーフの法則（Metcalfe's law）とは，「通信ネットワークの価値は，接続する端末や利用者の数の２乗に比例する」という経験則である。これは，電話やファックス，インターネット回線等のネットワークの経済的価値は，接続するユーザーが増えれば増えるほど高まることである。1973年，イーサネットを発明したXeroxパロアルト研究所（PARC）のロバート・メトカーフ（Robert Metcalfe）が1990年代に提唱した法則として世に広く知られ，最近では，仮想通貨ビットコインの価値を明らかにするための方法として応用されている。**図表８－10**は，メトカーフの法則を明らかにするため，電話回線数の増加を通じて加入者の経済的価値が高まる「ネットワーク効果」について示した図である。

もし，電話の加入者が２人だけなら，２人をつなぐネットワークは，単純に１本である（図の左側）。ところが，加入者が３人増えて計５人になった場合のネットワークは，10本となる（図の中央）。さらに，加入者が12人まで増えたときの互いのネットワークは，66本まで増加する（図の右側）。このように電話の加入者が増えれば増えるほど，加入者間のネットワークは指数関数的に成長し，膨大なエネルギーを持つことになる。

メトカーフの法則は，次のような公式を使うと簡単にネットワークの価値を計算できる。その式は，n（n−1）／2である。ここでn（node）とは，結び目を意味し，ここでは，加入者（ユーザー）の数を指すものである。この式に従うと，たとえば，加入者が５人の場合は，5（5−1）／2＝10，加入者が12人のときは，

図表８－10　電話回線におけるネットワーク効果

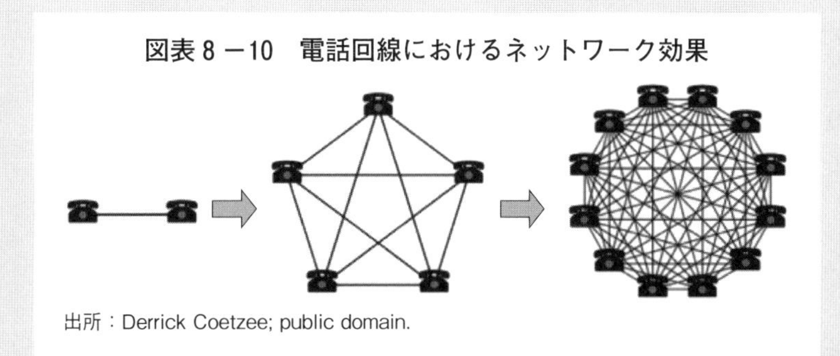

出所：Derrick Coetzee; public domain.

12（12－1）／2＝66，さらに加入者が100人まで増えたときは，100（100－1）／2＝4,950のように表せる。

最後に，ネットワークの経済的価値は，加入者（ユーザー）が１人増えるごとに１つ価値が拡大するわけではない。加入者（ユーザー）が１人増えるごとに相互に接続する加入者の数だけ，価値が増大するのがネットワーク効果である。

② 収穫逓増

これは，規模が拡大すると単位コストが低下し続けることである。この現象は，「収穫逓増（Increasing Returns to Scale）」と呼ばれ，勝者総取りを引き起こす要因の１つに数えられる。Parker., Van Alstyne and Choudary（2016）は，巨額な初期投資を参入障壁とした「自然独占（Natural Monopoly）」[108]を意味する「規模の経済（Scale of Economy）」を取り上げている（Eisenmann, 2007）。たとえば，送電線ネットワーク，ガス供給ネットワーク等のプラットフォームを形成し，顧客のもとへ届ける電気，ガス，水道のような公益事業では，発電所や送電網等の建設にかかる初期投資が巨額に及ぶため，これが参入障壁となって自然独占が生まれる（通商白書, 2016）。このように供給側に規模の経済が働くと，市場の集中と独占が進み，勝者総取りが発生する[109]。

③ マルチホーミング・コスト

複数の家に住むことと直訳できる「マルチホーミング（Multi-Homing）」は，１人のユーザーが複数のプラットフォームへ同時に参加し利用できることを指す（Caillaud and Jullien, 2003 ; Rochet and Tirole, 2003）。つまり，ユーザーが複数のプラットフォームと継続的な関係を維持すると，単一プラットフォームの価値が上昇する機会を軽減できるわけである。このようなマルチホーミングの現象は，至る所に存在する。たとえば，１人のユーザーが複数のクレジットカードを適宜使い分けたり，あるいは，複数のｅコマース企業に登録し，品物の特性に応じてネット・ショッピング先を選定すること等があげられる。

一方，「マルチホーミング・コスト（Multi-Homing Cost）」は，家の数が増えると，持ち主が負担すべき総費用は高まることを指す。これをプラットフォームに当てはめれば，プラットフォームの利用者（ユーザー）がその他の類似するプラットフォームに参加するために支払う費用と定義できる。そして，ユーザーが負担すべきマルチホーミング・コストが高い場合，ユーザーは１つのプラットフォームに利用を限定するため，勝者総取りが起こりやすくなる。逆に，マルチホーミング・コストが低い場合，ユーザーは複数のプラットフォームを利用できるため，勝者総取りは起きにくくなる。

④　スイッチング・コスト

「スイッチング・コスト（Switching Cost）」は，その名の通り，Ａ→Ｂへ転換する際に発生する費用を指す。たとえば，使い慣れた技術や習熟した製品から新しいものへ切り換えるには，必要以上の高い費用が発生する。このようにスイッチング・コストが高い場合，Ａ→Ｂへの転換は困難となるが，それが低い場合，転換は容易となる。次に，スイッチング・コストの考えをプラットフォームのプラス（促進）要因として捉えるならば，プラットフォームを転換するスイッチング・コストが高いような場合，ユーザーは必然的にそこにとどまるため，勝者総取り市場が形成されやすくなる。逆に，スイッチング・コストが低い場合，ユーザーはその他のプラットフォームへ移動することが容易となるため，独り勝ち市場は形成しづらくなる。

スイッチング・コストが働きＡ→Ｂへの移動が困難となった結果，Ａに拘束されてしまう現象は，「ロックイン効果（Lock in Effect）」と呼ばれている。ロックイン効果は，ある特定の技術や製品に捕まり，それから離れられなくなってしまう現象を意味し，たとえそれが旧世代の技術や製品であった場合でも，新世代の技術や製品への移行を阻む壁となることは，よく知られている。

⑤　先発者優位

ライバルに先駆けていち早く行動を起こすパイオニア企業を「先発者」と呼び，「先発者」だからこそ獲得できる長所またはメリットは，「先発者優位（First Mover Advantage）」と呼ばれている。つまり，「先発者」は「後発者」に比べ，各種の先発者優位性を獲得できるため，勝者総取りが起こりやすい。それでは，各種の先発者優位とは何か。各論者の見解を述べると，Lieberman and Montgomery（1988）は，先発者優位の内容として「技術リーダーシップ」「希少資源の先取り」「買い手側にスイッチング・コストが生まれる」をあげている。恩蔵（1995）は，先発者優位の中身として「顧客の心の中に参入障壁を形成」「特許による参入障壁の形成」「利用者の生の声を吸い上げ次に生かすことができる」「外部との関係性の構築」「利用者に対し高い転換コスト（Switching Cost）を強いる」をあげている。根来（2017）は，いち早く行動する先発者ほど，「技術やノウハウの先取り」「ブランド確立の先取り」「市場からの情報フィードバックの先取り」ができると指摘している。

⑥　参入障壁

Cusumano., Gawer and Yoffie（2019）は，「参入障壁（Entry Barriers）」の強さを取り上げている。つまり，潜在的な新しいライバルに対する高い参入障壁が形成される場合，単一プラットフォームによって独占される可能性が高くなり，勝者総取りとなりやすい。逆に，新たなライバルに対する参入障壁が低いような場合，単一プラットフォームによる独占の可能性は低下するため，独り勝ちのような現象は生まれにくい。

Column

勝者総取りの古典的な事例

世界的にも有名な勝者総取りの戦いで，もはや古典的な事例となった1970年代中頃から1980年代末まで繰り広げられた家庭用VTR（アメリカでは，ビデオカセット・レコーダー：VCRs）市場を巡るソニー対JVC（旧日本ビクター）[110]の戦いを紹介しよう。1975年，家電業界のリーダーであるソニーは，持ち前の高い技術力を背景に「ベータマックス」を発売した。ソニーの戦略は，他社が開発中の技術を駆逐し，ソニーの開発した独自技術を業界標準として採用するよう働きかけることであった。これに対し，当時，松下電器産業（現パナソニック）の子会社で家電業界のフォロワーに過ぎなかったJVCは，1976年，総力をあげて独自技術「VHS」を開発し，発売に踏み切った。JVCの戦略もまた，自社の「VHS」を業界標準とすることであったが，その実現のためのアプローチは，ソニーと違っていた。JVCは，競合他社へ赴き謙虚に耳を傾けながら，「VHS」の革新的な技術に関する特許権を安価な条件で与えた。これにより競合他社は，「VHS」仕様の自社製品を開発できるようになった。

ソニーは，「ベータマックス」による家庭用VTR市場の独占・支配を目指したが，結果として，パートナー企業群を囲い込むことができなくなった。これに対し，JVCは，他社へ「VHS」規格の公開に踏み切ったことでパートナー企業と強い協力関係を構築した。その結果，「VHS」仕様で製品を開発・生産する量が増大し，どの家電量販店等でも，「VHS」の製品が大量に販売されるようになった。そして，消費者は録画時間や互換性等の問題から「VHS」製品を選択する一方，ビデオソフトもまた「VHS」仕様の製品が大量に置かれるようになった。こうして1989年，「VHS」のマーケットシェアは100%，「ベータマックス」は「ゼロ」となり，業界標準を巡る戦いは，JVC陣営の勝利で幕を下ろした（Cusumano., Mylonadis and Rosenbloom, 1992 ; Cusumano, 2010 ; Evans and Schmalensee, 2016）。

(3) プラットフォームの包囲

ツーサイド・プラットフォーム（ネットワーク）の第3の論点は，「プラットフォームの包囲（Platform Envelopment）」である。これは，自社のプラットフォームが隣接のプラットフォーム・プロバイダーによって包囲されるかもしれない危険性である。プラットフォームは，しばしばユーザーベースで重複している。このため，これらの共有された関係性をテコにして包囲することは，別のネットワークを飲み込もうともくろむプラットフォーム・プロバイダーにとっては魅力的であり，それは容易にできるといえる（Eisenmann., Parker and Van Alstyne, 2006）。

プラットフォーム包囲または封じ込めは，シュンペーター的なイノベーション（つまり，創造的破壊）に頼らない第2の参入への道と呼ばれている（Eisenmann., Parker and Van Alstyne, 2011）。というのも，包囲または封じ込めを通じて，あるプラットフォーム市場のプロバイダーは，別のプラットフォーム市場に参入できるからである。

あるプラットフォームが参入障壁を克服し，その他のプラットフォームを介した市場を征服する包囲攻撃（攻撃側/標的側）は，主に3つに類型化される。第1は，攻撃側のプラットフォーム・プロバイダーが，そのプラットフォームの補完業者（補完製品）を対象に攻撃する「補完の包囲（Envelopment of complements）」である。第2は，攻撃側のプラットフォーム・プロバイダーが，標的側の弱い代替品のプラットフォームを対象に攻撃する「弱い代替品の包囲（Envelopment of weak substitutes）」である。第3は，攻撃側のプラットフォームと標的側のプラットフォームが機能的に関係しない「機能的に無関係な包囲（Envelopment of Functionally Unrelated）」である。

10 プラットフォームの失敗

プラットフォームについては，その効果や革新性などポジティブな議論がある一方で，画期的なものではなく，価値や利益は生み出さないというネガティブな指摘もまたなされている。ここでは，プラットフォームの失敗について触れてみよう。

Van Alstyne., Parker and Choudary（2016b）は，プラットフォームが失敗する理由として，次の6つをあげている。第1は，開放性の最適化に失敗すること。これは，プラットフォームをどこまでオープンにするのかを指すものであり，あまりにも閉鎖的な場合，望ましい参加者を締め出してしまい，ネットワーク効果が失われる一方で，逆に，あまりにも開放的過ぎる場合，参加者の質が低下し，他の参加者の離反を招き価値を破壊することもあり得る。第2は，開発者を巻き込むことに失敗すること。これは，ソフトウエア開発者が貢献することで何が得られるかをプラットフォームの所有者が示せないとき，発生するものである。第３は，余剰利益の共有に失敗すること。これは，価値の配分において，プラットフォームの片側が優遇され，もう片方が冷遇されるような場合，冷遇された側はプラットフォームから離れるため，持続的な利益を生み出さない事態に直面する。第４は，正しい側面（Right Side）の立ち上げに失敗することである。これは，プラットフォーム市場のどちらの側面を，いつ強調すればよいか判断を誤ることである。第５は，お金の前にクリティカル・マス（最小必要人数）を優先させることに失敗すること。これは，プラットフォームが普及する前から収益に重点を置いてしまい，最小必要人数の顧客を獲得できないという過ちである。第６は，イマジネーションに失敗すること。これは，製品に焦点を当て，プラットフォームの構築を見落とすことである。

Cusumano., Gawer and Yoffie（2019）は，1995年から2015年まで過去20年間におけるフォーブス・グローバル2000の企業リストから，2015年の時点で独立した株式を公開する上場企業として生存していたのは，252社のうち43社（内訳は，イノベーション・プラットフォーム企業18社，トランザクション・プラットフォーム企業25社）しかなかった（生存率17％）。すなわち，209社の先発プラットフォーム企業は，何らかの理由で失敗し，市場から退出していることを明らかにした。そして，209社のプラットフォーム企業がなぜ失敗したのか（Platform Failures）について分析を行い，次のような４つの過ちを導き出した。第１は，プラットフォームの片側で不適格な価格を設定すること（Mispricing）である。第２は，ユーザーやパートナーとの信頼開発の失敗である。第３は，競争からの時期尚早な撤退である。第４は，遅過ぎる参入である。

Zhu and Iansiti（2019）は，繁栄（成功）するプラットフォームとそうでないプラットフォームの違いについて豊富な事例をあげながら，５つの基本的な特性を明らかにしている。第１は，「ネットワーク効果の強さ（Strength of Network Effects）」である。フェイスブック（現メタ・プラットフォームズ）では，友人が増えれば増えるほど，他の友人を引きつける可能性が高くなり（つまり，ネットワーク効果が強くなり），プラットフォームの成功につながる。ところが，友人が増えず他の友人を引きつけられない場合，ネットワーク効果は弱くなるため，プラットフォームの失敗につながる。

第２は，「ネットワーク・クラスタリング（Network Clustering）」である。１つの大きなグローバル・クラスターのような場合，ライバルによる市場参入はより難しくなるため，プラットフォームの成功につながる。たとえば，エアビーアンドビーのネットワークは，世界というグローバル・クラスターなので，新規ライバルの参入費用は高い。これに対し，ネットワークが分散するローカル・クラスターのような場合，ライバルの新規参入は容易となり，プラットフォームの失敗につながる。たとえば，ウーバーの場合，ある都市と他の都市のドライバーとライダー（利用者）は，コネクトされることなく，それぞれ独立しているため，あるライドシェア企業が孤立した市場へ低価格戦略で参入し，市場シェアを獲得するのは容易となる。

第３は，「仲介機能の排除のリスク（Risk of Disintermediation）」である。ネットワークに加盟するメンバーがプラットフォームを経由せず，直接取引するようになることであり，ネットワークのメンバーが直接取引を開始すると，もう元のプラットフォームへ再び戻る可能性は少なくなるため，プラットフォームの失敗につながる。

第４は，「マルチホーミングの脆弱性（Vulnerability to Multi-Homing）」である。複数のプラットフォームに参加するユーザーの現象を指すマルチホーミングの費用が高く時間がかかる場合，プラットフォームの成功につながるが，マルチホーミングの費用が安く時間もかからなければ，プラットフォームの失敗につながる。

第５は，「ネットワーク・ブリッジング（Network Bridging）」である。プラットフォームが複数のネットワークに接続すると，ユーザー数やデータ数が拡大し，その中から相乗効果を作ることができるため，プラットフォームの成功につながる。しかし，複数のネットワークに接続できなければ，シナジー効果も生まれないため，プラットフォームの失敗につながる。

Knee（2021）は，プラットフォームの妄想（Platform Delusion）として，４つのコアな主張とその誤りについて触れている。それによると，第１に，プラットフォームは，画期的な新しいビジネスモデルというものである。プラットフォーム・ビジネスは，およそ2000年頃から注目されるようになったまったく新しい概念といわれるが，しかし，たとえば，クレジットカードのようなプラットフォーム・ビジネスは，コアな概念や技術を含め，実際には，インターネットが出現する前から存在していた。

第２に，デジタル・プラットフォームは，構造的にアナログ・プラットフォームより優れているというものである。たとえプラットフォームが新しい概念ではなくても，インターネットが潜在的なプラットフォーム・ビジネスの範囲，規模，大きさを非常に拡大した。しかしながら，こうして生まれた巨大なデジタル・プラットフォームは，従来のアナログ・プラットフォームに比べ，成功しているとはいえない。というのも，たとえば，買い手と売り手をつなぐツーサイド・プラットフォームであるeコマース企業と伝統的なショッピングモールを比較すると，今日，eコマース企業は業績不振に陥ったり，あるいは倒産や上場廃止さらに株式公開価格以下の値段で売却に追い込まれるケースも少なくないからである。

第３に，すべてのプラットフォームは，パワフルなネットワーク効果を示すというものである。ほとんどのプラットフォーム・ビジネスは，利用者が増えるたびに既存の利用者にとっての価値が高まる「ネットワーク効果」が働く。たとえば，フェイスブック（現メタ・プラットフォームズ）は，強力なネットワーク効果を通じて成功を遂げた企業の代表である。しかしながら，あらゆるプラットフォーム・ビジネスが「ネットワーク効果」を備えていると考えるのは間違いである。たとえば，広告主と消費者を接続するメディア，映画ファンと映画会社をつなげる映画館のような事業は，ネットワーク効果とは異なる理由によって収益が決定される。

第４に，ネットワーク効果は，容赦なく「勝者総取り市場」へと導くものである。プラットフォーム・ビジネスは，ネットワーク効果によって勝者独り勝ちが可能だといわれるが，ところが，この主張は何も根拠がない。むしろ，デジタルであることが参入障壁を下げるので，逆に，多数のライバルや競争の激化を引き起こしたり，ネットワーク効果は，供給側よりも需要側の利益を生み出す傾向が強く，その意味では万能とはいえない。

最後に，Büge and Ozcan（2021）は，ウーバー（Uber）がグローバル規模で迅速な事業拡大に成功したように，急速なるスケーリング（Rapid Scaling）は，確かにプラットフォーム戦略の中核をなす要素であり，勝者総取り，勝者最大取りの市場で成功するには，スピードが決定的な要素となるものの，規制が強く働くような市場では，返って失敗すると警鐘を鳴らしている。Büge and Ozcanは，縦軸にプラットフォームの参入と運営を規定する法的および規制的な障壁を指す「規制の複雑性（Regulatory Complexity）」，横軸には将来的に法律や規制のコストや複雑さが増大する確率を意味する「規制のリスク（Regulatory Risk）」を取り，それぞれのクロスから4つの規制レベルを明らかにしている。そして，「規制のリスクは低いが複雑性の高い環境レベル」「規制のリスクは高いが複雑性の低い環境レベル」「規制のリスクも複雑性も低い環境レベル」のいずれかで事業を展開するプラットフォーム企業は，急速なるスケール戦略を採用すべきだが，「規制のリスクも規制の複雑性も高い環境レベル」で事業を展開するプラットフォーム企業は，厳しい独占禁止法や法税制によって相当な費用負担を強いられるという理由から，スロースケール戦略を採用するのがベストな選択であると言及している。

11　レベニューマネジメント

「レベニューマネジメント（Revenue Management）」[111]は，供給量に制約があり，在庫を繰り越すことができないサービス業において，収益（Revenue）の最大化を図る戦略的手段として知られている。その応用範囲は航空業界から始まり，その後，宿泊業界，輸送業界，小売業界にも広まり，最近では，スポーツ業界にも波及している。レベニューマネジメントは，1980年代，経営危機に直面したアメリカン航空がオンライン予約システムを活用して生み出した方法がその起源だとされている。同社によると，適切な座席数を適切な顧客に適切な値段で売ることで，収益を最大化する管理方法であると定義している。

レベニューマネジメントとは，顧客の支払い意思額に応じて，販売価格や販売量をコントロールする管理手法である。たとえば，繁忙期は高価格政策，閑散期は低価格政策を実施することで収益の機会を高める方法であり，これは，ダイナミック・プライシング（Dynamic Pricing），価格変動性とも呼ばれている[112]。また，レベニューマネジメントは，提供するプランの予約状況が好調な場合，収益性の高いプランは値上げをするが，収益性の低いプランは停止または中止して損切りする。そして，予約状況が低調である場合，プランの値下げに踏み切って集客力を高めるか，低価格プランを新たに開発するという手法である。**図表８－11**は，レベニューマネジメントの考え方を図に表したものであり，縦軸は顧客の支払い意思額（WTP），横軸は顧客への販売量を示している。

図表８－11　レベニューマネジメントの考え方

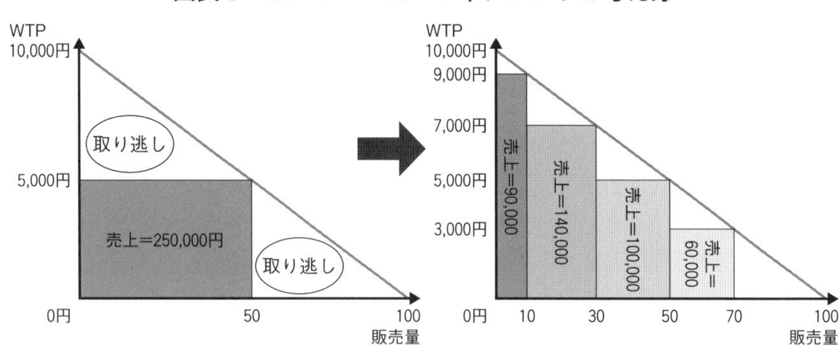

左の図は，顧客の支払い意思額が5,000円のとき，販売量は50となるため，売上は250,000円を入手できるモデルである。しかし，この図をよく見ると，顧客の中には，5,000円以上支払っても構わない顧客とそれ以下なら支払える顧客が存在し，これらの顧客は，取り逃してしまっていることがわかる。この問題を改善するためのモデルが右の図である。これは，顧客の支払い意思額に応じて価格帯やプランを準備したモデルである。顧客の支払い意思額が9,000円の場合，販売量は10となり，売上は90,000円となる。顧客の支払い意思額が7,000円の場合，販売量は20となり，売上は140,000円となる。顧客の支払い意思額が5,000円の場合，販売量は20となり，売上は100,000円となる。そして，顧客の支払い意思額が3,000円の場合，販売量は20となり，売上は60,000円となる。つまり，企業側の価格設定に対する意思額ではなく，顧客側の支払い意思額に応じて価格帯やプランを準備すると，総売上は390,000円となり，5,000円に固定した場合の250,000円と比べ，140,000円の収益の拡大が見込まれる。

このようなレベニューマネジメントは，プラットフォーム・ビジネスと相性が良いといわれている（McAfee and Brynjolfsson, 2017）。というのも，レベニューマネジメントとは，オンライン上で利用者と提供者を仲介するビジネスモデルだからである。そこで，レベニューマネジメントとプラットフォーム・ビジネスの事例として，宿泊業界を取り上げてみよう。

ホテルや旅館などの宿泊業界では，「オンライン旅行代理店（Online Travel Agent：OTA）」と呼ばれるプラットフォーム・ビジネスが浸透している[113]。これは，宿泊したい利用者と宿泊施設の提供者をインターネット上でマッチングさせる場を提供するビジネスモデルであり，プラットフォームを運営するプロバイダーは，施設の提供者から，一定の手数料（多くの場合，10％程度）を手にすることができる。今日，OTA 経由率（OTA 経由の宿泊人員÷年間延べ宿泊人員×100）は，全体の48.3％であり，今後もその比率は高まることが予測されている（令和3年度『営業状況等統計調査』）[114]。

利用者にとって，OTAのメリットは，店舗に足を運ぶ必要がなく，スマホやPCから検索・予約ができるため，24時間，好きな時に活用できるという利便性の高さがあげられる。一方，施設の提供者にとっても，営業マンが不要となり，販売チャネルも多様化でき，知名度の向上や集客力の拡大にもつながるだけでなく，予約状況の変化や他社との価格帯を比較し，価格やプランを柔軟に決められる利点がある。

レベニューマネジメントとプラットフォーム・ビジネスは，これまで宿泊業界や航空業界で普及が進んできたが，最近では，プロスポーツ業界にも導入されている。たとえば，人気チーム同士の試合は高価格なチケット代金を設定し，人気の低いチーム同士の試合ではチケット代金を値下げするなど，価格を柔軟に変動させ，集客力を向上する対応がなされている。

12 アセットベースによるプラットフォーム・ビジネスの分類

工場や機械設備など企業が保有する物理的資産をベースにプラットフォーム・ビジネスについて考えると，大きく3つのタイプに区別できる（**図表8－12**）。

図表８－12　３つの組織構造

タイプ	物的資産	該当企業	プラットフォーム・ビジネス
アセットライト型	小	グーグル ウーバー エアビーアンドビー	Google Play Uber App Airbnb App
アセットミディアム型	中	アップル シャオミ アマゾン	App Store Mi App Store App Store
アセットヘビー型	大	ダイムラー GE シーメンス	Moovel Predix MindSphere

「アセットライト（Asset Light）」は，自前の物的資産をほとんど持たず，プラットフォームの運営や調整に特化するタイプである[115]。これは，そもそも自社ブランドの製品・サービスを提供していない。また，自社の工場や設備を保有せず，無数の外注企業やサプライヤーとの関係性も構築していない。このように自社の資産を持たない企業がプラットフォーム・ビジネスに資源とノウハウを集中し儲けるタイプである。この代表的なケースには，グーグルによる「Google Play」，ウーバーの「Uber App」，エアビーアンドビーの「Airbnb App」があげられる。アセットライト企業は，自前の生産施設や機械設備を持たず，モノづくりにもタッチせず，デジタル時代においてプラットフォーム戦略によるマッチング・ソリューションだけに注力する企業である。

「アセットミディアム（Asset Medium）」は，ある規模の資産を保有しながら，プラットフォームの運営や調整に従事するタイプである。これは，自社ブランドの製品・サービスを展開しているが，自前の資産は，製品・サービスの研究開発機能や販売・サービス機能，保管機能等に関するアセットに限定され，工場や生産設備等は持たず，無数の外注先やサプライヤーとの関係性にモノづくりを依存している。このように中規模の資産を保有しながら，同時にまた，プラットフォーム・ビジネスにも資源や能力をフォーカスしているタイプである。この代表的な事例には，アップルの「App Store」，アマゾンの「App Store」があげられる。アセットミディアム企業は，自前では資産を持たない代わりに外部ネットワークを通じたモノづくり事業を行いながら，プラットフォーム戦略によるマッチング・ソリューションもまた手掛ける企業である。

最後に，「アセットヘビー（Asset Heavy）」は，自前で大量の資産を保有しながら，プラットフォームの運営や調整を手掛けるタイプである。これは，自社ブランドの製品・サービスを作るため，自社の工場や機械設備を保有しながら，外注企業やサプライヤーとの関係性もまた構築している一方で，プラットフォーム・ビジネスにも資源や能力を注力するタイプである。この代表的な事例には，ダイムラーの「Moovel」，GEの「Predix」，シーメンスの「MindSphere」など，伝統的なモノづくりメーカーがあげられる。これらアセットヘビー企業は，大規模な生産施設や機械設備を通じてモノづくりというレガシー事業を推し進めながら，デジタル時代に適応したプラットフォーム戦略によるマッチング・ソリューションにも乗り出している企業である。

13　プラットフォーム・ビジネスの事例

本節では，アセットライト企業に該当するであろう日本企業の事例を紹介する。デジタル時代を迎え，注目が集まっているのは，重い資産を持たないアセットライトな企業組織だからである。アセットライトに該当する企業の事例は数多く存在する。たとえば，印刷ビジネスを巡り，印刷を安く簡単にしたいユーザーと印刷機の非稼働時間を有効利用したい印刷会社を自社のECサイトで接続して新たなビジネスチャンスを生み出したラクスル（Raksul）[116]，ハイクラス人材の転職ビジネスで，職を求めるビジネスパーソン（求職者）と国内外の求人企業そして様々な業界に精通した人材紹介会社（ヘッドハンター）の三者をマッチングする人材データベース「ビズリーチ」を運営し，求人企業が求める優れた人材を必要な時に必要なだけ獲得できる「ダイレクト・リクルーティング」を可能にしたビズリーチ（Bizreach）[117]，新商品・新サービスの実現を希望する個人や企業（プロジェクト実行者）とそれを応援購入するプロジェクト・サポーターをインターネット上で仲介し，手数料を獲得する「０次流通市場」を切り開いたマクアケ（Makuake）[118]などがあげられるが，ここでは，「キャディ」「リクルートホールディングス」「メルカリ」という事業内容がそれぞれ異なる３社のプラットフォーム・ビジネスを取り上げてみたい。

(1)　キャディの受発注プラットフォーム・ビジネス

これまで日本のモノづくりを陰で支え，高い品質とコスト・パフォーマンスに貢献してきたのは，周知の通り，国内中小製造企業群から構成された分厚いサポーティング・インダストリー（基盤的支援産業）の存在であった。ところが，中国やインドなど新興国のモノづくりの台頭，ピラミッド構造の頂点に君臨する完成品メーカーの海外展開やデジタル化による影響，国内市場の成熟化に伴う受注の減少，経営者の高齢化と後継者不足などの影響を受け，今日の中小製造企業は，大幅な利益の減少や倒産の増加に直面している。たとえば，中小企業庁が毎年発表する2020年版「中小企業白書」によると，日本企業の99.7％を占める中規模企業＋小規模事業者の数は，1999年に比べ2016年は126万も減少した（因みに，小規模事業者数だけに絞ると，118万も減少している）。また，2019年と2020年に猛威を振るったコロナに伴う「緊急事態宣言」および「まん延防止等重点措置」の実施を考慮すると，今日の中規模企業＋小規模事業者の数は，さらに減少や倒産が拡大している可能性が容易に推定できる。こうした危機的状況の中，優れた技術や卓越した技を蓄積した国内の中小製造企業（町工場）に光を当て，大企業からの発注を仲介する新しいビジネスモデルを生み出したのが，2017年に若き創業者たちが設立したスタートアップ，キャディ（CADDi）株式会社（以下，キャディ）である。

同社は，累計6,000社を数える産業機械・装置メーカー，医療メーカー，半導体メーカーそしてプラントメーカーなどの発注側と全国600社の板金，切削，製缶など金属加工の町工場である受注側を水平的に橋渡しするプラットフォーム・ビジネスを展開している。同社のHP等の資料を参照すると，同社が受発注プラットフォーム・ビジネスに到達したその背景は，以下の通りである。金属部品加工の外注は，「設計」→「調達」→「製造」→「販売」の順に業務が進む。この中で「設計」業務は，CAD／CAEの活用がすでに進んでいるが，「調達」業務は，まったくイノベーションが生まれていない。「製造」業務では，CAM，FA，ロボティクス，３Dプリンターなど自動化が進んでいる。最後に「販売」業務は，AI・ビッグデータ，eコマース，SFA（営業支援システム）等の活用とイノベーションが起こっている。こうした部品加工の外注で唯一イノベーションが発生せず，100年以上新しいソリューションが登場していないのが「調達」である。そこで，これまでボトルネックであった「調達」業務に焦点を当て，新たなビジネスモデル・イノベーションの創造に乗り出したのである[119]。**図表8－13**は，キャディの受発注プラットフォーム・ビジネスの仕組みである。

図表8－13　受発注プラットフォーム・ビジネスの仕組み

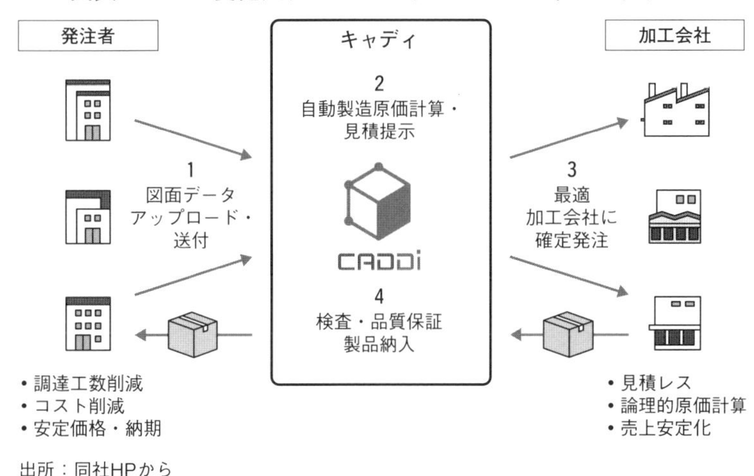

出所：同社HPから

この仕組みを解説すると，①発注者は，図面データや納期等の条件をキャディに寄せる。②キャディは，加工データ分析を通じて原価を計算し，発注者へ見積を提示する。③見積額が承認されると，キャディは注文内容と町工場の技術力を照らし合わせ，最適な受注先（加工会社）を選び発注する。④完成品がキャディに納品され，そこで検査・品質保証等をチェックし，問題がなければ，発注者へ納品される。この一連の仕組みによって発注者は，コスト削減，納期短縮，発注手続きの負担の回避が可能となる一方で，受注者もまた，新規顧客の開拓，受注の増加，赤字受注の削減，代金回収などの手間の削減が可能となる。しかしながら，キャディのビジネスモデルとは，発注者と受注者を仲介するだけの単純なツーサイド・プラットフォームではない。同社のユニークな点は，プラットフォーマーとしての役割だけでなく，受注側である町工場と協力して一体となって開発する体制を整えていることである[120]。キャディは，自社の立ち位置について，工場を持たないファブレス企業と名乗っている通り，単なるプラットフォーマーではなく，コラボレーターとしての役割も兼ねる優れたビジネス・クリエイターとして，新しい価値を創造している。

(2)　リクルートホールディングスのリボンモデル

リクルートグループの創業は，1960年，大学新聞に企業の求人広告を掲載し，学生に求人情報を提供することから始まった。その後，個人ユーザーと企業クライアントを仲介するプラットフォーム・ビジネスを通じて今日まで成長を続けてきた。現在，同グループの連結子会社は351社，関連会社は８社となっている。

同グループは，「HRテクノロジー」「メディア＆ソリューション」そして「人材派遣」という３つの事業から構成されている。同社のホームページによると，「HRテクノロジー」は，オンライン求人プラットフォームの運営，人材ビジネスに関するソリューションの提供など，個人ユーザーの求職活動と中小企業を含む企業の採用活動をサポートする事業である。「メディア＆ソリューション」は，住宅・美容・結婚・旅行・飲食などの多様な分野でオンラインプラットフォームの運営などを通じた広告ビジネス等を展開する「販促領域」と，個人ユーザーの求職活動と企業クライアントの採用活動を支援するメディアの運営，人材紹介サービスなどを展開する「人材領域」という２つの事業を展開している。そして「人材派遣」は，国内派遣領域および北米・欧州・豪州などの海外派遣領域で構成され，総合的な人材派遣サービス事業を世界各国で展開している。そして，これら３事業部門は，持株会社のもと戦略事業単位（Strategic Business Unit：SBU）として価値創造の役割を担っている。このようなリクルートの基本的な稼ぎ方は，リボンモデルと呼ばれている（**図表８－14**）。

杉田（2017）によると，リボンモデルは，蝶ネクタイの形をしている。左側には，個人ユーザー（カスタマー），右側には企業クライアントが配置され，中央部分でリクルートが両サイドを連結する役割を果たしている。このリボンモデルでリクルートに要求される力は，第１に，ユーザーとクライアントを「集

図表8－14　リボンモデル

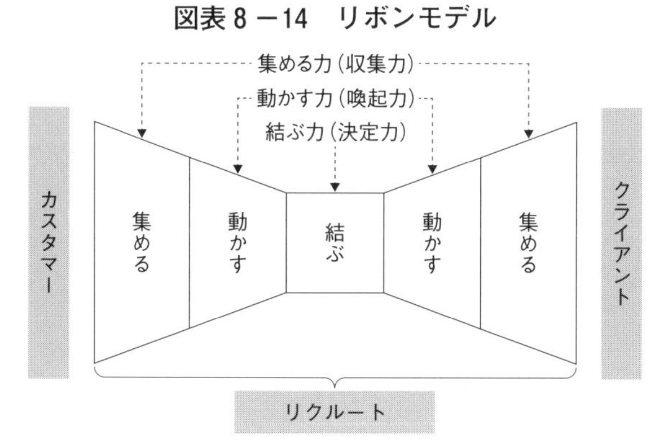

出所：杉田（2017）

める力（収集力）」である。

つまり，より多くのユーザーとクライアントを集められない場合，あるいは，片方だけ集められないような場合，このモデルは効果的ではなくなる。第2は，それぞれを「揺り動かす力（喚起力）」である。たとえば，集めたユーザーやクライアントが途中で脱落しないよう，絶えず揺さぶりモチベーションの維持に努めることである。もし脱落率が高い場合には，リボンモデルから得られる便益の最大化は図れなくなる。第3は，両者を結びつけることに「成功する力（決定力）」である。これは，ユーザーとクライアントの最良の組み合わせ（ベストマッチング）を提供することである。プラットフォーム・プロバイダーとして，必要不可欠な企画力や創造力が不足していた場合，すべての行為が意味をなさなくなる。

リクルートグループは，無数の個人ユーザーと多数の企業クライアントを集め，動かし，連結する結び目の役割を提供しているが，その価値創造の源泉は「人材」だと説明している。つまり，1人ひとりの違いを尊重し，ユニークな発想や情熱を歓迎する。そして，その情熱が本物ならば，惜しみなく機会を与えて応援する思想を大切にしているという（同社 Inside Out, 2020）。

⑶　メルカリのC to Cプラットフォーム・ビジネス

日本の家庭には１年以上使用されず，家庭内に保管している不要品（隠れ資産）が推計で約43兆7,269億円にも達する。これは，世帯あたりに換算すると，約73.5万円，国民１人あたりでいえば，平均約34.5万円にも及ぶという[121]。こうした膨大な隠れ資産を世の中に循環させ，豊かな社会の実現を目指すのがフリーマーケット（フリマ）アプリ「メルカリ」を運営するメルカリ（Mercari）である。同社は，2013年にサービスをスタートし，スマートフォンによる個人間取引（C to C）のためのマーケットプレイスを展開し，人気を博している。直近の国内流通総額は7,845億円（2021年６月期），月間利用者数は2,000万人（2021年９月単月）を突破している。同社のC to Cプラットフォーム・ビジネスは，**図表８－15**の通りである。

両サイドに「出品者」と「購入者」，中央に両者を仲介する「メルカリ」を取ると，①「出品者」は商品を出品する。②「購入者」は商品を購入し，支払った金額はメルカリにプールされる。③メルカリから「出品者」に支払い完了通知が通知される。④「出品者」から「購入者」へ商品が発送される。⑤「購入者」は商品を受け取り，「出品者」の評価をメルカリへ送る。⑥「出品者」は「購入者」に対する評価を行い，両者の評価が出そろったところで，メルカリは，プールしておいた金額から販売手数料10％を差し引いた金額を「出品者」へ売上として支払う。

ところで，メルカリの主要ユーザーは，意外にもシニア層である。同社によると，60代以上の１人あたり平均年間出品数は，20代の約２倍にも達するという。というのも，シニア層は，会社を退職して時間に余裕があるため，「終活」や「生前整理」のツールとしてメルカリを利用し，長年，溜め込んだ隠れ資産の処分を行っているからである。また，同社では，シニア層向けに「メルカリ教室」を開催し，その利用の仕方について伝授することやさらなる潜在的ユーザーの開拓に努めている。そして，このようなメルカリを利用する主な理由としては，①不要品が売れること，②スマホだけで出品できる容易さ，③家に居ながら出品できる気安さ，④利用者の多さ等があげられる。

図表８－15　メルカリのC to Cプラットフォーム・ビジネス

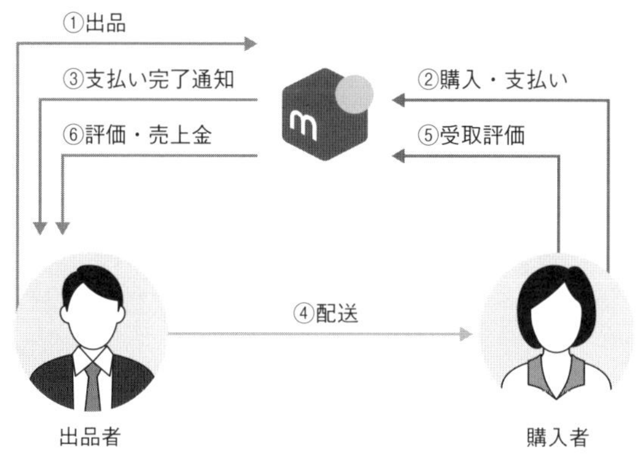

出所：https://jp.mercari.com/

第9章

イノベーション・エコシステム

1　イノベーション・エコシステムの戦略とリスク

「イノベーション・エコシステム（Innovation Ecosystem）」とは何か。Adner（2006）は，「イノベーション・エコシステム」について，企業が個々の製品を一貫性のある顧客向けソリューションとしてまとめ上げ，組み合わせることを通じた協調的な取り組みと定義している。Autio and Thomas（2014）は，イノベーション・エコシステムについて，相互に接続された組織のネットワークであり，焦点となる企業またはプラットフォームを中心に組織化され，生産サイドと利用サイドの両方の参加者を組み込み，イノベーションによる新しい価値の開発に焦点を当てると定義している。Furr., O'Keeffe and Dyer（2016）は，エコシステム・イノベーション（Ecosystem Innovation）とR&Dアライアンス（R&D Alliances）の基本的違いについて，２つの点をあげている。１つは，エコシステム・イノベーションは，イノベーションの商用化にフォーカスするものだが，R&Dアライアンスは，イノベーションを開発することに焦点を当てたものである。もう１つは，エコシステム・イノベーションは，そもそも短時間に企業間を横断して大きな機会を発見，探索そして検証するために設計されるものだが，R&Dアライアンスは，開始時にコラボレーション企業によって注意深く定義した知識を，通常数年かけて探求および構築するために設計されるものである。Granstrand and Holgersson（2020）は，イノベーション・エコシステムとは，あるアクター（行為者）またはアクター集団の革新的な成果にとって重要な，進化するアクター，諸活動，人工物（製品や技術など）そして補完的・代替的な関係を含む制度と関係の集合体と規定している。つまり，イノベーション・エコシステムとは，焦点となる企業の有・無にかかわらず，協調的（補完的）かつ競争的（代替的）な関係を持つアクターのシステムと，補完的かつ代替的な関係を持つ人工物のシステムを含むものである。Klimas and Czakon（2021）は，イノベーション・エコシステムを，共進化するアクターのイノベーション活動を取り巻く協力環境であり，また，共イノベーション・プロセスを横断して組織化され，イノベーションを通じて提供される新しい価値の共創をもたらすものと定義している。このような各論者の指摘をまとめると，イノベーション・エコシステムとは，複数のアクターとの協働を通じて価値共創（Value Co-Creation），共革新（Co-Innovation）そして共進化（Co-Evolution）を実現することが主要な焦点であると整理できる。

イノベーション・エコシステムの研究は，2000年代中頃から活発に議論されるようになり，今日まで至っている。そのパイオニア的な先行研究は，Adner（2006）がハーバード・ビジネス・レビューに寄せた「イノベーション・エコシステムとイノベーション戦略を適応させること（Match Your Innovation Strategy to Your Innovation Ecosystem）」である。本章では，このようなAdnerによる一連の研究成果を手掛かりに，イノベーション・エコシステムとは何かについて議論し，これを明らかにしたい。

Adner（2006）は，イノベーション・エコシステムについて，企業に大きな果実やチャンスをもたらす一方で，新たな課題やリスクについても考える必要があると指摘しながら，３種類の基本的なリスクを取り上げている。「相互依存リスク（Interdependence Risks）」は，補完的イノベーターとの調整に関する不確実性である。「イニシアチブ・リスク（Initiative Risks）」は，プロジェクトを管理する代表的な不確実性である。「インテグレーション・リスク（Integration Risks）」は，バリューチェーン全体で解決することによって明らかにされる不確実性である。

次に，Adnerは，イノベーション・エコシステムの戦略策定について，**図表９－１**のような手順を示している。まず，イノベーション（エコシステム）戦略は，成功に必要な成果の期待値を設定し，ターゲット市場を決定する。次に，先ほど示した３つのリスク，すなわち，補完的イノベーターとの調整にかかる

図表9－1　エコシステム戦略の策定

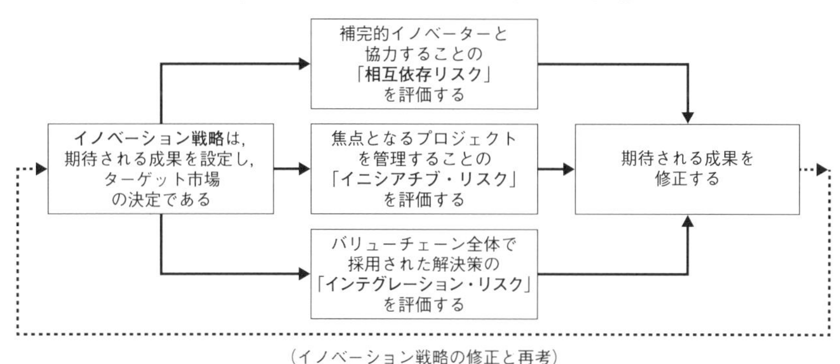

出所：Adner（2006）

「相互依存リスク」，焦点プロジェクトを管理する「イニシアチブ・リスク」，バリューチェーン全体で採用された解決策の「インテグレーション・リスク」をそれぞれ把握し，評価を行う。そして，これら3つのリスク評価を経た後，当初設定した期待される成果の修正を行い，イノベーション戦略の見直しと再考を行うものである。

Adnerはまた，イノベーション・エコシステムは魅力的なテーマであるため，価値創造の潜在力を過大評価しがちであるとしている。というのも，それは数多くのプレイヤーが有するケイパビリティを統合するものだからである。しかしながら，それらの多くを克服するための挑戦は，つい過小評価しがちである。なぜなら，数多くの問題は，自社ではなく，他の誰か（参加者）の問題であるかのように映るからである。今日の画期的なイノベーションは，もはや単独では成功できず，パートナー企業の補完的イノベーションは，欠かせない存在である。自社とそれを取り巻くパートナー企業によるコラボレーションの重要性は，ますます高まるばかりだが，パートナー企業の数が増加すればするほど，諸々のコストやリスクの発生に備えることもまた不可欠な課題である。

2　イノベーション・エコシステムの価値創造

その後，Adnerは，イノベーション・エコシステムについて，さらなる精緻化を試み，数々の研究成果を発表する。たとえば，Adner and Kapoor (2010) は，補完財を提供する企業を重視しながら，イノベーション・エコシステムの一般的な図式として，「供給企業 (Supplier)」「焦点企業 (Focal Firm)」「顧客 (Customer)」に加え，「補完財企業 (Complementor)」を取り入れたシステムのように説明している（**図表9－2**）。

図表9－2　イノベーション・エコシステムの単純な図式

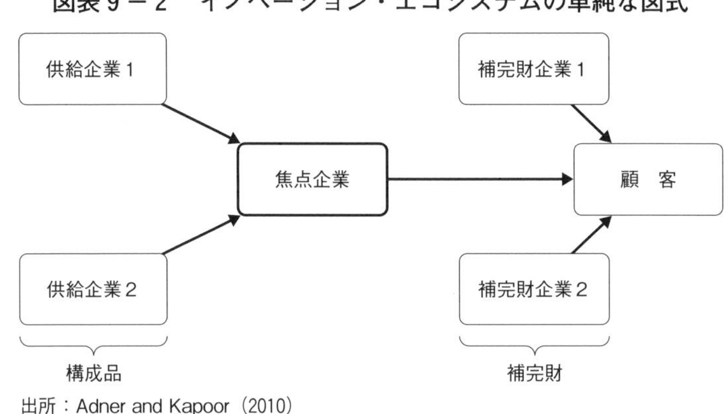

出所：Adner and Kapoor (2010)

それによると，川上に位置する供給企業の出力は，焦点企業への入力を意味する。この際，供給企業からの入力とは，焦点企業によって束ねられる部品や構成品 (Components) を指す。次に，焦点企業の出力は，顧客の入力を意味するが，この際，顧客は焦点企業からの提供を最大限利用するため，補完財企業の出力を束ねる必要がある。これが顧客によって束ねられる補完財 (Complements) である。

このようにイノベーション・エコシステムとは，「構成品」を提供する複数の供給企業とそれを束ねる焦点企業，「補完財」を提供する補完財企業と焦点企業から提供を受けながら，補完財企業を束ねる「顧客」というシンプルな図式で言い表すことができる。

これを踏まえ，Adner and Kapoorは，イノベーション・エコシステムのシンプルな図式の具体的な事例として，**図表9－3**のようなシリコンウエハー上にナノメートル[122]単位で微細な電子回路パターンを露光する（焼きつける，転

図表9－3　半導体リソグラフィー装置のイノベーション・エコシステム

レンズ生産者（ツァイスなど）
マスク生産者（フォトロニクスなど）
リソグラフィーツール生産者（ASMLなど）
半導体製造業者（サムスンなど）
エネルギー資源生産者（サイマーなど）
レジスト生産者（シップレイなど）

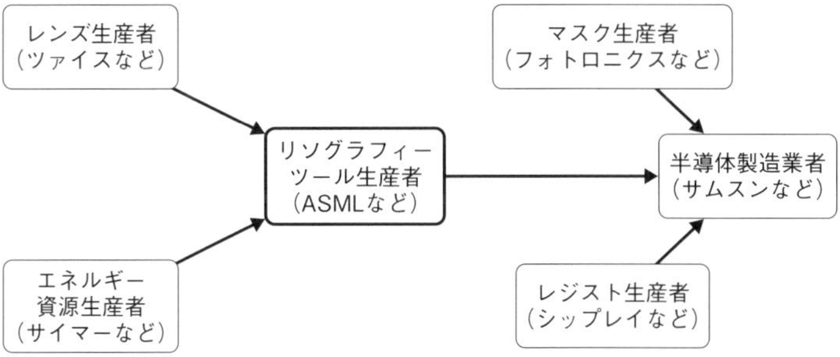

出所：Adner and Kapoor（2016a）

写する）半導体リソグラフィー装置（Semiconductor Lithography Equipment）を取り上げている（Adner and Kapoor, 2016a ; Ganco., Kapoor and Lee, 2020）。

それによると，半導体リソグラフィー装置のイノベーション・エコシステムは，以下のように説明される。まず，供給企業として，光の集光や焼きつけのために必要な「レンズ生産者（たとえば，ツァイス社）」や「エネルギー資源生産者（たとえば，サイマー社）」，そして，それらを束ねる焦点企業の「リソグラフィー・ツール生産者（たとえば，ASML社やニコン社）」がある。次に，補完財企業である，半導体回路の原版を扱う「マスク生産者（フォトロニクス社）」と感光剤を扱う「レジスト生産者（たとえば，シップレイ社）」。そして，その補完財企業と焦点企業からリソグラフィー・ツールの提供を受け，顧客として露光装置を利活用する「半導体製造業者（たとえば，サムスン社やインテル社）」から構成されている。そして，「半導体製造業者」は，補完財企業を束ねつつ，焦点企業による提供と統合を図る役割を担っている。

3　ワイドレンズ

Adnerは，2012年に『ワイドレンズ：イノベーションのための新しい戦略（The Wide Lens: A New Strategy for Innovation)』を出版した。ワイドレンズ（新しい視点）とは，独立した製品や単独のイノベーションから自社とコンプリメンターとの協働関係を通じたイノベーション・エコシステムへ視野を広げることである。というのも，今日の高度化したビジネス環境の中で，単独でイノベーションを生起できるイノベーターは，もはや存在しないからである。したがって，相互依存するパートナー企業を巻き込み，イノベーション・エコシステムを形成し，相互依存関係を適切にコントロールする能力を身につけることが課題となる。換言すると，イノベーションの成功は，パートナー企業がイノベーションに合わせ，これまでのやり方を変更または調整してくれるかどうかにかかっている。逆に，イノベーションの失敗は，ライバルに比べ，革新力の差や実行力の欠落ではなく，自社とコンプリメンターとの協働関係の複雑さに起因するイノベーション・エコシステムの遅れが最大の理由となる。

Adnerは，イノベーション・エコシステムの遅れがもたらした実際の事例として，世界最大のタイヤメーカーであるフランスのミシュラン（Michelin）が開発したランフラットタイヤを取り上げている。ランフラットタイヤ（Run-Flat Tire）とは，もし走行中にパンクしたとしても，走行し続けることが可能なタイヤであり，その後，修理工場でタイヤを修理したら終了という画期的なイノベーションである。この仕組みは，「PAXシステム」とも命名され，その主な特徴として，①たとえパンクしたとしても慌てて側道に車を寄せる必要がない，②スペアタイヤが不要なのでトランクルームを広く使える，③レッカー移動のような手間が省ける等，効果や影響は絶大であった。このため，ランフラットタイヤは，成功間違いなしとミシュランが自信を持って開発したイノベーションであったが，実際には，消費者の不満が高まり失敗した。最大の問題は，このPAXシステムが外部のパートナー企業との協働に伴うイノベーション・エコシステムに大きく依存していたからである。つまり，ミシュランは，ランフラットタイヤという新しいタイヤを単独で開発できても，ランフラットタイヤのイノベーションを積極的に受け入れ，これを修繕することができる修理工場を持ち得なかった。結果として，ミシュランは，エンドユーザーである消費者に価値を評価される前に，イノベーション・エコシステム内の補完的パートナーの支持を得られず，失敗したのである。

Adnerは，このような失敗の罠に陥らないためのツールとして，先述した「相互依存リスク」「イニシアチブ・リスク」そして「インテグレーション・リスク」とは別に，イノベーション・エコシステム内におけるすべての相互依存関係を見通す力であるワイドレンズに関する３つのリスク評価の必要性について触れている。そして，新技術がこれらのリスクに直面する度合いが大きければ，打ち勝つ（成功する）ための課題も大きく，技術の採用で見込まれる遅れもさらに長くなると指摘している。

第１のリスクとは，時間までに仕様（Spec）を満たし，焦点となるイノベーションを市場へ投入する難易度のレベルを意味する「実行リスク（Execution Risk）」である。これは，時間内に仕様を満たすことができるイノベーションを生起できるかどうかを問うものである。第２のリスクは，自社のイノベーションの成功は，他社のイノベーションの成功に依存する「コ・イノベーション・リスク（Co-Innovation Risk）」である。他社に対する自社の依存度が高いほど，他社の失敗の影響が自社にも降りかかるため，そのリスクを正しく評価することは大切である。第３のリスクは，エンドユーザー（最終消費者）が提供された価値を評価する前に，補完財等を扱うパートナー企業がイノベーションを受け入れるかどうかという「アダプションチェーン・リスク（Adoption Chain Risk）」である。これは，エンドユーザーが製品・サービスの価値を評価する前に，これら複数のパートナー企業が価値またはイノベーションを評価し採用してくれるかどうかのリスクであり，先述したPAXシステムの失敗とは，ミシュランがアダプションチェーン・リスクを正しくマネージできなかったことが原因としてあげられる。すなわち，修理工場がランフラットタイヤの価値を認め，そのための設備投資をしなかったことが本当の理由である。

4　新・旧技術の交代とS字カーブ

近年，IoT，AI，３Dプリンター，クラウド・コンピューティング，拡張現実（AR），仮想現実（VR）など，テクノロジーの飛躍的な進歩が進む中，新・旧技術の交代は，大きく２つの流れに分けられる。１つは，これらの新技術が旧技術を一気に駆逐してこれに取って代わるケース。もう１つは，新技術が旧技術をすぐに駆逐できないため，時間をかけてゆっくり駆逐や代替が進むケースである。この点について，Adner and Kapoor（2016a ; 2016b）は，新・旧技術の交代とは，技術だけの問題ではなく，エコシステムの問題であると分析している。つまり，新・旧の技術間競争の問題ではなく，新・旧のエコシステム間競争として捉えるべきだと論じているのである。Adner and Kapoorは，技術代替のペースを分析する枠組みとして，縦軸に「新技術のエコシステム創発の課題」，横軸に「旧技術のエコシステム拡張の機会」を設け，それぞれのクロスから４つの象限（Quadrant）パターンを浮き彫りにしている。それによると，技術代替のスピードとは，新技術が抱えるエコシステムの課題をいかに早く解決するか，また，旧技術がエコシステムの機会を利用して拡張できるかどうかで決定される（**図表９－４**）。

図表９－４　技術代替のペースを分析するための枠組み

新技術のエコシステム創発の課題 ＼ 旧技術のエコシステム拡張の機会	低い	高い
高い	象限３ 弾力性の幻想 静止状態後の急速な代替	象限４ 堅牢な弾力性 最遅の代替
低い	象限１ 創造的破壊 最速の代替	象限２ 堅牢な共存 緩やかな代替

資料：Adner and Kapoor（2016a;2016b）をもとに作成

まず，左下は，新技術のエコシステム創発の課題と旧技術のエコシステム拡張の機会が共に低い「象限１」である。これは，新技術のエコシステムが最速で旧技術のエコシステムに取って代わる可能性が高く，旧技術のエコシステムの改善・改良が頭打ちであることから，「創造的破壊（Creative Destruction）」と命名されている。たとえば，インクジェットプリンターとドットマトリクスプリンターとの戦いは，その典型的な事例である。このような「象限１」においてイノベーターは，新技術に対する積極的な投資をすべきである。方や，既存企業は，旧技術でも長期間生き残れるようなニッチ・ポジションを探し出すことが重要である。

右下は，新技術のエコシステム創発の課題が低く，旧技術のエコシステム拡張の機会が高い「象限２」である。これは，新技術のエコシステムが旧技術のエコシステムに取って代わる可能性が高く，旧技術の改善・改良が進み，エコシステム拡張の機会も拡大するため，新・旧技術の急速な代替ではなく，緩やかな代替が起こることである。このように新・旧技術のエコシステムの「堅牢な共存（Robust Resilience）」が起こる代表的な事例として，ハイブリッドエンジンと内燃機関との争いがあげられる。「象限２」において，新技術のイノベーターは，新技術と補完財を一緒に完成させることに邁進するべきである。一方，既存企業は，緊急課題ではないものの，旧技術のためのニッチ・ポジションを探し出すべきである。

左上は，新技術のエコシステム創発の課題が高く，旧技術のエコシステム拡張の機会が低い「象限３」である。これは，新技術のエコシステム創発の課題が解消されるまで静止状態が続いた後，急速な代替が生じることであり，新技術のエコシステム創発も旧技術のエコシステム拡張もまた，停滞を余儀なくされることから，技術競争の「弾力性の幻想（Illusion of Resilience）」と表現される。これに該当する事例として，たとえば，HDTV（高精細画質テレビ）とSDTV（標準画質テレビ）の戦いがあげられる。この「象限３」の場合，新技術のチャンピオン（イノベーター）は，エコシステムの課題解決や補完財要素の開発へ直接的に資源を配分すべきである。これに対し，既存企業は，旧技術にはメリットがあるから市場地位を維持しているという誤った仮説を防ぐ必要がある。

右上は，新技術のエコシステム創発の課題と旧技術のエコシステム拡張の機会が共に高い「象限４」である。これは，新技術のエコシステム創発に比べ旧技術のエコシステム拡張の機会が相対的に強く，このため，「堅牢な弾力性（Robust Resilience）」と命名されている。また，新・旧技術のエコシステムの世代交代に最も時間がかかるため，最遅で代替が進むパターンである。代表的な事例には，完全電気自動車とガソリンエンジン（内燃機関）自動車の戦いがあげられる。この「象限４」では，既存企業は，供給力やチャレンジャー企業に対するハードルを高めることに積極的に投資すべきである。一方，新技術イノベーターは，直面するエコシステムの制約を解決することについて取り組む必要がある。

Adner and Kapoorはまた，新技術がいかに速く旧技術に取って代われるかについて，２つのS字カーブを用いて説明している。それによると，先述した技術代替のペースを分析するための４象限は，新技術と旧技術のＳ字カーブの４つの交点に位置づけることができる（**図表９－５**）。

図表９－５　新技術と旧技術のS字カーブと４つの交点

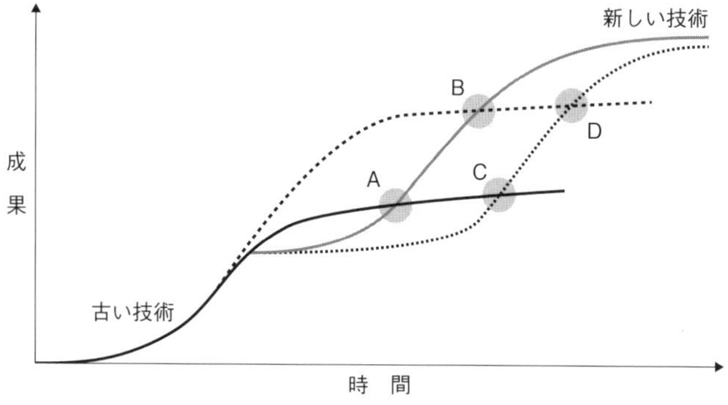

出所：Adner and Kapoor（2016a；2016b）

新技術と旧技術のＳ字カーブが交わる「交点Ａ」は，旧技術のエコシステムの改善・改良がほとんど頭打ちとなる中，新技術のエコシステムが最短で旧技術に取って代わるポイントを指すため，先に述べた象限１の「創造的破壊」および「最速の代替」が該当する。「交点B」は，新技術のエコシステムの発展に対し，旧技術のエコシステムの改善・改良が当初を上回るペースで向上した結果，新・旧技術の代替が緩やかに進むことであり，これは先に述べた象限２の「堅牢な共存」および「緩やかな代替」に一致する。次に，「交点C」は，新技術のエコシステムに課題が残され，旧技術のエコシステムの拡大機会もまたほとんど解消されない場合，大きな変化の停滞は続き，その後ある段階で一気に代替が生じることであり，これは先に述べた象限３の「弾力性の幻想」そして「静止状態後の急速な代替」に該当する。「交点D」は，新技術のエコシステムの発展に時間がかかり，逆に旧技術のエコシステムの改善・改良が大幅に進む場合，新・旧技術の世代交代には足かせとなるため，象限４の「堅牢な弾力性」または「最遅の代替」に該当する。

そして，このような各種の枠組みを通じて導き出される結論は，次のようにまとめられる。第1は，潜在的に変革が期待されるイノベーションが導入されても，その十分な価値は，エコシステムにおけるすべてのボトルネック（障害）が解決されるまで実現されない。第2は，既存企業（incumbent）が脅威に直面したならば，新技術だけでなく，それを支援するエコシステムもまた分析に費やすべきである。新技術のためのエコシステムの課題が大きいほど，自己の業績を強化するための時間は豊富となる。第3は，既存企業の業績を強化するには，旧技術の改善・改良することである。それは，旧技術を支援するためのエコシステムを一部改善・改良することで容易にできる。第4は，旧技術の性能が良くなると，新技術に求められる性能の閾値（最小値）もまた上昇する。

5 イノベーション・エコシステムの遅れ

Adnerは，イノベーション・エコシステムの遅れがもたらした実際の事例として，フランスのミシュランが開発したランフラットタイヤを取り上げているが，これと類似する事例は，わが国でも散見される。その1つは，2014年にトヨタが開発・販売した世界初の量産型燃料電池自動車（Fuel Cell Vehicle：FCV）の普及が一向に進まないことである。地球温暖化や大気汚染などの環境問題が深刻化し，低炭素・脱炭素化に向けて水素を利活用する動きが広がる中，無公害車を指すZEV（Zero Emission Vehicle）の開発が国際的にも急務の課題になっている。ZEVは，走行時に二酸化炭素等の排出ガスを出さない電気自動車（EV），燃料電池自動車（FCV），プラグインハイブリッド自動車（PHV）を意味するが，その中でも，水素（H_2）と酸素（O_2）の化学反応から電気エネルギーを生み出し，その電力でモーターを動かして走行する燃料電池自動車は，走行時には水（H_2O）しか排出しない「究極のエコカー」として，長い間，その実用化が期待されてきた。その期待に応えてトヨタが開発したのが「ミライ」であった。トヨタは，1992年に燃料電池自動車の開発に着手し，2014年，世界初の量産型FCVである初代「ミライ」を大きな期待を込めて発売したが，残念ながら，累計販売台数は，全世界で約1万1,000台（その内訳は，国内は約3,700台，海外は約7,400台）に終わった。

2020年，新型「ミライ」が発売された。初代「ミライ」は，1回の水素充填で約650キロメートル走行できるのに対し，新型「ミライ」は約850キロメートル走行できるなど，そのシステム性能は飛躍的に向上したものの，自動車市場に占める燃料電池自動車の普及・拡大は，そう簡単には進みそうもない。700万円以上と高価格な車両問題，燃料電池（FC）システムの外販問題，製造段階におけるCO_2排出量問題等があるが，しかし，最大の課題は，燃料電池自動車の普及に不可欠な水素ステーションの整備が圧倒的に遅れていることである。水素ステーションの整備コストは，１基あたり約４～６億円もかかる一方で，水素を生成するコストも高いからである。現在，水素ステーションの数は，全国でわずか161カ所（その内訳は，首都圏59，中京圏48，関西圏19，九州圏14，その他地域21）余りしかなく[123]，全国のガソリンスタンドの数２万9,005カ所と比較しても，その数は圧倒的に少ないことがわかる[124]。2019年に発表された「水素・燃料電池戦略ロードマップ」によると，2025年320カ所，2030年900カ所まで増加することが予測・期待されているが，この程度の設置スピードでは，燃料電池自動車の本格的な拡大は期待できない。また，トヨタ自動車，三井住友フィナンシャルグループ，岩谷産業など９社が推進役となり，水素分野におけるグローバルな連携や水素サプライチェーンの形成を推進する団体「水素バリューチェーン推進協議会（Japan Hydrogen Association：JH2A）」が発足したのは，まだ2020年末である。

燃料電池自動車の普及と水素ステーションというインフラ整備の問題は，「ニワトリが先か，卵が先かのジレンマ（Chicken and Egg Problem）」として，よく例えられる。つまり，燃料電池自動車の普及が先か，インフラ整備が先かという問題に置き換えられるわけだが，しかし，正解はどちらでもなく，燃料電池自動車の普及とインフラ整備が互いに共進化することがその答えとなる。なぜなら，製品イノベーションが市場で普及するためには，インフラ設備が不可欠であると共に，インフラ設備の拡大には，燃料電池自動車のさらなる生産・販売が必要だからである。

今後，燃料電池自動車の向上とさらなる普及に求められるのは，製品イノベーションとインフラ設備がクルマの両輪のように一体となって進むことである。そのためには，技術革新ばかりに目を奪われることなく，むしろ，自動車メーカーやインフラメーカーで構成されるイノベーション・エコシステムの構築を重視し，共進化の実現を目指すことが成功のカギだといえる[125]。

6 イノベーション・エコシステムの事例

(1) 自動車業界を巡る激震とイノベーション・エコシステム

近年，よく話題に取り上げられるEVシフト，すなわち「脱エンジン・入電動化」の加速や，MaaSと呼ばれる「モビリティ・サービス」の普及・拡大を通じて，これまでの自動車のモノづくりやビジネスが根底から変わろうとしている。伝統的な内燃機関車のモノづくりでは，長い間，垂直統合のピラミッド構造が採用されてきた。内燃機関車は，約3万点もの部品から構成され，部品間の調整が複雑となるため，息の合ったパートナーとの相互のすり合わせが不可欠である。このため，自動車メーカーを頂点とした主従関係を伴うピラミッド構造が形成されたのである。

垂直統合なピラミッド構造は，「系列（Keiretsu）」「財閥（Chaebol）」「サプライヤーシステム（Supplier Systems）」そして「エゴシステム（Ego-Systems）」とも呼ばれ，すり合わせや企業間信頼など，システム内における内的一貫性が何よりも重視された。このため，ピラミッド構造の性格は，参入障壁が高く，外部企業に対して排他性が強かった。**図表9－6**の左側は，従来の垂直統合型のモノづくり構造である（なお，図中には明記されていないが，ピラミッド構造の周りには「ガソリンスタンド」「損害保険」「整備工場」「駐車場」「タクシー」「レンタカー」そして「カーショップ」など各ジョブが取り巻いている）。

これは，ピラミッドの頂点に完成品の組立を行うセットメーカー（トヨタ自動車）が君臨し，その傘下にTier（ティア）1と呼ばれる1次部品メーカー（デンソー，アイシン精機，豊田自動織機など），その下にTier 2と表現されるプレス部品，鋳造，半導体等を担う中規模な2次部品メーカー，さらに，その下にTier 3と呼ばれる金型，原材料，消耗品等を担当する小規模な3次部品メーカーが垂直的に構成されている。そして，その中でセットメーカー➡Tier 1➡Tier 2➡Tier 3の順に発注が繰り広げられる[126]。また，上位者から下位者へ仕事の発注が段階的に行われるだけでなく，セットメーカーと1次部品メーカー

図表9－6 「垂直統合」と「水平分業」のモノづくり構造

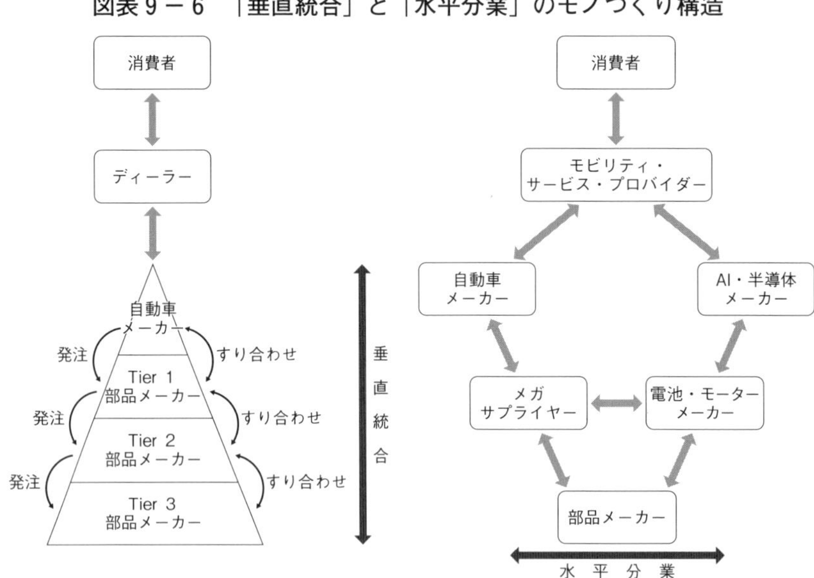

の間，1次部品メーカーと2次部品メーカーの間では，共同研究や情報共有が活発に展開されている。

ところが，これまで盤石に見えた垂直統合型のピラミッド構造は，現在のEVシフトやMaaSの普及には対応することが難しい。そこで，最近では，**図表9－6**の右側のような主従関係を伴わない水平分業型のエコシステム構造に注目が集まっている。その構造とは,「モビリティ・サービス」「自動車メーカー」「AI・半導体メーカー」「メガサプライヤー」「電池・モーターメーカー」がパートナーシップ型のエコシステムを構築するものである[127]。そして，このような脱ピラミッド構造へシフトした場合，従来のTier 2，Tier 3に該当する機械系部品メーカーは，EV車のモノづくりから一掃され，失業や雇用の問題が発生する懸念が報告されている。EV車のモノづくりは，構成部品が約2万点と内燃機関車より少なく，設計思想は，モジュール・アーキテクチャなので，構成要素間のオープンな組み合わせが可能である[128]。また，EV車のモノづくりは，自動車業界の参入障壁を引き下げる。このため，異業種企業による新規参入を活発化させる。そして，企業間による価値共創の可否がその命運を握っている。

さて，従来のピラミッド構造を支配するハブ企業は，いうまでもなく，自動車メーカーがその役割を果たしてきた。しかし，エコシステム構造のオーケストレーターは，必ずしも自動車メーカーだけとは限らない。たとえば，「モビリティ・サービス・プロバイダー」がエコシステム・オーケストレーターの役割を果たす場合もあるかもしれない。というのも，将来的に自動車のあり方が「所有」から「利用」へシフトすると，ウーバーやディディのようなモビリティ・サービス・プロバイダーの重要性が高まり，自動車メーカーの地位を奪い取る可能性も考えられるからである。また，「AI・半導体メーカー」のようなエコシステム・パートナーがオーケストレーターとなる場合もあり得るかもしれない[129]。たとえば，ソニーは，すでにコンセプトカー「Vision-S」を開発し，その実用化に向けて着々と準備している[130]。エレクトロニクスメーカーであるソニーは，AIや半導体そしてエンターテインメント等に関する技術やノウハウの蓄積はあるものの，車両やボディの開発に関する知識・ノウハウは基本的に持っていないため，主に海外のメガサプライヤーとの間でパートナーシップを形成し，その実現に漕ぎつけた。その主なエコシステム・パートナーは，次の通りである。自動車部品全般はドイツの「ボッシュ」「コンチネンタル」そして「ZF」，車体の設計・製造はオーストリアの「マグナ・シュタイナー」，電気自動車の車体はオーストリアの「ベントレー」，通信半導体はアメリカの「クアルコム」，画像処理半導体はアメリカの「エヌビディア」，デジタル地図はオランダの「ヒアテクノロジーズ」，ソフト開発はカナダの「ブラックベリー」が名を連ねている。

このようなソニーの開発のやり方は，定義・設計・開発・テストという機能を分けて競うように開発した後，顧客からのフィードバックを検証し改善していく，コンピュータ・メーカー特有の「アジャイル（Agile）型開発」であり，これまで自動車メーカーで広く採用されてきた，最初に緻密な計画を立て，その後，定義・設計・開発・テスト・運用まで各工程に段階的にとりかかる「ウォーターフォール（Waterfall）型開発」とは，一線を画すものである。

それでは，ソニーがEV車を開発するその意義は何か。それは，単に自動車を移動手段の1つとして認識していないことである。ソニーあるいはアップルは，本業であるAV機器やiPhoneなどのモバイル機器と同様，娯楽をふんだんに盛り込んだ情報端末の延長線上としてクルマを捉えている。自動車は，あくまでもスタートからゴールまで移動するモビリティの手段として考える自動車メーカーに対し，エレクトロニクスメーカーは，クルマをエンターテインメントやインターネット端末の１つとして考える発想の違いから，創発されるイノベーションもまた，クルマの可能性をより一層広げるものとして期待が寄せられている。

いずれにしても，エコシステム・オーケストレーターには，高度な調整力や統合力が要求される。特に，EV車の開発では，国内のパートナーだけでなく，時には海外のしかも異業種企業との間でもパートナーシップの構築が必要だからである。また，オーケストレーターと複数パートナーとの間で企業間による価値共創ができない場合，それはエコシステムの崩壊と挫折を意味することも忘れてはならない。

(2) コダックの失敗はエコシステムの破壊？

世界の写真フィルムの巨人として，一世を風靡したアメリカのイーストマン・コダック（以下，コダック）は，1880年に設立された。その後，コダックは，数々の世界的イノベーションを発表して高い名声を手にする。1935年，35ミリカラーフィルム「コダクローム」を発売した。1975年，世界初のデジタルカメラの開発に成功した。その結果，1976年には，地元の米国市場でカメラのシェア85％，フィルムのシェア90％を記録し，当該市場をほぼ独占するまでになった。しかし，2000年，カラーフィルムの世界需要がピークを迎える一方で，デジタルカメラの本格的な販売が進んだころからコダックの業績は急速に下降を辿り，2009年から2011年までの３年間，連続して最終赤字を計上した。そして，2012年，約130年もの歴史を刻んだコダックは「連邦破産法11条」の適用を裁判所に申請し，倒産してしまった。

これに対し，もう一方の世界の巨人である富士フイルム（現富士フイルムホールディングス）は，1934年に設立した。その後，写真フィルムの国産化に成功すると共に，国内販売網の確立も果たした。1962年，イギリスのランク・ゼロックスと出資比率50：50で合弁会社「富士ゼロックス」を設立し，複写機事業へ本格的に参入した。1988年，コダックに先駆けて世界初のデジタルカメラの商用化に成功し，発売を開始した。2000年，本業であるカラーフィルムの世界需要がピークを打つと，積極的にM&Aと関連多角化を図り，新たな事業として，医薬品，液晶用材料，化粧品等の市場へ進出し，脱本業（写真フィルム）に取り組み，成功を手にしている。

コダックと富士フイルムの命運を分けた最大の理由とは何か。①レガシービジネスに対する経営姿勢の違い，②デジタル技術への対応の違い，③株主価値への対応の違い，④リソースの多重利用の違い等がすでに指摘されているが，それ以外にコダックの失敗を物語る理由はないのだろうか。

Adner（2021）は，確かにスタートには出遅れたものの，コダックはイノベーションや変革，アナログからデジタルへの移行には成功したと分析している。それにもかかわらず，コダックが失敗を招いた大きな理由として，スクリーンが写真用紙に，スマートフォンが写真アルバムに，ソーシャル・メディアの投稿が複写式プリントに取って代わられたことに対応できなかったことを重く見ている。つまり，コダックは，技術革新には成功したものの，エコシステムの共依存関係（Co-Dependencies）を十分に自覚していなかったのである。コダックが見落としていたのは，こうした「エコシステムの破壊（Ecosystem Disruption）」であり，イノベーションや変革の遅れではない。

図表9－7は，コダックのエコシステム・サイクルの変遷を表したものである。コダックのバリュー・プロポジションは，「画像を通じて思い出を追体験し，共有する」ことであり，そのための価値アーキテクチャ（価値要素）は「瞬間を捉える（Capture）」「画像を制作する（Produce）」「画像を見て思い出を再現する（View）」「画像を他人と共有する（Share）」という4つに分けられる。

それによると，第1世代は，レンズ式光学カメラにフィルムを入れて写真を撮った。それを現像所と化学現像液でもって画像を制作した。そして，写真用紙にプリントして画像を再現した。最後に，それを複写して画像プリントを他人と共有して楽しんだ。

第2世代は，デジタル写真への移行期にあたり，「瞬間を撮る」と「画像を制作する」価値要素が大きく変化した。まず，写真を撮る要素がレンズとフィ

図表９－７　コダックのエコシステム・サイクルの変遷

出所：Adner（2021）

ルムを使用する光学カメラから，センサーと半導体メモリーカードを使用するデジタルカメラへ移行した。また，画像を制作する要素がフォトラボ（現像所）と化学現像液から，デジタルプリンターとインクカートリッジに置き換わった。そして，写真用紙のプリントを複写したり，画像をeメールで送信したりして他人と共有した。

第３世代は，センサーやメモリの技術進歩とコスト削減から，センサー式デジタルカメラとメモリーカードから，カメラ一体型携帯電話に置き換わった。

これにより，デジタルカメラの売上は，急速に低下の一途を辿った。

そして，第４世代は，カメラ一体型携帯電話から，画面やメモリが10倍向上したスマートフォンへ置き換わった。これにより画像を制作するためのデジタルプリンターやインクカートリッジは淘汰された。また，スマートフォンのディスプレイ機能が高画質なため，写真鑑賞もスマートフォンで楽しむようになり，写真用紙は不要となった。さらに，画像は印刷されないだけでなく，ソーシャル・メディアの台頭から，視覚的な記憶を親しい仲間と共有し，友人や見知らぬ人からの「いいね！」を求める新しい交流手段まで生み出された。

Adnerは，このようなエコシステム・サイクルの変遷を通じて，コダックが失敗したのは，ライバルに負けたわけでもなく，新技術をモノにすることができなかったわけでもなく，顧客に対する深い洞察を意味する顧客インサイト（Insignt）に失敗したわけでもないと述べる一方で，コダックは，様々な価値要素の変化によって失敗したと主張している。すなわち，手をたずさえるべき各要素の変化にコダックが強い影響を受けることに気づいてなかったのであり，このようなエコシステムの破壊を見落としたこと，そして，エコシステムのダイナミズムを理解していなかったことが失敗の本質だと分析している。

終章 エコシステムを考える

1　エコシステムの正体

これまでの考察から，他の類似するシステムや構造と比べ，エコシステムは，細かい部分で異なることが浮き彫りとなってきた。そこで，混乱を招くことが多い「系列・サプライヤーシステム」と「エコシステム」の違いを説明する。エコシステムとは，単なる生産分業構造を意味するものではない。つまり，わが国の「系列・サプライヤーシステム」と呼ばれる伝統的な企業間取引と「エコシステム」を比べたとき，両者の性質や内容は，次のような点で本質的に異なる。

第１に，「系列・サプライヤーシステム」は，いわば１つの大きなかたまりを複数の工程に分け，それに企業を割り当てる仕組みをいうが，一方，「エコシステム」は，補完的または相互依存関係にある自社と他社等から構成された有機的な組織体といえる。

第２に，「系列・サプライヤーシステム」は，階層的につながった企業間取引の中で，部品や原材料等の受・発注やモノづくりの効率を高める「生産性の向上」，主にセットメーカーとTier 1にあたる（１次）サプライヤーとの間で展開される「イノベーションの開発」，メーカーとサプライヤーによる「共同研究や集団的学習」がその主な目的であるのに対し，「エコシステム」とは，パートナー企業等との共進化を意味する「価値共創」，顧客価値の最大化を意味する「バリュー・プロポジション」そしてパートナーとの協働から生み出す「コ・イノベーションの開発」が主な目的となる。

第３に，「系列・サプライヤーシステム」は，垂直的な構造となるため，支配－被支配の関係を伴う。また，このシステムの形成期間は，基本的に長期的となり，製品アーキテクチャは，すり合わせ（インテグラル）要素を多分に含むため，個の組み替えは，比較的困難である。これに対し，「エコシステム」は，水平的な構造となり，フラットな関係を伴う。また，エコシステムの形成期間は，長期的に続く場合もあれば，短期的に終了する場合もある。製品アーキテクチャは，基本的に組み合わせ（モジュール）なので，個の組み替えは容易となり，柔軟性に富んでいる。

第４に，「系列・サプライヤーシステム」では，階層構造の上位に位置するTier 1に相当する（１次）サプライヤーは存在するものの，セットメーカーの製品やサービスそしてビジネスモデルに多大な影響を及ぼす補完財を提供するコンプリメンターのような存在は，考慮されていない。一方，「エコシステム」では，相互依存関係にあるコンプリメンターとの協調とその調整がエコシステムの維持と成長に不可欠な課題とされる。

2　デジタル・エコシステム

従来使用されてきた“エコシステム”という言葉は，近年，“デジタル・エコシステム”という言葉に急速に置き換えられつつある。これは，人工知能やIoT，ビックデータなど「デジタライゼーション」の波が世界を覆い，これがビジネスや企業経営のあり方に強い影響を与え出したからであることは，疑う余地もない。その結果，最近のエコシステム研究では，デジタル・エコシステムという言葉が頻繁に使用され，活発に議論されるようになってきた。たとえば，Jacobides（2019c）は，世界経済フォーラム（World Economic Forum）の報告資料として発表された「デジタル・エコシステムをデザインすること（Designing Digital Ecosystems）」の中で，デジタル・エコシステムとは，デジタルで接続され，モジュール化されたサプライチェーンのように階層的な権限によって管理されていない，相互作用する組織と定義している。また，Valdez-De-Leon（2019）は，デジタル的に接続され，モジュール化によって有効化され，お互いの提供するものに影響を与え，そして影響を与えられるような相互作用する組織の緩やかなネットワークと定義している。さらに，Subramaniam（2020）は，デジタル・エコシステムについて，データ接続を通じて開始され，センサーやIoTのようなテクノロジーによって刺激された相互依存性によって形成されるエコシステムと定義している。

ところが，これらの定義からデジタル・エコシステムに関する具体的な姿や内容を読み取ることはできず，また，従来のエコシステムとの本質的な違いを指し示すものは見当たらない。というのも，デジタル・エコシステムとは，これまでとは異なる新しいタイプのエコシステムではなく，結局のところ，これまで語られてきたエコシステムにデジタル化が覆いかぶさるような形で可能性を広げたに過ぎないからである。すなわち，デジタル・エコシステムとは，「ビジネス・エコシステム」「プラットフォーム・エコシステム」そして「イノベーション・エコシステム」に加わるもう1つの主流をなすものではなく，むしろ，それぞれのエコシステムがデジタル化によって，さらに相互作用する組織体として，より進化した形態と理解する方がおそらく正しいと考える。

だからといってデジタル・エコシステムそのものに意味がないといっているわけではない。デジタル化を通じてエコシステムの抱えてきた問題が解決されるのみならず，目標であるバリュー・プロポジションや価値共創の実現にもつながる。その一方で，デジタル化の動きは，参入障壁を押し下げるので，多数のライバルの増加や競争の激化を引き起こし，あるいは，エコシステム・パートナーの個の組み替えも促進または活発化させる可能性を秘めている。このようにデジタル・エコシステムとは，従来のエコシステムとは異なるパワーや性格を兼ね備えていることも考えられる。デジタルが持つ力と境界を超えて形成されるエコシステムを掛け合わせたとき，どんなシナジーが生み出されるのか，今後とも，活発に議論を展開する必要がある。

3　エコシステムを構築するポイント

これまでの議論を踏まえ，エコシステムの構築で特に押さえておきたいポイントとして，10項目取り上げてみよう。第1は，繰り返すまでもなく，デジタル技術の飛躍的進歩，クローズド・イノベーションからオープン・イノベーションへの移行，モジュール化というアーキテクチャの進化，DXと呼ばれるビジネスモデルの創造，IoTデバイスの急速な普及・拡大により，デジタル・エコシステムの重要性がより一層高まっていることである。

第２は，個別企業の限界や制約といった課題をエコシステムの構築によって克服できることである。現代のビジネスやイノベーションに必要な技術や資源を単独企業がすべて独力で所有しセットするのは，一部の特殊な企業（たとえば，知識蓄積型の部品メーカーや資本財・中間財メーカー等）を除くと，もはや不可能な事態に直面している。様々な組織が境界を越えてつながり，協働して難題を解決し，新たな価値を生み出す行動や取り組みが今こそ求められている。

第３は，企業経営上，マネジャーが対処すべき重要な経営課題は，膨大なコスト負担を回避または最小化すること，巨大なリスクの集中化を避け分散化することである。たとえば，現代のビジネスや最先端イノベーションの開発に必要な諸々の費用負担は，膨大な金額に及ぶため，これを単独で実施すれば，巨大なリスクを同時に背負い込むこととなり，危機的状況に追い込まれかねない。このような状況を打開する有効な手段として，エコシステムの構築は，コストとリスクを併せて回避できる効果的なやり方だといってもよい。

第４は，エコシステムに参加するプレイヤーは，自己利益を追求する前にエコシステム全体の利益を優先すべきである。たとえば，エコシステム・オーケストレーターやコンプリメンターが全体の利益を無視し，自己利益の最大化だけを追求すると，エコシステムは崩壊に向かい，価値創造の失敗を招くことは明らかである。このため，エコシステムの構築では，参加するプレイヤー全体の利益を優先し，果実を共有する協調精神や行動が不可欠である。

第５は，エコシステムの構築では，コーイノベーションやコーカルチャーの創造が重要なカギを握ることである。これら一連の共活動の徹底は，“言うは易く行うは難し”だが，こうした目標を掲げ，果敢に挑戦する行動こそが，エコシステムの成功と持続に必要な条件だと考えられる。

第６は，エコシステムを構築し良好に運営するには，調整戦略が極めて重要なことである。誤解を恐れずにいうと，エコシステムの成否とは，参加するプレイヤーとプレイヤー同士をどう調整するのか，そして，良好な関係性をどう維持するのかというその是非により決定されてしまう。このため，エコシステムの構築では，特に調整のやり方に力を入れ，模索する必要がある。

第7は，短期的であれ長期的であれ，エコシステムの構築では，“大きく生んで大きく育てる”よりも“小さく生んで大きく育てる”方が得策なことである。Adner（2021）もまた，エコシステム構築のための3原則として，最低限の数でエコシステムを確立し（原則1），段階的な拡大の道を進み（原則2），エコシステムの繰越（持続性）を開発する（原則3）という論点を語っているように，最初から巨大なエコシステムを構築すると，先述した共活動の徹底が不安定となり，エコシステムの調整にかかる費用の負担が増大し，複雑性が上昇してエコシステムの統治が困難になることは明らかである。こうした問題の山積を避けるためにも，最初は小規模なエコシステムからスタートし，徐々に拡大していくアプローチが望ましいといえる。

第8は，コンプリメンターを識別し，どうやって相互作用を図るかが成功のカギを握ることである。エコシステム研究の重要な発見の1つは，補完財を提供する補完者が重要な役割を果たしている事実を明らかにした点である。しかしながら，優れたコンプリメンターほど，複数のエコシステムに相乗りしている場合が多いため，コンプリメンターとの相互作用の構築は，そう易々と獲得することはできない。肝要なのは，①エコシステムの相対的魅力度を高める，②組織間信頼を構築する，③相互依存関係の強化を図る等，複合的な取り組みが求められる。

第9は，ネットワーク効果という経済性を享受できることである。とりわけプラットフォーム・エコシステムの構築では，一方の参加者の増大がもう片方のプレイヤーの拡大を助長する効果が発揮されるため，当該市場の独占や独り勝ちも期待できる。ネットワーク効果を含む経済性をよく理解し，これを発揮するビジネスや取り組みが今こそ求められている。

第10は，アセットライト型企業の可能性である。伝統的な戦略論では，アセット（資源）の質・量が大きいほど，競争優位な企業とされてきた。ところが，デジタルやネットワークの効果が重みを持つ時代に突入した現在，アセットヘビー型企業は，所有するアセットに引きずられるため動きが鈍く，変化に対する柔軟性に欠ける一方で，もともとアセットが少なく，このため，持ち前の小回りとスピードに富むアセットライト型企業の方が新しいプラットフォーム・

エコシステムを次々に立ち上げ，ビジネスシーンを席巻している。したがって，これからの競争優位の条件とは，少なくともプラットフォーム・エコシステムの場合，ヒト・モノ・カネという古典的なハード資源ではなく，リーダーシップ，スピード，つなげて束ねる力というソフト能力へ，シフトすることが予想される。

4　今後，残された課題

本書の締めくくりとして，エコシステム研究に関する今後の課題について触れておきたい。まず，自然界の生態系という概念を社会科学の分野へ援用する動きは，これからも拡大することが予想される。エコシステムとは，それほど魅力的な概念であり，抽象的な現象を具体化し，新たなモデルの構築にも大きな示唆を与えてくれるからである。また，ビジネスや企業経営を対象とするエコシステム研究の旅は，スタートしてからまだ日が浅く，始まったばかりである。このため，言葉や概念だけが独り歩きしているケースも見られる一方で，様々な分野へ応用化と展開が進んでいるのもまた確かである。

最後に，エコシステム研究の今後の重要な課題として，次のような3つの点を指摘しておきたい。第1は，自然界の生態系の仕組みとビジネスや企業におけるエコシステムの仕組みを重ね合わせ，類似点や相違点等を浮き彫りにし，より詳細な分析を行う試みは，まだ十分とは言い難いことである。たとえば，生態系を形作る構成要素として，気候的要因や土壌的要因を指す「非生物的環境」は，ビジネスや企業では外部環境に相当するが，その具体的な内容等については，深められていないままである。

第2は，エコシステム・ガバナンスに関するさらなる究明である。エコシステム・ガバナンスに関する議論は，その検討や解明が求められているにもかかわらず，初期の段階にとどまっているのが現状だ（Jacobides, 2019a）。エコシステム内における学習と知識移転を通じて価値共創やバリュー・プロポジションを実現するには，多様なコンプリメンターやパートナーを調整・統合し，個々が持つパワーをどう引き出すか，エコシステムから生じる価値の獲得と共有をいかに展開するべきか，エコシステムが安定的かつ有効に運営されるには何が必要かなど，ガバナンスに関連する課題は山積している。

第3は，エコシステムの維持・強化に必要な共文化の創造である。共文化とは，エコシステム内における共勝ちや共創を尊ぶ精神や理念・哲学のことであり，エコシステム活動は共文化を通じてスムーズに展開される可能性が高くなる。併せて，多様なコンプリメンターやパートナーとの間でエコシステムを構築する際，共文化を共有できるかどうか見極める必要がある。特に，日本企業の場合，ヒトもそうだが，たとえ短期的な活動であっても，協調や同調が重視されるため，あらかじめトーンを合わせる（Syntonize）ことをしないと，その後，全体の動きを同期させる（Synchoronize）ことが難しくなる[131]。こうしたトーンの一致を図るためにも，共文化を創造しその理解を通じて，多様なコンプリメンターやパートナーと歩調を合わせることがエコシステム成否の大きなポイントだと考える。

注　記

1　テック・ジャイアンツ（Tech Giants）とも呼ばれている。

2　GAFAMとも呼ばれている。これは「Google」「Amazon」「Facebook（Meta）」「Apple」「Microsoft」の頭文字に由来する言葉である。

3　Forbes Japan｜アップルの時価総額が英国のGDPを突破，2025年のEV発売にも期待」

4　Parker., Alstyne and Jiang（2017）は，企業の価値創造の仕方が組織の内部から外部へ，社内の人材から外部に点在するパートナーへ根本的に変化していると論じ，これを「企業を逆転させること（Inverting the Firm）」と呼んでいる。

5　GAFAMが台頭するにつれ，一握りの巨大プラットフォーマーによるデータ独占が深刻化している。これは，新独占（New Monopoly）と呼ばれ，たとえば，自社の有利となるよう価格を吊り上げる従来の独占とは異なり，独占しても価格は引き上げないという違った性格を持つ。

6　実際は，アップルからソフト開発者に対する代金の支払いから，30％の手数料を差し引いた残りの金額が支払われる仕組みとなっている。

7　Oberholzer-Gee（2021）によると，アップルのプロフィットプール（利益構造）は，ハードからソフトへシフトし，2009年から2019年までの間，「App Store」の粗利益は4倍になったとしている。

8　ダウジョーンズが運営するウェブベースのデータサービス。

9　それ以外にも，ナレッジ・エコシステム（Knowledge Ecosystem），IoTエコシステム（Internet of Things Ecosystem），スタートアップ・エコシステム（Start-up Ecosystem）等があげられる。

10　プラットフォームとエコシステムの性格的な違いに関する議論として，たとえば，Adner（2017）は，プラットフォームでは，インターフェイスのガバナンスに関心があるのに対し，エコシステムでは，相互依存の構造に関心が寄せられていると指摘している。また，Kapoor（2018）は，一部のエコシステムは，アクターとオファーを接続する特定の技術アーキテクチャを提供するプラットフォーム上に構築されると論じている。そして，Jacobides., Cennamo and Gawer（2018）は，プラットフォームについて，エコシステムにおける非ジェネリックな補完性を調整するための特定の方法を提供するため，すべてのプラットフォームがエコシステムを伴うわけではないと指摘している。とはいえ，プラットフォームとエコシステムの明快な相違等については，もう少し議論が必要のようだ。

11　イノベーション・エコシステムは，国，地域，クラスターを対象とする生態系を意味する場合もある。たとえば，企業，大学，研究機関，政府機関等からなる産官学連携や相互作用からイノベーションの発生頻度を国単位で分析するナショナル・イノベーション・システム（National Innovation System：NIS）とイノベーション・エコシステムには本質的違いはないとされている。

12　モジュール化は，1990年代半ば頃から今日に至るまで注目を集めてきた概念だが，その起源は，1964年，IBMが開発したコンピュータ「システム／360」まで遡ることができる。

13　田中（2009）によると，モジュール化とは，ある目的に使う財・サービスをいくつかのユニットに分け，その組み合わせのインターフェイスを固定して一般にも公開することであると定義している。

14　モジュール化の対抗概念は「インテグラル化（Integral）」と呼ばれている。これは「統合化」とも呼ばれ，複数の専用部品が相互に絡み合って作り上げるやり方であり，部品同士の調整または「すり合わせ」が不可欠な仕組みと定義される。

15　NHK取材班（2013）『メイド・イン・ジャパン 逆襲のシナリオ』宝島社

16　「組織生態学」とも呼ばれている。

17　内閣府・文部科学省・経済産業省「Beyond Limits. Unlock Our Potential.」令和元年 6 月

18　複雑系（Complex System）の解明に挑むサンタフェ研究所（SFI）もまた，「複雑適応システム」と呼んでいる。

19　この指摘は，自然科学者として『種の起源』を著したチャールズ・ダーウィン（Charles Robert Darwin）が残した名言，「最も強い者が生き残るのではなく，最も賢い者が生き延びるのでもない。唯一，生き残ることが出来るのは，変化できる者である（It is not the strongest of the species that survives, nor the most intelligent that survives. It is the one that is most adaptable to change)」と一致する。

20　総務省　令和 3 年版「情報通信白書」

21　Digital Transformationの「Trans（変える，横切る）」を英語圏では省略する際に“X（エックス）”と表記することが多い。このため「DX」と表記されている。

22　Stolterman and Fors（2004）

23　IDC Japan 株式会社 HP

24　スポティファイ，アップル･ミュージック，ライン・ミュージックなどが有名である。

25　総務省　平成30年版「情報通信白書」

26　内閣府「平成29年度年次経済財政報告」

27　総務省　令和元年版「情報通信白書」

28　Bughin and Zeebroeck（2017）もまた，デジタル・ディスラプターの脅威に対する既存企業の対応策として，３つのポイントを指摘している。１つ目は，新たな顧客セグメントを獲得する。２つ目は，新しいビジネスモデルを導入する。３つ目は，バリューチェーンを再定義することである。

29　経済産業省・厚生労働省・文部科学省　2013年版「ものづくり白書」から一部引用。

30　Adner（2021）によると，エゴシステムとは，いつも自社の組織を中心的なアクターとして見ることである。そして，「エゴシステムの罠（Ego-System Trap)」とは，誰もが自分がリーダーだと思い込んでしまうと，誰もリーダーではなくなってしまい，協調性と有効性が破壊される落とし穴を指すものである。

31　説明にあたり，Jacobides., Cennamo and Gawer（2018）の見解を大いに参考にした。

32　同レポートは，大企業に属する世界31カ国，5,400人以上の上級役職者およびIT担当役員を対象に調査したものである。

33　ソフトバンクグループ「アニュアルレポート2014」

34　市場評価と収益によって算出される。

35　MIT CISR 2013 Surveyによるデータ。また，2019年の調査でも，エコシステム・ドライバーモデルを採用している企業は，業界より27％ポイント速く成長し，マージン（利ざや）は19.9％ポイント高いこと明らかにしている（Weill., Woerner and Baquero, 2021）。
36　バリューチェーンは，研究開発やサービスのような価値を対象とするのに対し，サプライチェーンは，部品や原材料の供給を対象とするつながりを対象とする違いがあげられる。
37　バリューチェーンは，川上活動（Upstream Activities）と川下活動（Downstream Activities）にも分けられる。
38　スマイルカーブに反対のモデルは，逆スマイルカーブと呼ばれ，∩字型のカーブを描く。これは，バリューチェーン中央の組立工程の利幅が最大となるが，企画・開発やサービスなど，両端にある工程の利幅が小さくなるモデルである。逆スマイルカーブのアーキテクチャは，インテグラル・アーキテクチャと呼ばれている。これは，複数の専用部品同士を高度に調整またはすり合わせる必要があるため，組立工程の付加価値が高くなる。
39　猪俣（2019）。また，また，iPhoneを含むスマートフォンを構成する主要なキーデバイス部品の調達先は，世界中に分散されており，韓国，台湾，アメリカ，ドイツ，フランス，日本が主要な調達源泉国となっている。
40　Gereffi., Humphrey and Sturgeon（2005）は，「取引の複雑性」「取引の成文化」「サプライヤーの能力」という３つの変数の強・弱の組み合わせから，GVCsガバナンスのタイプを「市場（Market）」「モジュラー（Modular）」「関係性（Relational）」「下請け（Captive）」「階層（Hierarchy）」の５つに分類している。
41　2000年代前半のエコシステム・オーケストレーター企業には，マイクロソフト，イーベイ，ウォルマート等があげられる（Iansiti and Levien, 2004a ; 2004b）。
42　「MOD」とは，PCベースのビデオゲーム産業に由来する言葉である。
43　他にも，エコシステム・インスパイアー（Ecosystem Inspirer）という言葉で呼ばれる場合もある。
44　マイクロソフトの補完的パートナー企業数は，システム・インテグレーター7,752社，開発サービス企業5,747社，キャンパス・リセーラー4,743社も存在する（Iansiti and Levien, 2004a ; 2004b）。
45　「顧客」はBtoCの場合であり，BtoBの場合は購入業者（Buyers）となる。
46　「コンプリメンター」は，「自分以外のプレイヤーの製品を顧客が所有したときに，それを所有していないときよりも自分の製品の顧客にとっての価値が増加する場合，そのプレイヤーをコンプリメンターと呼ぶ」と定義している。
47　Cenamor（2021）は，プラットフォーム・エコシステムの「コンプリメンター」「エンドユーザー」「プラットフォーム・オーナー」三者間における相互依存の構造を取り上げている。
48　最近では，Porterによる５つの競争要因（Five Forces）に補完財を加え，６つの競争要因（Six Forces）が指摘されている。
49　最後に，コンプリメンターのわかりやすい説明として夫婦関係があげられる。夫と妻どちらにとっても，相手側パートナーの存在は，家事や育児，収入や所得等について補完的関係にあり，相互に高め合う間柄である。
50　一方で競争しながら，他方で協力する概念として，他にも「協争」があげられる。

51　ミルグロム（Paul Milgrom）とロバーツ（John Roberts）によって開発された「スーパーモジュラー補完性」の概念は，その後，トプキス（Donald Topkis）によって精緻化された。

52　一方の財の価格が下がった（上がった）としても，もう一方の財の需要に変化が見られない財は，「独立財」と呼ばれ，需要の交差弾力性はゼロと表現する。

53　ハードパワー（Hard Power），ソフトパワー（Soft Power）については，Nye, J.S.（2004）を参照のこと。

54　Jacobides., Cennamo and Gawer（2018）は，エコシステムの行動や最終的な成功とは，参加のルールおよび規格標準とインターフェイスの性質がオープンかクローズドか，強制的か創発的かによって影響を受けるとしている。一例として，あるエコシステムでは，最小限の参加のルールに同意すれば誰でも参加が許されるが，別のエコシステムでは，委員会やハブを通じてメンバーシップが厳密に管理される場合がある。ビデオゲーム機のエコシステムを取り上げると，歴史的にも，任天堂は参加者に厳しいルールを設けてきた。独占条項が適用され，自社システムのために開発できる補完企業の数が制限されている。これに対し，ライバルのソニーやマイクロソフトが形成するエコシステムでは，自由放任主義政策が採用されている。このようにエコシステムのガバナンス（統治）のやり方は，たとえ同一業界の企業同士でもそれぞれ異なる。

55　Iansiti and Levien（2004a；2004b）は，本来の意味からすれば，「エコシステム」よりも「コミュニティ」と呼ぶべきかもしれないと論じている。

56　Wenger., McDermott and Snyder（2002）は，「あるテーマに関する関心や問題，熱意などを共有し，その分野の知識や技能を持続的な相互交流を通じて深めていく人々の集団」とCOPを定義している。

57　バイドゥ，アリババ，テンセントの３社は，頭文字を取ってBATと呼ばれている。

58　シャオミが投資先の決定で重視しているのは「三観一致」であるという。これは，世界観，価値観，人生観を意味し，その一致が投資の条件だとしている。

59　中国語名は，“小米生態鏈”である。

60　この中で最も重要な接着剤とは，共文化だと考えられる。というのも，共文化の浸透と徹底を通じて，独り勝ちの抑止，求心力の低下や内部対立の回避等を達成できるからである。

61　松崎（2013）

62　内訳として，「生活家電・AV機器・PC・周辺機器等」（２兆3,489億円），「衣類・服装雑貨等」（２兆2,203億円），「食品，飲料，酒類」（２兆2,086億円），「生活雑貨，家具，インテリア」（２兆1,322億円）の割合が大きく，物販系分野の73％を占めている。

63　経済産業省「令和２年度　電子商取引に関する市場調査」

64　国土交通省「令和２年度　宅配便等取扱個数の調査及び集計方法」

65　インプレスHP

66　一方で，近年，アマゾンは個人ドライバーへ直接，業務委託するモデルの構築に力を入れている。現在，荷物量の約半分が自前の物流網から供給されているという。

67　日経ビジネス「アマゾンを射止めた物流の新星」2021年２月８日

68　この概念は，Scharmer（2007）が提唱する「セオリーU（Theory U）」に準拠したものである。

69　シフティング（Shifting）とも呼んでいる。

70　ライフサイクルの進化研究には，他にも導入，成長，成熟，衰退の4つのフェーズからなる「プロダクト・ライフサイクル（Product Life Cycle：PLC）」，イノベーター，アーリーアダプター，アーリーマジョリティ，レイトマジョリティ，ラガードの5つのフェーズから構成された「テクノロジー・アダプション・ライフサイクル（Technology Adaption Life Cycle：TALC）」等があげられる。

71　生産性を測定する複数の方法の中で比較的シンプルなのは，投下資本利益率（Return on Invested Capital：ROIC）である。

72　https://www.rakuten-card.co.jp/minna-money/credit-card/point/article_2204_00007/

73　これ以外にも，アマゾン経済圏があげられる。また，家電量販店のヤマダ電機もヤマダ経済圏の実現に取り組んでいる。

74　https://mmdlabo.jp/investigation/detail_2071.html

75　https://mmdlabo.jp/investigation/detail_2070.html

76　なお，プラットフォーム企業と非プラットフォーム企業との間で，売上高の中央値に意味のある違いは発見できなかった。

77　Nonaka and Konno（1998）では，「サイバー場（Cyber Ba）」と定義している。

78　333にも及ぶ学術論文の内訳は，経済ジャーナル130本，管理＆組織（M&O）ジャーナル104本，情報システム（IS）ジャーナル59本そしてマーケティング・ジャーナル40本であり，「経済」と「管理＆組織」の割合が高かった。

79　Nambisan., Zahra and Luo（2019）は，デジタル・プラットフォームとエコシステム（DPE）が多国籍企業（MNEs）の理論や国際的なビジネス（IB）の実践に示唆を与えると述べながら，DPEとIBの交差点にある3つの主要なテーマとして，新しい国際化の方法，知識と関係の構築の新しい方法，グローバルな顧客に対して価値を提供する論点をあげている。

80　「中央演算装置」ともいう。

81　Gawer and Cusumano（2014）は，プラットフォームのタイプとして，共有の構造で組織化された資産のセットから企業が派生製品を効率的に開発・生産できるものと定義される「内部または企業固有のプラットフォーム（Internal or Company-Specific Platforms）」と，革新的なビジネス・エコシステムとして組織された外部イノベーターが自己の補完的な製品，技術またはサービスを開発できる基盤として機能する製品，サービスまたは技術と定義できる「外部または業界全体のプラットフォーム（External or Industry-Wide Platforms）」に分けている。

82　それ以外の研究対象企業として，シスコ，パーム，NTTドコモ，リナックスがあげられる。

83　Gawer and Cusumano（2008）は，プラットフォーム・リーダーになるための2つの基本戦略として，新しいプラットフォームを創造する「コーニング（Coring）」とプラットフォーム戦争に勝利する「ティピング（Tipping）」をあげている。

84　著者の1人，ジャン・ティロール（Jean Tirole）は，2014年「市場支配力と規制」に関する功績でノーベル経済学賞を受賞した。

85　Rysman（2009）によると，両面市場（Two-Sided Markets）は，2セットのエージェ

ントが仲介者またはプラットフォームを介して相互作用し，そして，各セットのエージェントの決定が他のセットのエージェントの結果に影響を与える外部性を通じた市場であると言及している。

86 Eisenmann., Parker and Van Alstyne（2006）は，PCのオペレーション・システム（OS）の場合，両サイドに「消費者」と「アプリケーション開発者」というユーザーグループが相対し，プラットフォーム・プロバイダーである「ウィンドウズ」や「マッキントッシュ」がツー・サイド・ネットワークを構築している。ウェブ・サーチの場合，「検索者」と「広告主」が両サイドに置かれ，プラットフォーム・プロバイダーとして「グーグル」「ヤフー」が存在する。ビデオゲーム市場では，プレイヤーとゲーム開発者が両サイドに「プレイステーション」や「Xボックス」がプラットフォーム・プロバイダーの役割を果たしている。

87 クリティカルマスとほぼ同意の言葉に，「ティッピングポイント（Tipping Point）」がある。

88 Evans（2003）は，マルチサイド・プラットフォームの必要な状態として，①2つ以上の異なる顧客グループがある，②何らかの方法で連結または調整されるようになる顧客AとBに関連する外部性がある，③あるグループが他のグループのために創造した外部性を内部化するため仲介者が必要であること，をあげている。また，Evans and Schmalensee（2016）は，マッチメイカービジネスとも表現している。

89 それ以外の「産業経済の視点」として，Reilier and Reilier（2017）は，マルチサイド・プラットフォームを5つの機能から構成された「ロケットモデル（The Rocket Model）」を提唱している。第1は，生産者や消費者をプラットフォームへ誘導（Attract）する機能である。クリティカルマスに両サイドの顧客を呼び込むため，磁石（Magnet）や触媒（Catalyst）などと呼ばれている。第2は，仲介（Match）する機能である。両サイドの相互作用を生み出すには，最初に紹介する必要がある。第3は，連結（Connect）する機能である。次の取引の段階へ移行する前に，双方が追加すべき情報の交換を交わすことである。第4は，取引（Transact）する機能である。そして，最後の第5は，最適化（Optimise）の機能である。この段階は，プラットフォームの持続的強化のために絶対的に重要なプロセスである。

90 Hagiu and Altmanによると，これらの方策は，ネットビジネスだけでなく，リアルビジネスでも活用できると指摘している。

91 「フライホイール効果（Flywheel Effect）」，別名“はずみ車”とは，円盤状の機械部品のことであり，回転し始めると回転速度が速くなり，しまいには，それ自体で回転が保たれるようになる現象を指す。

92 詳しくは，日本経済新聞「米Amazonが次に「破壊」する9つの業界」2020年12月7日 https://www.nikkei.com/article/DGXZQODZ303900Q0A131C2000000/

93 「ブロックバスター」は，もともと軍事用語であり，圧倒的な影響力を表す比喩として使われている。

94 https://corp.rakuten.co.jp/about/

95 https://corp.rakuten.co.jp/about/

96 https://rakuten-union.com/

97 製品やサービスに対して消費者が自ら進んで支払う価格のことである。

98 Eisenmann., Parker and Van Alstyne（2006）は，逆にマネーサイドの数が拡大すると，プラットフォームの価値が上がり，サブシディサイドのユーザー数が増える場合もあるとも言及している。

99 “Winner Take Most（勝者がほとんどを取る）”という表現もある。

100 WTAをもたらす要因と攪乱する要因のメカニズムについては，根来・加藤（2010）に詳しい。

101 Shapiro and Varian（1998）もまた，1人のユーザーにとってのある製品の価値がその製品ユーザーの総数で決まる場合，ネットワーク効果であると定義している。

102 Parker., Van Alstyne and Choudary（2016）は，この要因を「フリクション・エントリー（Friction Entry）」と命名している。

103 たとえば，「バスに乗り遅れるな」「勝ち馬に乗れ」という大衆の心理状態をいう。

104 根来（2017）は，プラットフォームのタイプを2つに分けている。1つは「基盤型プラットフォーム」，もう1つは「媒介型プラットフォーム」である。

105 「直接ネットワークの外部性（Direct Network Externality）」「グループ内ネットワーク効果（Within-Group Network Effect）」とも呼ばれている。

106 「間接ネットワークの外部性（Indirect Network Externality）」「グループ間ネットワーク効果（Cross-Group Network Effect）」とも呼ばれている。

107 特定のグループ内だけでつながることなく，その他複数のグループとつながっている「橋渡し役」は，別名，境界を越えて連結する人物を意味する「バウンダリースパナー（Boundary Spanner）」とも言い換えられる。

108 規模の経済が働くため，単独での供給が最も効率的となり独占の状態となること。

109 これは「供給サイドの規模の経済性」だが，逆に，ユーザー数が増えるほど，ネットワーク効果が生み出される効用は，「需要サイドの規模の経済性」ともいわれている。

110 2008年10月，日本ビクターは，ケンウッドと株式移転の方法により共同持株会社「JVC・ケンウッド・ホールディングス株式会社」を設立し，現在に至っている。

111 「イールドマネジメント（Yield Management）」とも呼ばれている。

112 コインランドリーでも，ダイナミック・プライシングが導入されている。たとえば，晴天の日は，利用者が減るため，料金を低く設定し，逆に，雨天の日は，利用者が増えるため，価格を高く設定している。

113 実店舗を持つ旅行会社は，リアルエージェント（Real Agent）と呼ばれ，日本ではジェイティービー（JTB）やエイチ・アイ・エス（HIS）が有名である。

114 その内訳は，100室以上の大規模 47.6%，31室以上99室以下の中規模 48.2%，30室以下の小規模 51.7%となっている。

115 「アセットライト経営」ともいう。これは資産（Asset）の保有を抑え，財務を軽く（Light）する経営であり，工場などの製造設備を保有せず生産を外部委託したり，航空機や自動車といった資産を持たず賃貸するケースがあげられる。

116 https://corp.raksul.com/services/raksul/

117 https://www.bizreach.co.jp/

118 https://www.makuake.com/

119 ミスミは，金型部品の調達において，日本全国の小規模部品メーカーと協力しながら，商品を標準化してカタログによる販売を成功させ，短納期や一個流しを実現するQ（高品質），C（低コスト），T（確実短納期）モデルを構築している。

120　キャディから町工場へ人材を派遣・常駐させ，協働でイノベーションに取り組む場合もあるという。

121　https://about.mercari.com/press/news/articles/20211214_kakureshisan/

122　ナノメートル（nm）とは1メートルの10億分の1の長さのこと。

123　一般社団法人次世代自動車振興センター「水素ステーション整備状況」(2022年5月時点)

124　資源エネルギー庁によると，全国のガソリンスタンドの数は，ピーク時の平成6年度末には6万421カ所あったが，令和2年度末には2万9,005カ所まで減少し，ピーク時の半数以下となっている。

125　トヨタの豊田章男社長もまた，FCVの生産とインフラ整備を「花とハチの関係」に例え，相互の必要性と発展を強調している。

126　ティア（Tier）とは“層”を意味する。

127　もちろん，これまで同様，自動車メーカーがオーケストレーターになる場合や，AI・半導体メーカーがオーケストレーターになる場合も当然考えられる。

128　EV車のモノづくりは，「モーター」と「電池」そしてこれらを制御する「電力管理ユニット（Power Control Unit：PCU)」がパワートレインの主要な構成要素としてあげられる一方で，パワートレインに占める電池の割合は，約8割にも達するという。

129　「メガサプライヤー」「電池・モーターメーカー」がエコシステム・オーケストレーターになることも十分可能性がある。

130　それ以外にも，アップル，フォックスコンがEV車市場へ異業種参入する計画を立てている。

131　数学者の広中平祐によると，異質なものを集めると衝突や対立が起こるだろうが，その方が活気やや化学反応（Chemicalize）が発生し，力を発揮できると指摘している。おそらく，海外の異業種企業との間でエコシステムを構築する場合には，共文化の創造よりも，パートナー間の化学反応の有無の方が問われるかもしれない。

参考文献

Aarikka-Stenroos, L. and P. Ritala (2017) Network Management in the era of Ecosystems: Systematic review and Management Framework, *Industrial Marketing Management*, Vol.67, November, pp.23-36.

Adner, R. (2006) Match Your Innovation Strategy to Your Innovation Ecosystem, *Harvard Business Review*, 84(4), pp.98-107.（山本冬彦訳「イノベーション・エコシステム」『Diamondハーバードビジネス』August, pp.72-85, 2006年）

Adner, R. and R. Kapoor (2010) Value Creation in Innovation Ecosystems: How the Structure of Technological Interdependence Affects Firm Performance in New Technology Generations. *Strategic Management Journal*, 31, pp.306-33.

Adner, R. (2012) *The Wide Lens: A New Strategy for Innovation*, Portfolio.（清水勝彦監訳『ワイドレンズ：イノベーションを成功に導くエコシステム戦略』東洋経済新報社, 2013年）

Adner, R. and R. Kapoor (2016a) Innovation Ecosystems and the Pace of Substitution: Re-Examining Technology S-Curves, *Strategic Management Journal*, 37(4), pp.625-648.

Adner, R. and R. Kapoor (2016b) Right Tech, Wrong Time, *Harvard Business Review*, Nov, pp.60-67.（有賀裕子訳「技術戦略はエコシステムで見極める」『Diamondハーバードビジネス』June, pp.30-40, 2017年）

Adner, R. (2017) Ecosystem as Structure: An Actionable Construct for Strategy, *Journal of Management*, Vol.43, No.1, pp.39-58.

Adner, R. (2021) *Winning the Right Game: How to Disrupt, Defend, and Deliver in a Changing World*, MIT Press.

Afuah, A. (2000) How Much Do Your Co-opetitors' Capabilities Matter in the Face of Technological Change?, *Strategic Management Journal*, 21, pp.387-404.

Aldrich, H.E. and J. Pfeffer (1976) Environments of organizations, *Annual Review of Sociology*, Vol.2, pp.79-105.

アナベル・ガワー・マイケル・A・クスマノ（2004）「プラットフォーム・リーダーに必要とされるものは何か」『一橋ビジネスレビュー』Sum, pp.6-20.

Anderson, C. (2006) *The Long Tail: Why the Future of Business is Selling Less of More*, Hyperion.（篠森ゆりこ訳『ロングテール：「売れない商品」を宝の山に変える新戦略』早川書房, 2009年）

青木昌彦（1995）『経済システムの進化と多元性』東洋経済新報社

青木昌彦・奥野正寛（1996）『経済システムの比較制度分析』東京大学出版会

青木昌彦（2002）「産業アーキテクチャのモジュール化：理論的イントロダクション」青木

昌彦・安藤晴彦『モジュール化：新しい産業アーキテクチャの本質』東洋経済新報社
Autio, E. and L.D.W. Thomas (2014) Innovation Ecosystems: Implications for Innovation Management?, In *The Oxford Handbook of Innovation Management*, edited by Mark Dodgson, David M. Gann, and Nelson Phillips, Oxford University Press, 2014, pp.204-288.
Baldwin, C.Y. (2012) Organization Design for Business Ecosystems, *The Future of Organization Design*, Vol.1, No.1, pp.20-23.
Baldwin, C.Y. and K.B. Clark (1997) Managing in an Age of Modularity, *Harvard Business Review*, 75(5), pp.84-93.
Baldwin, C.Y. and K.B. Clark (2000) *Design Rules: The Power of Modularity*, MIT Press.（安藤晴彦訳『デザイン・ルール：モジュール化パワー』東洋経済新報社, 2004年）
Barabasi, A.L. and R. Albert (1999) Emergence of Scaling in Random Networks, *Science*, 286, pp.509-512.
Barry, L., Y. Wind and M. Beck (2014) What Airbnb, Uber, and Alibaba Have in Common, *Harvard Business Review*, Nov, 20, https://hbr.org/2014/11/what-airbnb-uber-and-alibaba-have-in-common
Birkinshaw, J. (2019) Ecosystem Businesses Are Changing the Rules of Strategy, https://hbr.org/2019/08/ecosystem-businesses-are-changing-the-rules-of-strategy
Bogers, M., J. Sims and J. West (2019) What Is an Ecosystem? Incorporating 25 Years of Ecosystem Research, *Academy of Management Proceedings*, Vol.2019, No.1, 11080.
Brandenburger, A. and B. Nalebuff (1996) *Co-Opetition*, Doubleday Business（嶋津祐一・東田啓作訳『コーペティション経営』日本経済新聞社, 1997年）
Büge, M. and P. Ozcan (2021) Platform Scaling, Fast and Slow, *MIT Sloan Management Review*, 62(3), pp.40-46.
Bughin, J. and N.V. Zeebroeck (2017) The Best Response to Digital Disruption, *MIT Sloan Management Review*, 58(4), pp.80-86.
Burt, R. S. (2004) Structural Holes and Good Ideas, *American Journal of Sociology*, 110(2), pp.349-399.
Caillaud, B. and B. Jullien (2003) Chicken & Egg: Competition Among Intermediation Service Providers, *RAND Journal of Economics*, Vol.34, No.2, Summer, pp.309-328.
Carst, A.E. and Y. Hu (2020) Complementors as Ecosystem Actors: A Systematic Review and Research Agenda, *ISPIM Conference Proceedings*, ISPIM_AEC_Submission_new%20(1).pdf
Celo, S., J. Nebus and I.K. Wang (2018) The Role of Internal and External Complexity in Global Factory Performance: An NKC Application, *Journal of International Management*, 24(1), pp.65-83.

Cenamor, J. (2021) Complementor competitive advantage: A framework for strategic decisions, *Journal of Business Research*, Vol.122, pp.335-343.

Cennamo, C. and J. Santalo (2013) Platform Competition: Strategic trade-offs in platform markets, *Strategic Management Journal*, 34, pp.1331-1350.

Cennamo, C. (2021) Competing in Digital Markets: A Platform-Based Perspective, *Academy of Management Perspectives*, Vol.35, No.2, pp.265-291.

Chakravorti, B., A. Bhalla and R.S. Chaturvedi (2020) Which Economies Showed the Most Digital Progress in 2020, https://hbr.org/2020/12/which-economies-showed-the-most-digital-progress-in-2020?ab=hero-subleft-3

Chesbrough, H. (2003) *Open Innovation: The New Imperative for Creating and Profiting from Technology*, Harvard Business School Press.（大前恵一朗訳『OPEN INNOVATION：ハーバード流イノベーション戦略のすべて』産能大出版部, 2004年）

Clements, F.E. (1916) *Plant succession: an analysis of the development of vegetation*, Carnegie Institution of Washington.

Cusumano, M.A., Y. Mylonadis and R. Rosenbloom (1992) Strategic Maneuvering and Mass- Market Dynamics: The Triumph of VHS over Beta, *Business History Review*, 66, pp.51-94.

Cusumano, M.A. and Gawer, A. (2002) The elements of platform leadership, *MIT Sloan Management Review*, Spr, pp.51-58.

Cusumano, M.A. (2010) *Staying Power: Six Enduring Principles for Managing Strategy and Innovation in an Uncertain Would*, Oxford University Press.（鬼澤　忍訳『君臨する企業の6つの法則：戦略のベストプラクティスを求めて』日本経済新聞出版社, 2012年）

Cusumano, M.A., A. Gawer and D.B. Yoffie (2019) *The Business of Platforms: Strategy in the Age of Digital Competition, Innovation*, and Power, HarperBusiness.

Cusumano, M.A., D.B. Yoffie and A. Gawer (2020) The Future of Platforms, *MIT Sloan Management Review*, Spring, pp.46-54.

De Meyer and P.J. Williamson (2020) *Ecosystem Edge: Sustaining Competitiveness in the Face of Disruption*, Stanford Business Books.

De Vasconcelos Gomes, L.A., A.L.F. Facin, M.S. Salerno and R.K. Ikenami (2016) Unpacking the innovation ecosystem construct: Evolution, gaps and trends, *Technological Forecasting & Social Change*, 136, pp.30-48.

Dhanaraj, C. and A. Parkhe (2006) Orchestrating Innovation Networks, *Academy of Management Review*, Vol.31, No.9, pp.659-669.

Doz, Y. and G. Hamel (1998) *Alliance Advantage: The Art of Creating Value through Partnering*, Harvard Business School Press.

Duncan, J.W. and S.H. Strogatz (1998) Collective Dynamics of 'Small World' Networks,

Nature, 393, pp.440-442.

Dyer, J.H. and H. Singh (1998) The relational view: Cooperative strategy and sources of interorganizational competitive advantage, *Academy of Management Review*, 23(4), pp.660-679.

Dyer, J.H., H. Singh and W.S. Hesterly (2018) The relational view revisited: A dynamic perspective on value creation and value capture, *Strategic Management Journal*, 39 (12), pp.3140-3162.

Eisenmann, T., G. Parker and M. Van Alstyne (2006) Strategies for Two-Sided Markets, *Harvard Business Review*, 84(10), pp.92-101.（松本直子訳「ツー・サイド・プラットフォーム戦略」『Diamondハーバードビジネス』June, pp.68-81, 2007年）

Eisenmann, T. (2007) Winner-Take-All in Networked Markets, *Harvard Business School Background Note*, 806-131, pp.1-15.

Eisenmann, T., G. Parker and M. Van Alstyne (2010) Platform Envelopment, *Harvard Business School Working Paper*, No.07–104, 2010, http://www.hbs.edu/research/pdf/07-104.pdf

Eisenmann, T., G. Parker and M. Van Alstyne (2011) Platform Envelopment, *Strategic Management Journal*, 32, pp.1270-1285.

Elberse, A. (2008) Should You Invest in the Long Tail?, *Harvard Business Review*, Jul-Aug, https://hbr.org/2008/07/should-you-invest-in-the-long-tail（編集部訳「ロング・テールの嘘」『Diamondハーバードビジネス』December, pp.139-152, 2008年）

Evans, D.S. (2003) The Antitrust Economics of Multi-Sided Platform Markets, *Yale Journal on Regulation*, Vol.20, pp.325-370.

Evans, D.S. and R. Schmalensee (2016) *Matchmakers: The New Economics of Multisided Platforms*, Harvard Business Review Press.（平野敦士カール訳『最新プラットフォーム戦略 マッチメイカー』朝日新聞出版, 2018年）

Fisher, L. (2009) *The Perfect Swarm: The Science of Complexity in Everyday Life*, Basic Books.（松浦俊輔訳『群れはなぜ同じ方向を目指すのか？』白揚社, 2012年）

藤本隆宏（2002）「日本型サプライヤー・システムとモジュール化：自動車産業を事例として」青木昌彦・安藤晴彦『モジュール化：新しい産業アーキテクチャの本質』東洋経済新報社

富士通総研・早稲田大学ビジネススクール根来研究室編（2013）『プラットフォームビジネス最前線』翔泳社

福岡伸一（2009）『動的平衡 生命はなぜそこに宿るのか』木楽舎

Fuller, J., M.G. Jacobides and M. Reeves (2019) The Myths and Realities of Business Ecosystems, *MIT Sloan Management Review*, Feb 25th.

Furr, N., K. O'Keeffe and J. Dyer (2016) Managing Multi-Party Innovation, *Harvard*

Business Review, 94(11) pp.31-40.(編集部訳「エコシステムイノベーション：大企業が連携する新たな仕組み」『Diamondハーバードビジネス』June, pp.74-84, 2017年)

Furr, N. and A. Shipilov (2018) Building the Right Ecosystem for Innovation, *MIT Sloan Management Review*, Summer, pp.59-64.

Ganco, M., R. Kapoor and G.K. Lee (2020) From Rugged Landscapes to Rugged Ecosystems: Structure of Interdependencies and Firms' Innovative Search, *Academy of Management Review*, Vol.45, No.3, pp.646-674.

García, J.R.R., G. Lenz, S.P. Haveman and G.M. Bonnema (2020) State of the Art of Mobility as a Service (MaaS) Ecosystems and Architectures - An Overview of, and a Definition, Ecosystem and System Architecture for Electric Mobility as a Service (eMaaS), *World Electric Vehicle Journal*, 11(7), pp.1-19.

Gawer, A. and M.A. Cusumano (2002) *Platform Leadership: How Intel, Microsoft, and Cisco Drive Industry Innovation*, Harvard Business School Press (小林敏男訳『プラットフォーム・リーダーシップ：イノベーションを導く新しい経営戦略』有斐閣, 2005年)

Gawer, A. and M.A. Cusumano (2008) How Companies Become Platform Leaders, *MIT Sloan Management Review*, Winter, pp.28-35.

Gawer, A. and M.A. Cusumano (2014) Industry platforms and ecosystem innovation, *Journal of product innovation management*, 31(3), pp.417-433.

Gawer, A (2020) Digital platforms' boundaries: The interplay of firm scope, platform sides, and digital interfaces, *Long Range Planning*, http://doi.org/10.1016/j.lrp.2020.102045

Gereffi, G., J. Humphrey and T. Sturgeon (2005) The Governance of Global Value Chains, *Review of International Political Economy*, 12, pp.78-104.

Gereffi, G. (2019) Economic upgrading in global value chains, In *Handbook on Global Value Chains*, edited by Ponte, S., G. Gereffi and G. Raj-reichert, Edward Elgar Publishing.

Gloor, P.A. and S.M. Cooper (2007) The New Principle of a Swarm Business, *MIT Sloan Management Review*, Spring, Vol.48, No.3, pp.81-84.

Granovetter, M. (1973) The Strength of Weak Ties, *American Journal of Sociology*, Vol.78, No.6, pp.1360-1380.

Granstrand and Holgersson (2020) Innovation ecosystems: A conceptual review and a new definition, *Technovation*, https://doi.org/10.1016/j.technovation.2019.102098

Greeven, M.J. and W. Wei (2017) *Business Ecosystems in China: Alibaba and Competing Baidu, Tencent, Xiaomi and LeEco*, Routledge.

Greeven, M.J. and H. Yu (2020) In a Crisis, Ecosystem Businesses Have a Competitive Advantage, https://hbr.org/2020/04/in-a-crisis-ecosystem-businesses-have-a-competitive-advantage

Grimes, S. and Y. Sun (2016) China's evolving role in Apple's global value chain, *Area Development and Policy*, 1(1), pp.94-112.

Grove, A.S. (1996) *Only the Paranoid Survive*, Doubleday.（佐々木かをり訳『パラノイアだけが生き残る：時代の転換点をきみはどう見極め，乗り切るのか』日経BP, 2017年）

Gulati, R. (1998) Alliances and networks, *Strategic Management Journal*, 19(4), pp.293-317.

Gulati, R., N. Nohria and A. Zaheer (2000) Strategic networks, *Strategic Management Journal*, Vol.21, No.3 (Special Issue), pp.203-215.

Hagiu, A. (2014) Strategic Decisions for Multisided Platforms, *MIT Sloan Management Review*, 55(2), pp.71-80.

Hagiu, A. and J. Wright (2015) Multi-Sided Platforms, *International Journal of Industrial Organization*, Vol.43, Nov, pp.162-174.

Hagiu, A. and E.J. Altman (2017) Finding the platform in your product, *Harvard Business Review*, 95(4), pp.94-100.（編集部訳「自社をプラットフォーマーに転換する法」『Diamondハーバードビジネス』June, pp.114-123, 2018年）

Hagiu, A. and J. Wright (2021) Don't Let Platforms Commoditize Your Business, *Harvard Business Review*, https://hbr.org/2021/05/dont-let-platforms-commoditize-your-business.（倉田幸信訳「巨大プラットフォーム企業の支配力をしたたかに利用する方法」『Diamondハーバードビジネス』October, pp.14-25, 2021年）

Hannan, M.T. and J. Freeman (1977) The Population Ecology of Organizations, *American Journal of Sociology*, Vol.82, No.5, pp.929-964.

Hannan, M.T. and J. Freeman (1984) Structural inertia and organizational change, *American Sociological Review*, Vol.49, No.2, pp.149-164.

Hawley, A.H. (1986) *Human ecology: a theoretical essay*, University of Chicago Press.

平野敦士カール・アンドレイ ハギウ (2010)『プラットフォーム戦略：21世紀の競争を支配する「場をつくる」技術』東洋経済新報社

広中平祐 (2018)『学問の発見：数学者が語る「考えること・学ぶこと」』ブルーバックス 講談社

Holgersson, M., C.Y. Baldwin, H. Chesbrough and M.L.A.M. Bogers (2022) The Forces of Ecosystem Evolution, *California Management Review*, Vol.64, No.3, pp.5-23.

洪華・董軍 (2018) 小米生態鏈：戰地筆記, 商周出版（配島亜希子訳『シャオミのすべて』CCCメディアハウス, 2019年）

Iansiti, M. and R. Levien (2004a) Strategy as Ecology, *Harvard Business Review*, 82, No.3, pp.68-81.（松本直子訳「キーストーン戦略：ビジネス生態系の掟」『Diamondハーバードビジネス』May, pp.68-83, 2004年）

Iansiti, M. and R. Levien (2004b) *The Keystone Advantage: What the New Dynamics of Business Ecosystems Mean for Strategy, Innovation, and Sustainability*, Harvard

Business School Press.（杉本幸太郎訳『キーストーン戦略：イノベーションを持続させるビジネス・エコシステム』翔泳社, 2007年）

稲垣栄洋（2020）『38億年の生命史に学ぶ生存戦略』PHP研究所

井上達彦・真木圭亮・永山　晋（2011）「ビジネス・エコシステムにおけるニッチの行動とハブ企業の戦略」『組織科学』Vol.44, No.4, pp.67-82.

井上葉子（2019）「ビジネス・エコシステムの理論的考察：概念と構造」『商学集志』第89巻, 第2号, pp.29-44.

猪俣哲史（2019）『グローバル・バリューチェーン：新・南北問題へのまなざし』日本経済新聞出版

井庭　崇・福原義久（1998）『複雑系入門』NTT出版

伊丹敬之（1999）『場のマネジメント：経営の新パラダイム』NTT出版

巌佐　庸・菊沢喜八郎・松本忠夫・日本生態学会編（2003）『生態学事典』共立出版

Jacobides, M.G., C. Cennamo and A. Gawer（2018）Toward a theory of ecosystems, *Strategic Management Journal*, Vol.39, pp.2255-2276.

Jacobides, M.G.（2019a）In The Ecosystem Economy, What's Your Strategy?, *Harvard Business Review*, September-October, Vol.97, pp.128-137.（渡部典子訳「エコシステム経済の経営戦略」『Diamondハーバードビジネス』February, pp.10-23, 2020年）

Jacobides, M.G.（2019b）The Delicate Balance of Making an Ecosystem Strategy Work, https://hbr.org/2019/11/the-delicate-balance-of-making-an-ecosystem-strategy-work

Jacobides, M.G.（2019c）Designing Digital Ecosystems, Platforms and Ecosystems: Enabling the Digital Economy, https://www.weforum.org/whitepapers/platforms-and-ecosystems-enabling-the-digital-economy

Jacobides, M.G., C. Cennamo and A. Gawer（2020）Distinguishing between Platforms and Ecosystems: Complementarities, Value Creation and Coordination Mechanisms, *Working Paper* / under review, https://8dc2143b-87ef-4888-82ec3db9521c8f92.filesusr.com/ugd/0b15b1_7e0678d2815541bb920c77ec41e4d305.pdf

Jacobides, M.G.（2022）How to Compete When Industries Digitize and Collide: An Ecosystem Development Framework, *California Management Review*, Mar 27, pp.1-25.

Kamargianni, M. and M. Matyas（2017）The Business Ecosystem of Mobility as a Service, *In Proceedings of the 96th Transportation Research Board*（*TRB*）*Annual Meeting*, Washington, DC, USA, 8-12 January 2017.

Kapoor, R.（2018）Ecosystems: broadening the locus of value creation, *Journal of Organization Design*, Vol.7, No.12, https://jorgdesign.springeropen.com/articles/10.1186/s41469-018-0035-4

川濱　昇・玉田康成・大橋　弘編（2010）『モバイル産業論：その発展と競争政策』東京大学出版会

Katz, M.L. and C. Shapiro (1985) Network Externalities, Competition, and Compatibility, *American Economic Review*, 75(3), pp.424-440.

椙山泰生・高尾義明（2011）「エコシステムの境界とそのダイナミズム」『組織科学』Vol.45, No.1, pp.4-16.

Klimas, P. and W. Czakon (2021) Species in the wild: a typology of innovation ecosystems, *Review of Managerial Science*, https://doi.org/10.1007/s11846-020-00439-4

Knee, J.A. (2021) *The Platform Delusion: Who Wins and Who Loses in the Age of Tech Titans*, Portfolio.

Koenig, G. (2012) Business Ecosystems Revisited, *M@n@gement*, 15(2), pp.208-224.

國領二郎（1999）『オープン・アーキテクチャ戦略：ネットワーク時代の協働モデル』ダイヤモンド社

國領二郎・プラットフォームデザイン・ラボ（2011）『創発経営のプラットフォーム：協働の情報基盤づくり』日本経済新聞出版社

國領二郎（2013）『ソーシャルな資本主義：つながりの経営戦略』日本経済新聞出版社

Kretschmer, T., A. Leiponen, M. Schilling and G. Vasudeva (2022) Platform Ecosystems as Meta-Organizations: Implications for platform strategies, *Strategic Management Journal*, 43(3), pp.405-424.

桑田耕太郎・田尾雅夫（1998）『組織論』有斐閣アルマ

Lanzolla, G. and C.C. Markides (2022) How to Choose the Right Ecosystem Partners for Your Business, *Harvard Business Review*, https://hbr.org/2022/03/how-to-choose-the-right-ecosystem-partners-for-your-business

Leibenstein, H. (1950) Bandwagon, Snob and Veblen Effects in the Theory of Consumers' Demand, *Quarterly Journal of Economics*, 64(2), pp.183-207.

Li, J., L. Chen, J. Yi, J. Mao and J. Liao (2019) Ecosystem-Specific Advantages in International Digital Commerce, *Journal of International Business Studies*, Vol.50, pp.1448-1463.

Lieberman, M.B. and D.B. Montgomery (1988) First-mover advantages, *Strategic Management Journal*, 9, pp.41-58.

Lingens, B., M. Böger and O. Gassmann (2021) Even a Small Conductor Can Lead a Large Orchestra: How Startups Orchestrate Ecosystems, *California Management Review*, 63(3), pp.118-143.

Lorenzoni, G. and C. Baden-Fuller (1995) Creating a. Strategic Center to Manage a Web of Partners, *California Management Review*, 37, pp.146-163.

Loucks, J., J. Macaulay, A. Noronha and M. Wade (2016) *Digital Vortex: How Today's Market Leaders Can Beat Disruptive Competitors at Their Own Game*, DBT Center Press.（武藤陽生・デジタルビジネス・イノベーションセンター訳『対デジタル・ディ

スラプター戦略 既存企業の戦い方』日本経済新聞出版社, 2017年）

Marshall, W., V. Alstyne, G. Parker and S.P. Choudary（2016）Pipelines, Platforms, and the New Rules of Strategy, *Harvard Business Review*, April, https://hbr.org/2016/04/pipelines-platforms-and-the-new-rules-of-strategy

Masucci, M., S. Brusoni and C. Cennamo（2020）Removing Bottlenecks in Business Ecosystems: The Strategic Role of Outbound Open Innovation, *Research Policy*, 49(1), pp.1-17.

松崎和久（2013）『グループ経営論：その有効性とシナジーに向けて』同文舘出版

松崎和久（2018）『経営戦略の方程式』税務経理協会

McAfee, A. and E. Brynjolfsson（2017）*Machine, Platform, Crowd: Harnessing Our Digital Future*, W.W. Norton & Co（村井章子訳『プラットフォームの経済学：機械は人と企業の未来をどう変える？』日経BP, 2018年）

McIntyre, D., A. Afuah, A. Gawer and T. Kretschmer（2021）Multi-sided Platforms as New Organizational Forms, *Academy of Management Perspectives*, Vol.35, No.4, pp.566-583.

McMillan, J.（1992）*Games, Strategies, and Managers*, Oxford University Press.（伊藤秀史・林田　修訳『経営戦略のゲーム理論：交渉・契約・入札の戦略分析』有斐閣, 1995年）

Milgram, S.（1967）The Small-World Problem, *Psychology Today*, Ⅰ, pp.61-67.

Miller, P.（2010）*The Smart Swarm: How Understanding Flocks, Schools, and Colonies Can Make Us Better at Communicating, Decision Making, and Getting Things Done*, Avery.（土方奈美訳『群れのルール：群衆の叡智を賢く活用する方法』東洋経済新報社, 2010年）

Moore, J.F.（1993）Predators and Prey: A New Ecology of Competition, *Harvard Business Review*, May–June, pp.75-86.（坂本義実訳「企業“生態系”４つの発展段階」『Diamond ハーバードビジネス』Aug-Sep, pp.4-17, 1993年）

Moore, J.F.（1996）*The Death of Competition: Leadership and Strategy in the Age of Business Ecosystems*, Harperbusiness.

Nambisan, S. and M. Sawhney（2007）*The Global Brain: Your Roadmap for Innovating Faster and Smarter in a Networked World*, Wharton School Publishing.

Nambisan, S. and M. Sawhney（2011）Orchestration Processes in Network-Centric Innovation: Evidence From the Field, *Academy of Management Perspectives*, August, pp.40-57.

Nambisan, S., S.A. Zahra and Y. Luo（2019）Global platforms and ecosystems: Implications for international business theories, *Journal of International Business Studies*, Vol.50, pp.1464-1486.

根来龍之・釜池聡太（2010）「ソフトウェア製品のパラレルプラットフォーム市場固有の競

争戦略：マイクロソフトのチャレンジャー戦略の成功メカニズムからの検討」https://www.jstage.jst.go.jp/article/jasmin/2010s/0/2010s_0_51/_pdf/-char/ja

根来龍之・加藤和彦（2010）「プラットフォーム間競争における技術「非」決定論のモデル：ソフトウェア製品におけるWTAのメカニズムと対抗戦略」『早稲田国際経営研究』41, pp.79-94.

根来龍之・釜池聡太・清水祐輔（2011）「複数のエコシステムの連結のマネジメント：パラレルプラットフォームの戦略論」『組織科学』Vol.45, No.1, pp.45-57.

根来龍之（2017）『プラットフォームの教科書 超速成長ネットワーク効果の基本と応用』日経BP

NHK取材班（2013）『メイド・イン・ジャパン 逆襲のシナリオ』宝島社

Nonaka, I. and Konno, N.（1998）The Concept of Ba Building a Foundation for Knowledge Creation, *California Management Review*, 40, pp.40-54.

野沢慎司編（2006）『リーディングス ネットワーク論：家族・コミュニティ・社会関係資本』勁草書房

Nye, J.S.（2004）*Soft Power: The Means to Success in World Politics*, Perseus Books.（山岡洋一訳『ソフトパワー：21世紀国際政治を制する見えざる力』日本経済新聞社, 2004年）

Nye, J.S.（2011）*The Future of Power*, PublicAffairs.（山岡洋一・藤島京子訳『スマート・パワー：21世紀を支配する新しい力』日本経済新聞出版, 2011年）

Oberholzer-Gee, F（2021）Eliminate Strategic Overload, *Harvard Business Review*, 99(3), pp.88-97.

Odum, E.P.（1953）*Fundamental of Ecology*, W.B. Saunders Company.

Odum, E.P.（1983）*Basic Ecology*, CBS College Publishing.（三島次郎訳『基礎生態学』培風館, 1991年）

Oh, D., F. Phillips, S. Park and E. Lee（2016）Innovation ecosystems: A critical examination, *Technovation*, 54, pp.1-6.

恩蔵直人（1995）『競争優位のブランド戦略：多次元化する成長力の源泉』日本経済新聞出版

Paine, R.T.（1966）Food web complexity and species diversity, *American Naturalist*, Vol.100, No.910, pp.65-75.

Paine, R.T.（1969）A Note on Trophic Complexity and Community Stability, *American Naturalist*, Vol.103, No.929, pp.91-93.

Paoli, L. and T. Gül（2022）Electric cars fend off supply challenges to more than double global sales, https://www.iea.org/commentaries/electric-cars-fend-off-supply-challenges-to-more-than-double-global-sales

Parker, G.G., M. Van Alstyne and X. Jiang（2017）Platform Ecosystems: How Developers Invert the Firm, *MIS Quarterly*, Vol.41, No.1, pp.255-266.

Parker, G.G., M. Van Alstyne and S.P. Choudary (2016) *Platform Revolution: How Networked Markets Are Transforming the Economy - and How to Make Them Work for You*, W.W. Norton & Company（渡部典子訳『プラットフォーム・レボリューション』ダイヤモンド社, 2018年）

Pidun, U., M. Reeves and E. Wesselink (2021) How Healthy Is Your Business Ecosystem?, *MIT Sloan Management Review*, Spring, pp.31-38.

Porter, M.E. (1985) *The Competitive Advantage: Creating and Sustaining Superior Performance*, Free Press.（土岐　坤訳『競争優位の戦略：いかに高業績を持続させるか』ダイヤモンド社, 1985年）

Reeves, M., S. Levin and D. Ueda (2016) The Biology of Corporate Survival. *Harvard Business Review*, Jan-Feb, pp.46-55.（倉田幸信訳「生物学に学ぶ企業生存の6原則」『Diamondハーバードビジネス』June, pp.8-21, 2016年）

Reeves, M., H. Lotan, J. Legrand and M.G. Jacobides (2019) How Business Ecosystems Rise (and Often Fall), *MIT Sloan Management Review*, Vol.60, pp.1-6.

Reeves, M., S. Levin, T. Fink and A. Levina (2020) Taming complexity, *Harvard Business Review*, 98(1), pp.112-121.（渡部典子訳「ビジネスの複雑性を手なづける」『Diamondハーバードビジネス』May, pp.72-81, 2020年）

Reilier, L.C. and B. Reilier (2017) *Platform Strategy: How to Unlock the Power of Communities and Networks to Grow Your Business*, Routledge.（門脇弘典訳『プラットフォーマー：勝者の法則』日本経済新聞出版社, 2019年）

Rietveld, J., M.A. Schilling and C. Bellavitis (2019) Platform Strategy: Managing Ecosystem Value Through Selective Promotion of Complements, *Organization Science*, 30(6), pp.1232-1251.

Rietveld, J. and M.A. Schilling (2021) Platform Competition: A Systematic and Interdisciplinary Review of the Literature, *Journal of Management*, Vol.47, No.6, pp.1528-1563.

Rochet, J.C. and J. Tirole (2003) Platform Competition in Two-Sided Markets, *Journal of the European Economic Association*, 1(4), pp.990-1029.

Rochet, J.C. and J. Tirole (2006) Two-Sided Markets: A Progress Report, *The RAND Journal of Economics, Autumn*, Vol.37, No.3, pp.645-667.

Rothschild, M.L. (1990) *Bionomics: Economy as Ecosystem*, Henry Holt and Company.（石関一夫訳『バイオノミックス：進化する生態系としての経済』TBSブリタニカ, 1995年）

Rysman, M. (2009) The Economics of Two-Sided Markets, *Journal of Economic Perspectives*, Vol.23, No.3, Summer, pp.125-43.

Sako, M. (2018) Business Ecosystems: How Do They Matter for Innovation?, *Communications of the ACM*, Vol.61, No.4, pp.20-22.

Scharmer, C.O. (2007) *Theory U: Leading From the Future as it Emerges*, Cambridge.（中土井僚・由佐美加子訳『U理論：過去や偏見にとらわれず，本当に必要な「変化」を生み出す技術』英治出版, 2010年）

Scharmer, C.O. and K. Kaufer (2013) *Leading From the Emerging Future: From Ego-system to Eco-System Economies*, Berrett-Koehler.（由佐美加子・中土井僚訳『出現する未来から導く』英治出版, 2015年）

Selvarajoo, K. (2014) Large-Scale-Free Network Organization is likely Key for Biofilm Phase Transition, *Engineering Biology*, Volume 3, Issue 4, pp.67-71.

Senyo, P. K., K. Liu and J. Effah (2019) Digital Business Ecosystem: Literature Review and a Framework for Future Research, *International Journal of Information Management*, 47, pp.52-64.

Shapiro, C. and H.R. Varian (1998) *Information Rules: A Strategic Guide to the Network Economy,* Harvard Business School Press.（宮本喜一訳『ネットワーク経済法則』IDGコミュニケーションズ, 1999年）

清水　剛（2000）「個体群生態学」高橋伸夫編『超企業・組織論』有斐閣

Stalk, G., P. Evans and L.E. Shulman (1992) Competing on Capabilities: The New Rules of Corporate Strategy, *Harvard Business Review*, 70(2), pp.57-69.

Stallkamp, M. and A. Schotter (2021) Platforms without borders? The international strategies of digital platform firms, *Global Strategy Journal*, 11, pp.58-80.

Stinchcombe, A.L. (1965) Social Structure and Organizations, In *Handbook of Organizations*, edited by J.G. March, Routledge, pp.142-193.

Stolterman, E. and A.C. Fors (2004) Information Technology and the Good Life, *Information Systems Research*, pp.687-692, https://www8.informatik.umu.se/~acroon/Publikationer%20Anna/Stolterman.pdf

Stolzenburg, W. (2008) *Where the Wild Things Were: Life, Death, and Ecological Wreckage in a Land of Vanishing Predators*, Bloomsbury.（野中香方子訳『捕食者なき世界』文藝春秋, 2010年）

Sturgeon, T.J. (2021) Upgrading strategies for the digital economy, *Global Strategy Journal*, 11(1), pp.34-57.

Subramaniam, M. (2020) Digital ecosystems and their implications for competitive strategy, *Journal of Organization Design*, https://doi.org/10.1186/s41469-020-00073-0

杉田浩章（2017）『リクルートのすごい構“創”力　アイデアを事業に仕上げる9メソッド』日本経済新聞出版

隅山正敏（2019）「ビジネス・エコシステムとは何か」『SOMPO未来研レポート』http://www.sompo-ri.co.jp/issue/quarterly/data/qt75-1.pdf

田中辰雄（2009）『モジュール化の終焉：統合への回帰』NTT出版

Tansley, A.G.（1935）The Use and Abuse of Vegetational Concepts and Terms, *Ecology*, Vol.16, No.3, pp.284-307.

Teece, D.J.（1986）Profiting from technological innovation: Implications for integration, collaboration, licensing and public policy, *Research Policy*, 15(6), pp.285-305.

Teece, D.J.（2007）Explicating Dynamic Capabilities: The Nature and Microfoundations of (Sustainable) Enterprise Performance, *Strategic Management Journal*, Vol.28, Issue13, pp.1319-1350.

Teece, D.J.（2014）The Foundations of Enterprise Performance: Dynamic and Ordinary Capabilities in an (Economic) Theory of Firms, *Academy of Management Perspectives*, Vol.28, No.4, pp.328-352.

Teece, D.J.（2018）Business Ecosystem, In *The Palgrave Encyclopedia of Strategic Management*, edited by M. Augier, and D.J. Teece, Palgrave Macmillan, pp.1-4.

Thomas, L.D.W. and E. Autio（2020）*Innovation ecosystems in Management: An Organizing Typology*, In Oxford Research Encyclopedia of Business and Management, edited by R. Aldag, Oxford University Press, pp.1-38.

Tsujimoto, M., Y. Kajikawa, J. Tomita and Y. Matsumoto（2018）A review of the ecosystem concept: Towards coherent ecosystem design, *Technological Forecasting & Social Change*, 136, pp.49-58.

Ulrich, K.（1995）The role of product architecture in the manufacturing firm, *Research Policy*, Vol.24, Issue 3, pp.419-440.

Valdez-De-Leon, O.（2019）How to develop a digital ecosystem: a practical framework, *Technology Innovation Management Review*, August, Vol.9, pp.43-54.

Valkokari, K.（2015）Business, Innovation, and Knowledge Ecosystems: How They Differ and How to Survive and Thrive within Them, *Technology Innovation Management Review*, 5(8), pp.17-24.

Valkokari, K., M. Seppänen, M. Mäntylä and S. Jylhä-Ollila（2017）Orchestrating Innovation Ecosystems: a qualitative analysis of ecosystem positioning strategies, *Technology Innovation Management Review*, Vol.7, No.3, pp.12-24.

Van Alstyne, M.W., G.G. Parker, and S.P. Choudary（2016a）Pipelines, Platforms, and the New Rules of Strategy, https://hbr.org/2016/04/pipelines-platforms-and-the-new-rules-of-strategy（有賀裕子訳「プラットフォーム革命」『Diamondハーバードビジネス』October, pp.26-38, 2016年）

Van Alstyne, M.W., G.G. Parker and S.P. Choudary（2016b）6 Reasons Platforms Fail, *Harvard Business Review*, https://hbr.org/2016/03/6-reasons-platforms-fail

Van Alstyne, M.W.（2019）The opportunity and challenge of platforms, https://www.weforum.org/whitepapers/platforms-and-ecosystems-enabling-the-digital-economy

Waldrop, M.M.（1992）*Complexity: The Emerging Science at the Edge of Order and Chaos*, Simon & Schuster.（田中三彦・遠山峻征訳『複雑系：生命現象から政治，経済までを統合する知の革命』新潮社, 1996年）

Walker, C. and J. Ludwig（2017）The Meaning of Sharp Power: How Authoritarian States Project Influence, *Foreign Affairs*, https://www.foreignaffairs.com/articles/china/2017-11-16/meaning-sharp-power

鷲谷いづみ編（2018）『生態学：基礎から保全へ』培風館

渡部直樹編（2010）『ケイパビリティの組織論・戦略論』中央経済社

Weill, P. and S.L. Woerner（2015）Thriving in an Increasingly Digital Ecosystem, *MIT Sloan Management Review*, Vol.56, No.4, pp.27-34.

Weill, P. and S.L. Woerner（2018）*What's Your Digital Business Model?: Six Questions to Help You Build the Next-Generation Enterprise*, Harvard Business Review Press.（野村総合研究所 システムコンサルティング事業本部『デジタル・ビジネスモデル　次世代企業になるための６つの問い』日本経済新聞出版社, 2018年）

Weill, P., S.L. Woerner and A.P.D Baquero（2021）*Hello Domains, Goodbye Industries*, Retrieved from https://cisr.mit.edu/publication/2021_0101_HelloDomains_WeillWoernerDiaz

Wenger, E., R. McDermott and W. Snyder（2002）*Cultivating Communities of Practice: A Guide to Managing Knowledge*, Harvard Business School Press.（櫻井祐子訳『コミュニティ・オブ・プラクティス：ナレッジ社会の新たな知識形成の実践』翔泳社, 2002年）

Wessel, M., A. Levie and R. Siegel（2016）The Problem with Legacy Ecosystems, *Harvard Business Review*, November, pp.68-74.（辻　仁子訳「エコシステムを創造的に破壊せよ」『Diamondハーバードビジネス』June, pp.42-51, 2017年, https://hbr.org/2016/11/theproblem-with-legacy-ecosystems）

Williamson, P.J. and A. De Meyer（2012）Ecosystem Advantage: How to Successfully Harness the Power of Partners, *California Management Review*, Vol.55, No.1, Fall, pp.24-46.

Wu, A. and S.D. Kominers（2020）How Long Can a Company Thrive Doing Just One Thing?, *Harvard Business Review*, https://hbr.org/2020/12/how-long-can-a-company-thrive-doing-just-one-thing（池村千秋訳「競合と自力で戦うか，エコシステムで戦うか」『Diamondハーバードビジネス』May, pp.72-83, 2021年）

八木京子（2017）「生態学におけるエコシステムの概念に関する検討」『江戸川大学紀要』27号, pp.453-462.

Yoffie, D.B. and M. Kwak（2006）With Friends Like These: The Art of Managing Complemetors, *Harvard Business Review*, September, pp.1-10.（松本直子訳「補完企業との戦略的パートナーリング」『Diamondハーバードビジネス』June, pp.52-66, 2007年）

Yonatany, M. (2013) A Model of the Platform-Ecosystem Organizational Form, *Journal of Organization Design*, 2(2), pp.54-58.

Zhu, F. and N. Furr (2016) Products to Platforms: Making the Leap, *Harvard Business Review*, 94, No.4, pp.72-78.（スコフィールド素子訳「プラットフォーム企業へ移行する法」『Diamondハーバードビジネス』October, pp.52-61, 2016年）

Zhu, F. and M. Iansiti (2019) Why some platforms thrive and others don't, *Harvard Business Review*, Jan-Feb, pp.118-125.（鈴木立哉訳「プラットフォームが成功する理由失敗する理由」『Diamondハーバードビジネス』August, pp.16-27, 2019年）

新聞・雑誌等

Forbes Japan「アップルの時価総額が英国のGDPを突破，2025年のEV発売にも期待」2022年1月4日，https://forbesjapan.com/articles/detail/45168

フォースタートアップス株式会社「2022年世界時価総額ランキング」2022年1月26日，https://www.forstartups.com/news/sekaizikasougakurankingu2022

インプレス「アマゾン日本事業の売上高は約2.5兆円，ドルベースで230億ドル」2022年2月10日, https://netshop.impress.co.jp/node/9497

Monoist「ファナックがFIELD systemで描く，スマートに“動かす”工場の実現」2018年11月15日，https://monoist.itmedia.co.jp/mn/articles/1811/15/news064.html

日本経済新聞「『新独占』IT7社で130億人　企業・個人・国家を翻弄」2019年2月11日，https://www.nikkei.com/article/DGXMZO41135950Q9A210C1MM8000/

日本経済新聞「米Amazonが次に「破壊」する9つの業界」2020年12月7日，https://www.nikkei.com/article/DGXZQODZ303900Q0A131C2000000/

日本経済新聞「世界上位1000社の時価総額，米は初の5割超　日本5％未満」2021年12月26日，https://www.nikkei.com/article/DGXZQOUC163DI0W1A211C2000000/

日本経済新聞「アセットライト経営とは　保有資産軽く，財務改善」2021年7月17日，https://www.nikkei.com/article/DGXZQOUC169480W1A710C2000000/

日経ビジネス「経営改革の最終兵器　DXって何？」2020年3月30日, pp.26-47.

日経ビジネス「アマゾンを射止めた物流の新星」2021年2月8日, pp.52-56.

日経ものづくり (2020)「機械加工もネットで注文，手間いらず」10月, 日経BP

報告書

Accenture (2017) Technology Trends 2017, Short Report, https://www.accenture.com/_acnmedia/Accenture/next-gen-4/tech-vision-2017/pdf/Accenture-TV17-Highlights.pdf#view=FitH

Analysis Group (2021) A Global Perspective on the Apple App Store Ecosystem, https://www.apple.com/newsroom/pdfs/apple-app-store-study-2020.pdf

Bloomberg NEF（2021）Electric Vehicle Outlook 2021, https://about.bnef.com/electric-vehicle-outlook/
Council on Competitiveness（2005）National Innovation Initiative Summit and Report, https://www.compete.org/storage/images/uploads/File/PDF%20Files/NII_Innovate_America.pdf
Deloitte（2015）Introduction: Business ecosystems come of age: Part of the Business Trends series, https://www2.deloitte.com/us/en/insights/focus/business-trends/2015/business-ecosystems-come-of-age-business-trends.html
独立行政法人科学技術振興機構研究開発戦略センター（2007）「科学技術イノベーションの実現に向けた提言：ナショナル・イノベーション・エコシステムの俯瞰と政策課題」https://www.jst.go.jp/crds/report/report01/CRDS-FY2006-SP-11.html
一般社団法人次世代自動車振興センター「水素ステーション整備状況」http://www.cev-pc.or.jp/suiso_station/
一般社団法人日本旅館協会「令和３年度 営業状況等統計調査」https://www.ryokan.or.jp/top/news/detail/445
経済産業省「通商白書2016」https://www.meti.go.jp/report/tsuhaku2016/2016honbun/index.html
経済産業省・厚生労働省・文部科学省「2013年版　ものづくり白書」https://www.meti.go.jp/report/whitepaper/mono/2013/
経済産業省「令和２年度　電子商取引に関する市場調査」https://www.meti.go.jp/press/2021/07/20210730010/20210730010.html
国土交通省「令和２年度 宅配便等取扱個数の調査及び集計方法」https://www.mlit.go.jp/report/press/content/001418260.pdf
国立研究開発法人新エネルギー・産業技術総合開発機構「オープン・イノベーション白書第三版」2020年６月, https://www.nedo.go.jp/library/open_innovation_hakusyo.html
MMD研究所「経済圏の意識に関する調査」2022年６月３日, https://mmdlabo.jp/investigation/detail_2071.html
MMD研究所「経済圏のサービス利用に関する調査」2022年５月31日, https://mmdlabo.jp/investigation/detail_2070.html
メルカリHP「2021年版 日本の家庭に眠る“かくれ資産”調査　国民一人あたり“かくれ資産”は平均約34.5万円」2021年12月14日, https://about.mercari.com/press/news/articles/20211214_kakureshisan/
内閣府「平成26年度　年次経済財政報告」https://www5.cao.go.jp/j-j/wp/wp-je14/index_pdf.html
内閣府「平成29年度　年次経済財政報告」https://www5.cao.go.jp/j-j/wp/wp-je17/17.html
内閣府・文部科学省・経済産業省「Beyond Limits. Unlock Our Potential.」令和元年６月,

https://www8.cao.go.jp/cstp/openinnovation/ecosystem/beyondlimits_jp.pdf
リクルートホールディングス「Inside Out 2020」https://recruit-holdings.com
総務省　平成30年版「情報通信白書」
https://www.soumu.go.jp/johotsusintokei/whitepaper/ja/h30/pdf/index.html
総務省　令和元年版「情報通信白書」
https://www.soumu.go.jp/johotsusintokei/whitepaper/ja/r01/pdf/index.html
総務省　令和３年版「情報通信白書」
https://www.soumu.go.jp/johotsusintokei/whitepaper/ja/r03/pdf/index.html

ホームページ

ビズリーチ　https://www.bizreach.co.jp/
キャディ（CADDi）株式会社　https://corp.caddi.jp/
富士フイルムホールディングス
https://ir.fujifilm.com/ja/investors/performance-and-finance.html
IDC Japan株式会社　https://www.idc.com/jp/research/explain-word
ジャパン・フォー・サステナビリティ（JFS）
http://www.japanfs.org/ja/projects/biomimicry/biomimicry_id033291.html
株式会社メルカリ　https://jp.mercari.com/
マクアケ　https://www.makuake.com/
丸和運輸機関　https://www.momotaro.co.jp/
メチャカリ　https://mechakari.com/
任天堂　https://www.nintendo.co.jp/
プリファード・ネットワークス　https://www.preferred.jp/ja/
ラクスル　https://corp.raksul.com/services/raksul/
楽天　https://www.rakuten.co.jp/ec/start/merit-demerit/
楽天　https://www.rakuten.co.jp/ec/compare/
楽天　https://corp.rakuten.co.jp/about/
楽天ユニオン　https://rakuten-union.com/
リクルート・ホールディングス　https://recruit-holdings.com/ja/
ソフトバンクグループ「アニュアルレポート 2014」https://group.softbank/system/files/pdf/ir/financials/annual_reports/annual-report_fy2014_01_ja.pdf
ソニー　https://www.sony.co.jp/
スポティファイ　https://www.spotify.com/jp/
水素バリューチェーン推進協議会　https://www.japanh2association.jp/

索　引

さ

た

な

は

ま

や

ら

〈著者紹介〉

松崎　和久（まつざき・かずひさ）

1963年　神奈川県生まれ。
1988年　中央大学商学部卒業。
　　　　住友建機株式会社を経て、
1994年　明治大学大学院経営学研究科修士課程修了。
　　　　財団法人機械振興協会経済研究所研究員を経て、
1999年　高千穂大学商学部助教授。
現　在　同大学経営学部教授。
〈専攻〉経営戦略論、イノベーション論など。

主な著書
『会社学の基礎知識』（単著）税務経理協会　2019年
『経営戦略の方程式』（単著）税務経理協会　2018年
『テクノロジー経営入門』（単著）同友館　2016年
『サービス製造業の時代』（単著）税務経理協会　2014年
『グループ経営論』（単著）同文舘出版　2013年

2022年 9 月30日　　初版発行　　　　略称：デジタルエコシステム

デジタル時代のエコシステム経営
—共創・共栄する仕組みづくりの論理—

著　者　©松　崎　和　久
発行者　　中　島　治　久

発行所　同　文　舘　出　版　株　式　会　社
東京都千代田区神田神保町1-41　〒101-0051
営業(03)3294-1801　編集(03)3294-1803
振替 00100-8-42935　http://www.dobunkan.co.jp

Printed in Japan 2022

製版：一企画
印刷・製本：三美印刷
装丁：オセロ

ISBN978-4-495-39069-3